LE COMMENTAIRE DE GRAPHIQUES, CARTES ET STATISTIQUES EN HISTOIRE

Jean-François ECK

Michel LE MENÉ

Denise TURREL

François VANNIER

ellipses

Jean-François ECK
Maître de conférences d'histoire contemporaine à l'Université de Tours.

Michel LE MENÉ
Professeur d'histoire médiévale à l'Université de Nantes.

Denise TURREL
Maître de conférences d'histoire moderne à l'Université de Tours.

François VANNIER
Maître de conférences d'histoire ancienne à l'Université d'Orléans.

Le volume a été coordonné par Denise Turrel.

ISBN 2-7298-6732-5

INTRODUCTION GÉNÉRALE

Que l'histoire parle par les chiffres aussi bien que par les textes ou les documents iconographiques est de nos jours une évidence. En témoignent le flux des informations déversées par de multiples canaux, le poids de l'économie dans les rapports de forces internationaux, l'importance du calcul rationnel dans les conduites des « décideurs ». Reste que cette prégnance est relativement récente. Dans les sociétés préindustrielles, on comptait surtout à des fins fiscales et militaires. Pour pallier la pénurie de chiffres aggravée par les destructions, les historiens qui travaillent sur ces périodes exploitent donc toutes les sources disponibles. Ils opèrent par comparaison et extrapolation à partir des années le mieux pourvues en données comptables, bref ils produisent « des chiffres ». De son côté, l'abondance statistique qui caractérise essentiellement la période contemporaine n'est pas sans inconvénients. Elle demande à être encadrée et rendue lisible par l'agrégation des données premières et la construction de présentations graphiques.

C'est dire que les chiffres sont rarement « bruts » et qu'ils procèdent, à un stade ou à un autre, d'une élaboration. Par exemple, les bilans établis par une entreprise à la fin de chaque exercice comptable serviront au chercheur pour construire plus tard des tableaux concrétisant l'histoire de cette même entreprise : les premiers documents sont « bruts », les seconds « élaborés ».

Pour aider l'étudiant à acquérir une démarche qui prenne en compte l'approche technique des chiffres et leur signification en fonction des contextes historiques, le présent ouvrage propose une trentaine de documents regroupés en trois parties. La première présente des tableaux de chiffres choisis à dessein dans la période de l'Antiquité d'une part, la période contemporaine de l'autre, pour mieux faire ressortir les problèmes qui découlent de la pénurie de chiffres et ceux qui, à l'inverse, procèdent de leur surabondance. Puis sont présentés dans la section centrale les différents types de graphiques et de courbes qui évoquent la réalité dans une perspective temporelle (courbes et diagrammes) et spatiale (cartes et réseaux). Dans la troisième partie enfin, consacrée aux dossiers de documents, les chiffres et les présentations graphiques voisinent avec des textes et des images pour illustrer la complexité d'une situation ou d'un événement.

Sous le signe de l'abondance, la part belle est faite à l'époque contemporaine et à l'économie, sans que soient exclues pour autant les époques antérieures et les autres dimensions de la réalité. Cette variété permet en outre une progression pédagogique, les documents pouvant être utilisés de la première année de DEUG à la préparation des concours de recrutement.

Première partie

Tableaux de chiffres

LE DOCUMENT ET LA DÉMARCHE

L'approche du document

Origine

Origine directe : les chiffres, plus ou moins élaborés, sont alors produits principalement par l'activité des pouvoirs (État, institutions diverses) et par celle des agents économiques (entreprises, ménages, banques…).

Origine dérivée : les chiffres, collectés par des chroniqueurs ou par des érudits contemporains ou non des faits, sont plus tard utilisés par les chercheurs qui s'en servent pour confectionner leurs propres séries numériques.

Profil des tableaux de chiffres

Trois configurations sont à envisager :

Dans la première, on a comme un arrêt sur image, avec une situation donnée, à une date déterminée.

Dans la seconde, on a à confronter deux images, c'est-à-dire deux situations distantes dans le temps, et à mettre en évidence le changement de l'une à l'autre.

Dans la dernière, on a comme un film. Les faits évoluent dans la durée, cette dernière étant d'ampleur variable : temps long pour les faits démographiques, long ou court en économie (tendance séculaire, cycle intradécennal), court en politique (élections, crise…).

Nature des chiffres

1 • *Les nombres absolus* représentent des quantités physiques, des effectifs, des valeurs. Dans certains cas, il est utile d'effectuer des conversions pour pouvoir comparer les données. Ainsi, en matière de bilans énergétiques, il faut convertir en une unité commune, dite tec (tonne d'équivalent charbon) les barils de pétrole, les m^3 de gaz naturel, les kWh d'électricité.

2 • *Les indices et les pourcentages* sont très fréquemment utilisés par les historiens.

Le raisonnement en indices est fréquent en histoire. Il permet en effet, sans avoir à se référer aux valeurs originelles, de connaître l'ampleur d'une évolution, souvent plus instructive par elle-même que le chiffre brut qui en a permis l'établissement.

Rappelons que l'on appelle indice le nombre obtenu en faisant le rapport entre la valeur d'une variable considérée à une date déterminée (Q_n) et la valeur de cette même variable prise à une date prise comme origine (Q_0) et en multipliant ce rapport par 100 :

$$I = Q_n / Q_0 \times 100$$

Par exemple, la population active de la France est de 16 541 000 individus en 1952 et de 17 217 000 en 1972. Si l'on prend comme origine l'année 1952, elle passe donc de l'indice 100 en 1952 à l'indice 104 en 1972 (17 217 000/16 541 000 x 100). Lorsqu'un indice est inférieur à 100, cela signifie une diminution de la valeur considérée. Ainsi, de 1952 à 1972, la population active employée dans l'agriculture française est passée en France de 5 201 000 à 2 505 000 : en indices, elle chute de 100 en 1952 à 48 en 1972 (2 505 000/5 201 000 x 100).

3 • *Les prix* posent plusieurs séries de problèmes :

– lorsqu'ils incorporent les taxes indirectes, on les dits bruts ou T.T.C. (toutes taxes comprises). Lorsqu'ils excluent ces mêmes taxes, on les dits nets ou H.T. (hors taxes).

– en matière de commerce extérieur, les importations sont en général évaluées en incluant les coûts d'assurance des cargaisons et de fret, c'est-à-dire de transport maritime, car tous ces coûts sont supportés par les acheteurs. On dit qu'elles sont évaluées en prix C.A.F. (coût-assurance-frêt). Les exportations, par contre, excluent ces mêmes coûts qui sont supportés par les clients étrangers. Elles sont évaluées en prix F.O.B. (franco à bord).

– *les prix courants* sont ceux relevés pour tel ou tel bien au moment de l'établissement de la statistique. Leur évolution superpose donc à la fois le mouvement relatif des prix des biens les uns par rapport aux autres et le mouvement général qui entraîne l'ensemble des prix à la hausse ou à la baisse. Si l'on veut ne s'intéresser qu'à la première de ces composantes, il faut raisonner en *prix réels,* exprimés en monnaie constante, c'est-à-dire corrigés de l'inflation. Ainsi, de 1938 à 1949, le revenu national en France évalué en prix courants a connu apparemment une formidable progression, puisqu'il a été multiplié par 20. En fait, comme durant cette période le pouvoir d'achat du franc a considérablement chuté, la progression du revenu national a été insignifiante : en francs constants, il n'a été multiplié que par 1,09 seulement, soit + 9 %. Il faut donc toujours être très attentif à l'unité dans laquelle sont exprimés les chiffres à commenter : leur signification peut changer du tout au tout selon qu'il s'agit de valeurs en monnaie courante ou de valeurs en monnaie constante.

Le travail sur le document

Élaboration des données

1 • Avec un tableau daté : il faut établir des rapports et des proportions, calculer une moyenne et des écarts par rapport à celle-ci, reconnaître les rapports induits par la logique du document (ratios économiques, comptables, etc.).

2 • Avec deux tableaux à des dates différentes, il faut distinguer ce qui change et ce qui demeure, au plan du tout comme à celui des parties.

3 • Avec une évolution, il faut déterminer l'allure de celle-ci : contrastée avec des césures et des étapes ; perceptible seulement dans la longue durée.

Ces démarches gagnent souvent à être illustrées et synthétisées par des présentations graphiques.

Interprétation de ces données

Une fois les situations et les évolutions explicitées, il convient de les confronter avec une situation historique générale, pour qu'elles en reçoivent un éclairage, pour qu'elles apparaissent comme banales ou exceptionnelles. Dans ce dernier cas, il y a lieu de chercher une explication.

A l'instar d'un texte, la portée d'un tableau de chiffres s'apprécie. La rareté des données chiffrées atteste à la fois leur limite et leur valeur. L'Antiquité comme le Moyen Âge cultivent l'anomalie chiffrée, ne connaissent que très peu de séries homogènes. Les historiens s'emploient à en constituer en combinant des données rares, éparses et diverses. Pour ces deux périodes, une part essentielle du travail de commentaire consiste donc à discuter de la manière dont les chiffres ont été élaborés par les historiens, c'est-à-dire à procéder à la critique interne du document (cf. les documents 1 à 3). Par contre, les documents d'histoire moderne et contemporaine sont issus de sources statistiques plus abondantes et plus sûres. Leur critique, plus aisée, peut être réservée, sauf exception, à l'introduction.

Document 1

LE TRIBUT PAYÉ PAR LES ALLIÉS D'ATHÈNES (453-439 AV. J.-C.)

EN 453-439

Nombre de cités

453	140
452	162
451	145
450	157
449	163
447	150
446	162
445	156
444	158
443	163

Montant du tribut

447	360 talents
446	364 talents
445-444-443	375 t par année

Nombre de cités par secteur

	Ionie	Hellespont	Thrace	Carie	Iles	Total
442	31	26	40	45	23	165
441	31	31	41	47	23	173
440	27	33	40	43	24	167
439	28	30	43	46	23	170

EN 441

	Ionie	Hellespont	Thrace	Carie	Îles	Total	
Cités n^bre	31	31	41	47	23	173	Estimation Meiggs
Tribut	46,5 t	77 t	83 t	77 t	93 t	376 t	

Cités n^bre	33	40	44	64	24	205	Estimation Nixon-Price
Tribut	51 t	83 t	110 t	69 t	94 t	407 t	

Répartition du tribut

107 cités paient un tribut inférieur ou égal à 0,5 talent
38 cités paient un tribut compris entre 0,5 et 1 talent
60 cités paient un tribut supérieur à 1 talent
Cités payant un tribut égal ou supérieur à 6 talents : 24 payant en tout 249 talents.

Par districts

Ionie : Ephèse 6 talents ; Erythrées 7 ; Kymé 9 ; Téos 6
Hellespont : Byzance 14 2/3 ; Chalcédoine 9 ; Cysique 9 ; Lampsaque 12 ; Périnthe 10
Thrace : Abdère 15 ; Ainos 10 ; Potidée 6 ; Samothrace 6 ; Skione 6 ; Thasos 30 ; Toronè 6
Carie : Ialysos 6 ; Lindos 6 ; Kameiros 6 ; Lyciens 10
Îles : Andros 6 ; Egine 30 ; Naxos 6 ; Paros 18.

Données extraites de R. MEIGGS, *The Athenian Empire*, 1972 et O. MURRAY, S. PRICE, *La cité grecque d'Homère à Alexandre*, 1992.

COMMENTAIRE

INTRODUCTION

Des documents à expliquer, le premier pour les années 453-439 a trait au nombre total des cités payant le tribut, une répartition par secteur géographique étant fournie pour les dernières années ; les deux autres, pour la seule année 441, concernent d'une part le nombre des cités tributaires et le montant du tribut, d'autre part la liste des cités payant un tribut égal ou supérieur à six talents. Toutes ces données reposant sur un document appelé improprement « listes athéniennes du tribut » et résultant d'une certaine élaboration, le commentaire comportera une présentation du document et deux thèmes : le tribut, le contraste des deux Grèces.

I. LE DOCUMENT

En 478-477, des cités grecques des îles et du pourtour de la mer Égée forment sous l'hégémonie d'Athènes une ligue pour lutter contre les Perses. Elles contribuent à l'effort de guerre soit en fournissant des navires, soit en espèces. Ce tribut (*phoros*) est géré au sanctuaire de Délos par des trésoriers (*hellénotames*) athéniens dont les opérations ne laissent aucune trace durable. En 454 le trésor est transféré de Délos à Athènes, les *hellénotames* versent à Athéna un soixantième (une mine par talent) du tribut payé par les cités alliées, le nom de celles-ci et le montant de l'offrande étant gravés sur une stèle.

Depuis la fin du XIXe siècle, les savants s'emploient à partir de 180 fragments à reconstituer l'imposante stèle (hauteur 3,66 m, largeur 1,10, épaisseur 0,38) qui supportait sur ses quatre faces les listes des cités tributaires des quinze premières années. Il s'agit de lire sur les fragments les noms et les chiffres, de réduire les lacunes. Dans le premier et surtout dans le second cas, il faut partir du connu pour tenter de restituer ce qui a disparu, en s'autorisant de la stabilité du tribut perçu annuellement et fixé pour une période de quatre ans et de l'enregistrement, à partir de 443, des cités par secteurs géographiques. La démarche, délicate pour rétablir une année au sein d'une période, l'est davantage encore quand la lacune dépasse une période et qu'il faut prendre appui sur des noms et des chiffres plus ou moins éloignés en amont et en aval de la lacune. Conscients du rôle de l'hypothèse dans leur démarche, les savants proposent des estimations, estimations qui peuvent varier, comme pour l'année 441, pourtant l'une des moins mal connues.

II. LE TRIBUT

La répartition des cités par secteur, la liste de celles qui paient le plus définissent une géographie de la ligue : îles, façades européenne et asiatique de la mer Égée. Cet espace est soumis à la puissance athénienne : Thucydide a montré le financement par les cités d'une force dont Athènes détenait l'essentiel, le Pseudo-Xénophon les avantages de la thalassocratie pour la cité de Périclès. Étendue, cette domination est stable, le tribut est payé lors des luttes contre la Perse et Sparte jusqu'en 449, contre cette dernière jusqu'en 446. Cette stabilité connaît pourtant des limites. Le nombre des cités tributaires peut masquer des défections et des adhésions qui se compensent. Il est inférieur au total des 248 cités qui, à un moment ou à un autre, ont figuré sur la liste. La paix de Callias (449) avec la Perse détruisant le fondement du tribut, rares sont les payeurs en 448 par défection ou par dispense athénienne.

En 441, le montant moyen du tribut, légèrement inférieur à 400 talents, est en retrait sur les chiffres donnés par Thucydide : 460 à la fondation de la ligue, 600 en 431. L'explication réside probablement dans la conception plus ou moins étendue du tribut :

– ce qui est payé et figure sur les listes,

– ce qui est payé directement à des stratèges en campagne mais absent des listes,

– le remboursement (50 talents par an) des frais de guerre imposé à Samos après l'échec de sa révolte en 440-439,

– les ressources provenant d'Amphipolis fondée en 437.

En 441 chaque cité paie en moyenne un demi-talent, cette moyenne masque des écarts importants. Déjà sur le plan géographique, les différences apparaissent : le tribut atteint 1 à 1,5 talent en Carie, 1,5 en Ionie, 2 à 2,5 dans l'Hellespont et en Thrace, 4 dans les îles. La dispersion est éclatante avec la prise en compte de l'ensemble des versements : 50 % des cités paient au plus un demi-talent, 20 % entre un demi et un. Les cités payant six talents et davantage sont au nombre de 24 (11,8 % de l'effectif) et paient 249 talents (61 % du total). L'écart est de 1 à 60 et même plus, puisque le tribut maximum est de 30 talents, et le minimum inférieur à 0,5 talent. Au simple plan financier, le tribut n'est pas écrasant, le salaire quotidien moyen étant d'une drachme ; au plan politique l'imposition directe est incompatible avec la liberté du citoyen qui n'y consent qu'à titre exceptionnel (*eisphora*), dans la ligue elle est permanente.

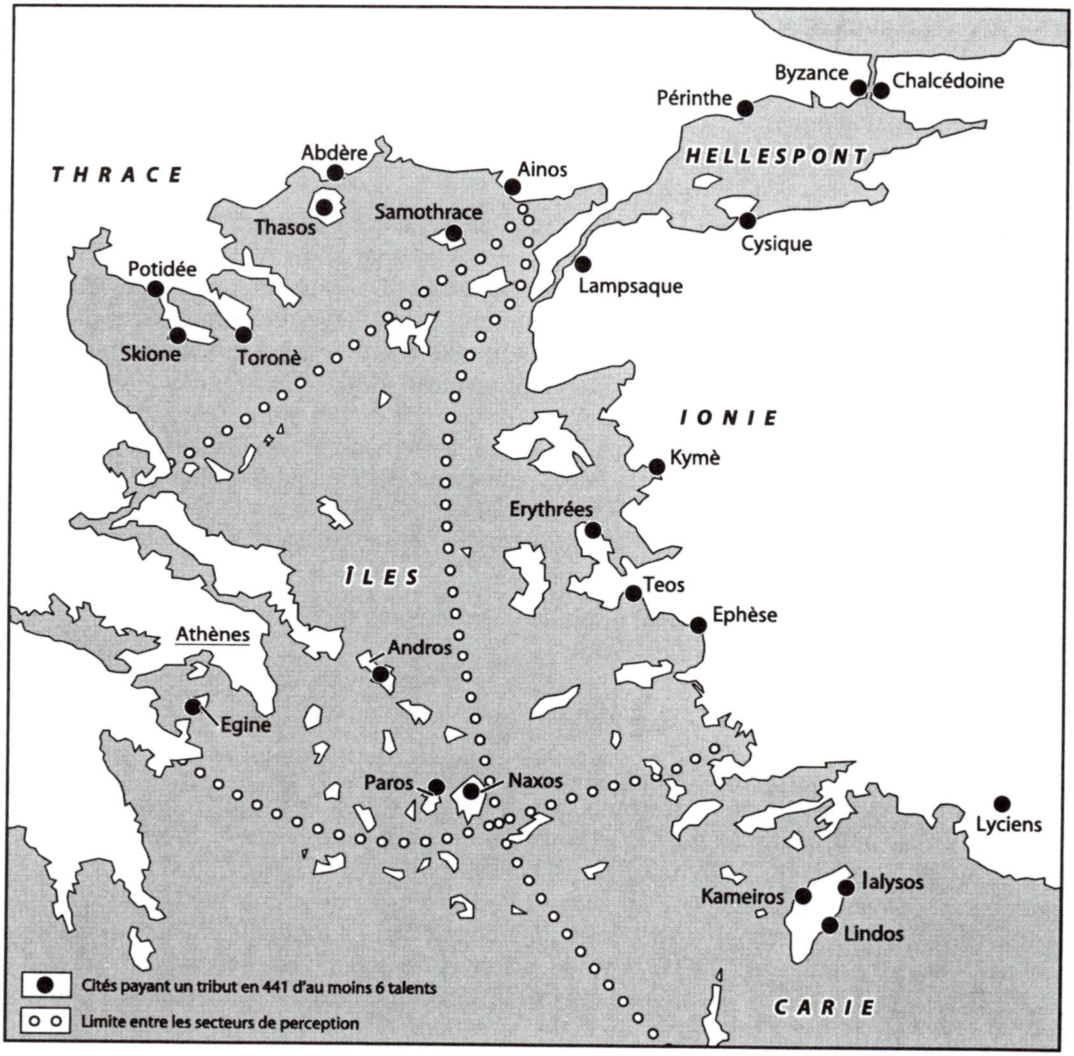

III. DEUX ÉCONOMIES

Les contrastes fiscaux renvoient à des contrastes de richesse mais ces derniers sont tels qu'on doit envisager deux mondes économiques différents : la majorité des cités vivent chichement de l'agriculture, pour un petit nombre la richesse ne dépend guère de la terre. Les trente talents du tribut de Thasos évoquent les 200 voire 300 talents de revenus principalement miniers qu'Hérodote attribuait à l'île et à son prolongement continental, revenus auxquels il faut ajouter l'exportation de vin. Les richesses minières et forestières de la Thrace sont attestées par Thucydide, propriétaire de mines sur place, qui constate que la chute d'Amphipolis en 424 causa à Athènes des pertes en argent et en bois. Pour les trente talents payés par Egine, la richesse est commerciale, concrétisée par le produit d'Egine (*eginetikon*) et la large diffusion de sa monnaie en Égée et en Méditerranée orientale. Hérodote rapporte qu'en 480, Xerxès averti qu'un convoi de blé du Pont-Euxin traversait l'Hellespont en direction d'Egine, le laissa passer en disant qu'il y attendrait les Perses. Ce grand courant commercial contribue à la prospérité des cités des détroits. Il explique qu'en 413 les Athéniens remplacent le tribut par une taxe sur le commerce maritime et qu'en 411 ils s'emploient à contrôler ces détroits. À côté de ces villes et de leur équivalent dans l'Occident grec, les villages aux faibles contributions évoquent davantage la majorité des sept cents ou mille cités que compte le monde grec. Là règne non pas l'autarcie active qui fait venir du dehors des ressources, mais l'autarcie passive qui repose sur l'exploitation et la défense du territoire : le citoyen paysan-soldat défend la terre et la récolte menacées par l'ennemi. À cette dualité des cités renvoient les opérations au début de la guerre du Péloponnèse : les Spartiates ravagent l'Attique pour contraindre les Athéniens à l'affrontement hoplitique ; ces derniers le refusent, ils comptent sur les longs murs, les finances et l'approvisionnement garanti par la suprématie sur mer.

CONCLUSION

Au fil des ans, la ligue de Délos fonctionne au profit d'Athènes, qui ne dépensant pour la défense qu'une partie du tribut, finance pour partie les travaux sur l'Acropole et se constitue une réserve importante. C'est à celle-ci qu'en 431 se réfère Périclès, mais à peine engagé le conflit coûte cher : en 428 luttant à la fois contre les Spartiates et les Mytiléniens révoltés, les Athéniens lèvent une *eisphora* de 200 talents ; le succès de Sphactérie (425) permet de décider le triplement du « tribut d'Aristide » et d'en percevoir le double.

Indications bibliographiques

E. WILL, *Le monde grec et l'Orient*, t. 1, *Le Ve siècle*, Paris, PUF, 1972.

R. MEIGGS, *The athenian Empire*, Oxford, 1972.

R. MEIGGS, D. LEWIS, *A selection of greek historical inscriptions*, t. 1, Oxford, 1969.

O. MURRAY, S. PRICE, *La cité grecque d'Homère à Alexandre*, trad. fr., Paris, La Découverte, 1992.

Document 2

Origine des chevaliers romains 44 av. J.-C.–68 ap. J.-C.

	Italie	Provinces occidentales	Provinces orientales	Total	Inconnus	**Total général**
Triumvirat	29		1	30	9	39
Auguste	108	15	8	131	29	160
Tibère	51	13	4	68	43	111
Auguste/Tibère	5	1	1	7	2	9
Caligula	10	1	3	14	3	17
avant Claude	65	7	4	76	6	82
Claude	31	14	13	58	40	98
Néron	26	10	11	47	52	99
14/68	3	2		5	3	8
41/68	8	5	4	17	1	18
68/70	15	17	7	39	36	75
Julio-Claudiens	37	13	5	55	2	57
Total	388	98	61	547	226	773

Recrutement dans les provinces

Provinces occidentales : 98

- Narbonnaise 37
- Espagnes 27
- Trois Gaules 15
- Sicile 6
- Afrique 4
- Germanie 4
- Dalmatie 3
- Corse 1
- Alpes 1

Provinces orientales : 61

- Asie 20
- Galatie 10
- Achaïe 7
- Égypte 5
- Macédoine 5
- Syrie 3
- Cilicie 2
- Pont-Bithynie 2
- Lycie 1
- Pamphylie 1
- Indéterminé 5

Activités des chevaliers

Chevaliers sans carrière connue	97
Fonctions équestres (officiers, juges)	207

Chevaliers issus du primipilat	80
Carrières locales	205
Procurateurs et préfets	183

Sources relatives aux chevaliers connus sous Tibère
(Sont exclus les chevaliers connus par plusieurs sources)

Sources littéraires 40, dont : Ovide 2 ; Tacite 4 ; Flavius Josèphe 4 ; Suétone 3 ; Pline 2 ; Dion Cassius 2.
Sources épigraphiques : latines 45 ; grecques 8
Papyrus : 2
Reste : 13

Données extraites de : S. DEMOUGIN, *L'ordre équestre sous les Julio-Claudiens*, Paris, 1988.

COMMENTAIRE

INTRODUCTION

Des quatre documents proposés, deux traitent directement du recrutement des chevaliers : l'un montre les effectifs fournis respectivement par l'Italie et les provinces au cours du Ier siècle du principat, l'autre précise les apports de chaque province au terme du même siècle. Le troisième document recense les activités des chevaliers. Toutes ces données sont tributaires de l'exploitation de sources dont le dernier tableau donne le relevé pour les chevaliers connus sous le règne de Tibère. Ces documents étant des constructions, il convient de présenter leur élaboration avant d'étudier le recrutement même des chevaliers.

I. L'ÉLABORATION DES TABLEAUX

La prosopographie consiste à réunir toutes les informations sur des individus, à constituer des répertoires alphabétiques et surtout thématiques, à définir les caractéristiques des groupes ainsi constitués. Inaugurée vers 1900 par l'étude du rôle de l'aristocratie aux derniers siècles de la République romaine, elle s'applique, compte tenu de la documentation, à des groupes humains dans des contextes variés.

La récente étude portant sur les chevaliers au premier siècle du principat exploite au mieux des sources hétérogènes et lacunaires. Pour le règne de Tibère, mis à part les chevaliers plusieurs fois mentionnés, la centaine de personnages recensés n'est connue que par une centaine de citations : 40 littéraires avec une prédominance des historiens, 45 épigraphiques probablement en rapport avec la fonction. Inversement, le nombre relativement élevé de chevaliers cités pour les années 68-70 tient au récit des conflits où ils apparaissent. Les limites des sources retentissent sur les résultats. Les 773 individus (7 par an) recensés sont peu nombreux par rapport aux chevaliers conçus au sens étroit, c'est-à-dire engagés dans une carrière équestre qui comporte à peine une centaine de postes à la fin du premier siècle. Le décalage est plus fort encore avec la prise en compte des effectifs équestres au sens large : vingt mille au dire de Cicéron, autant voire davantage sous le principat, les cinq mille qui défilent à Rome en 6 av. J.-C. sont loin de représenter tous les chevaliers italiens auxquels s'ajoutent nombre de chevaliers provinciaux.

II. LE RECRUTEMENT

Une certaine évolution au profit des provinces

Sous Auguste, les chevaliers italiens, originaires des provinces occidentales et orientales, représentent respectivement 80 %, 13 % et 7 % de l'effectif des chevaliers connus. Sous Tibère, les pourcentages sont de 75, 19, 6 ; sous Claude et Néron, de 54, 23, 23. Ces pourcentages sont confortés par une information relativement plus dense au fil des règnes. Compte tenu des effectifs de chevaliers connus, on aboutit aux résultats suivants : trois mentions par an sous Auguste et Tibère, quatre et demie sous Claude et Néron ; avec les chevaliers connus et inconnus, on compte quatre mentions sous Auguste, cinq sous Tibère, sept sous Claude et Néron. Les pourcentages sont calculés par définition avec les effectifs de chevaliers connus, serait-il arbitraire de les appliquer au total général ?

Priorité aux provinces « romanisées » d'Occident

Les effectifs infimes obtenus au terme d'un siècle de principat interdisent l'approche d'une évolution, ils assignent des limites étroites à une amorce de bilan. La Narbonnaise et en partie les Espagnes (deux tiers des chevaliers originaires d'Occident), l'Asie et l'Achaïe (près de la moitié des chevaliers originaires d'Orient) font penser aux caractéristiques des provinces dont la gestion est laissée au sénat. Ces territoires donnent sur la Méditerranée, anciennement passés sous la domination de Rome, ils sont en partie romanisés ; il s'en faut pourtant que province sénatoriale et importance des chevaliers se recoupent complètement. La relative richesse en chevaliers de l'Égypte tient à la place à part de celle-ci dans le monde romain qui implique une implantation de chevaliers ; les dix chevaliers de Galatie, récente province impériale, proviennent avant tout des importantes colonies romaines installées en Pisidie dans le sud de la province. Ces réalités conduisent à se demander si l'origine provinciale des chevaliers est un indice de romanisation des populations locales. En Espagne les chevaliers sont-ils des Espagnols ou des Italiens implantés en Espagne, à l'instar plus tard, à un tout autre niveau, des « empereurs romains d'Espagne » ?

CONCLUSION

Dans leurs limites, les tableaux autorisent quelques remarques. Le recrutement des chevaliers s'élargit aux provinces sans mettre en question la primauté de l'Italie, il se fait inégalement parmi les provinces, l'Occident précédant l'Orient, les provinces les plus romanisées étant prioritaires dans les deux espaces. Au siècle suivant, la carrière équestre sera pleinement organisée avec des postes plus nombreux. Il en résultera une information « fonctionnelle » (*cursus)* plus riche permettant de mieux saisir un recrutement à peu près équilibré entre l'Italie et les provinces, avec une redistribution au profit de l'Afrique et de l'Orient.

Indications bibliographiques

F. JACQUES, J. SCHEID, *Rome et l'intégration de l'Empire*, t. 1. *Les structures de l'empire romain*, Paris, PUF (coll. « Nouvelle Clio »), 1990.

S. DEMOUGIN, *L'ordre équestre sous les Julio-Claudiens*, Paris, De Boccard, 1988.

Document 3

LES CONSTRUCTIONS EN AFRIQUE ROMAINE 276-439 AP. J.-C.

CONSTRUCTION ET RESTAURATION D'ÉDIFICES PUBLICS MUNICIPAUX

Répartition

	Proconsulaire	Byzacène	Tripolitaine	Numidie	Maurétanie sitifienne	Maurétanie césarienne	Total
276-285		3		3			6
285-293	13	9		8-9		1	31-32
293-305	18	3		5-6	1	2	29-30
305-312							
312-324	6	1		2	0-1		9-10
324-337	10	3	2		0-1		15-16
337-350	5		4			1	10
350-361	8	1	2			1	12
361-364	7			1	2		10
364-367	10	2		16			28
367-375	10-11	1-2		3-5			14-18
375-383	19-20	0-1	1	8-10	1	0-1	29-34
383-395	9-11	1		5	1	0-1	16-19
395-408	4-6			2			6-8
408-423	9			1			10
423-439	2						2
insc. datées	133	25	9	57	6	6	236
non datées	53	10	4	23	3	3	96
Total	186	35	13	80	9	9	332

Types de monuments
Temples ou autels païens 38
curies 7, basiliques civiles 11
dépôts d'archives 2
thermes 41
monuments liés à l'eau 21
lieux de spectacle 18
forums 7
arcs 15
portiques 28
marchés 3
ponts 2
places ou rues à portiques 3.

ACTES D'ÉVERGÉTISME

Répartition

Chronologique		
275-305	…	21
305-324	…	0
324-350	…	4
350-361	…	0
361-392	…	21
399-424	…	9

Géographique			
Proconsulaire	25	+	17
Byzacène	7	+	9
Numidie	16	+	4
Tripolitaine	2	+	5
Total	50	+	35

(85 documents – dont 55 datés précisement. Certains documents comprennent plusieurs actes, le premier nombre a trait aux actes datés).

Types d'évergétisme

Statues 10
Forums et curies restaurés 7
Temples reconstruits 6
Travaux publics 14
Actes non précisés 10
Évergétisme *ob honorem* (dumvirat, flaminat) 12
Banquets 5
Places et ponts 4
Édifices liés à l'eau 13
Arcs 4
Sportules 11
Portiques 4
Basiliques 2

Données extraites de C. LEPELLEY, *Les cités de l'Afrique romaine au Bas-Empire*, Paris, Beauchesne, 1979.

COMMENTAIRE

INTRODUCTION

Ces quatre tableaux ont trait pour l'essentiel à des constructions financées par des cités et des bienfaiteurs privés. Pour chacune de ces catégories sont présentées la chronologie et la géographie des réalisations, puis une statistique des types de construction. À l'exception de la Maurétanie tingitane rattachée à l'Espagne, l'ensemble concerne l'Afrique romaine de 276 à 439. La principale source d'informations est constituée par un dossier de 332 et 85 inscriptions. À l'encontre d'une tradition insistant sur le déclin économique et le recul des cités devant l'État, ces constructions attestent la continuité urbaine. Le commentaire fera l'inventaire de ces constructions et examinera à partir de ce dernier la vie dans les cités.

I. LES CONSTRUCTIONS

Le constat

Une chronologie contrastée des constructions publiques. La moyenne d'une construction et demie par an permet de mesurer les écarts. L'activité est forte avec trois opérations par an à la fin du troisième siècle, elle se réduit de 305 à 361 avec un arrêt total entre 305 et 312 ; elle reprend fortement dans la deuxième moitié du quatrième siècle pour chuter au siècle suivant. La courbe des actes d'évergétisme présente des analogies : 21 documents pour la fin du troisième siècle, quatre en 56 ans de 305 à 361, 21 en fin de siècle, 9 au début du cinquième.

Entre les provinces petites et nombreuses issues de la nouvelle division de l'Afrique, l'inventaire des inscriptions établit une nette coupure : 60 % des travaux municipaux intéressent la Proconsulaire, 25 % la Numidie ; sur 85 actes d'évergétisme, 42 affectent la Proconsulaire, 20 la Numidie, 16 la Byzacène. Les deux séries désignent la même Afrique.

L'interprétation

La chronologie contrastée renvoie à des données à la fois « romaines » et « africaines ». Le faible niveau d'activité du début du IVe siècle s'explique entre autres par les troubles qui marquent la crise de la Tétrarchie à partir de 305, mais non moins par la politique de Constantin accaparant les deux tiers des ressources des cités ; inversement la restitution opérée par Julien, abolie par la suite mais remplacée par un prélèvement moins lourd, facilite la reprise à partir de 361. L'explication « africaine » importe également. À partir de 310 se développe dans l'Église d'Afrique un conflit entre catholiques et donatistes, partisans de Donat, un des évêques de Numidie. Les premiers réintègrent dans l'Église ceux qui avaient failli lors de la dernière persécution, les autres affirment une rigueur marquée. En Numidie, au conflit religieux s'ajoutent les jacqueries opérées par les paysans ruinés et les circoncellions (ceux qui rôdent autour de la *cella,* grenier ou pressoir). La réduction du donatisme à l'idéologie des circoncellions fait problème, du fait que l'agitation agraire est limitée dans le temps (jusqu'en 340) et dans l'espace, tandis que le donatisme intéresse durant un siècle une bonne partie de l'Afrique ; de plus des évêques donatistes demandent aux autorités protection contre les circoncellions. Reste que la Numidie qui, au total, compte 57 constructions datées au regard des 133 en Proconsulaire, n'en a aucune entre 324 et 361 contre 23 en Proconsulaire.

II. LA VIE MUNICIPALE

Les dépenses

Renvoyant à une chronologie et à une géographie semblables, les auteurs des dépenses se rejoignent dans le contenu matériel de celles-ci. À s'en tenir aux affectations explicites, les dépenses publiques (196) concernent des travaux en rapport avec les eaux (35 % de l'ensemble), les temples et les autels (20 %), les lieux de spectacles (10 %). Les évergètes (66 dépenses) financent des banquets et des sportules (25 %), la reconstruction de temples, curies et forums (25 %), des travaux relatifs aux eaux (20 %). Les dépenses s'ajoutent pour les eaux et les édifices collectifs, elles se spécialisent pour les lieux de spectacle à la charge des cités, pour la consommation alimentaire à celle des individus.

La vie collective

Elle est concrétisée dans sa dimension pour partie institutionnelle par les temples, les curies et les forums. À la rencontre de la santé, du confort et de la sociabilité se situent les thermes et les équipements annexes, la pratique romaine est, le climat local y incitant, largement adoptée par les Africains. Les banquets et les sportules, non destinés aux « pauvres », ont une dimension partiellement politique, leurs bénéficiaires étant désignés : décurions, citoyens. Associés classiquement au pain, les spectacles sont absents des inscriptions, les édifices, les mosaïques et la littérature attestent pourtant leur éclatante popularité.

Les notables

Effectuées par des cités et des individus, les dépenses supposent sur chaque site des riches connus ou se faisant ainsi connaître, des notables au sens premier du terme. Ils agissent dans le cadre de la cité comme décurions membres du conseil municipal, comme magistrats faisant dans ce cas acte d'évergétisme *ob honorem*. Ils dépensent en référence à leurs concitoyens, soucieux de se rendre populaires en donnant des spectacles. Cet évergétisme s'inscrit aussi dans un plan de carrière dont l'aboutissement, au-delà des dignités locales et provinciales, est l'entrée au sénat, entrée qui sanctionne une conduite exemplaire marquée par la dépense. Dans la dénonciation de la vanité, saint Augustin saisit les conduites réelles : « Il demande aux hommes de vains honneurs et pour les obtenir, il offre des jeux, des chasses à l'ours ».

CONCLUSION

La documentation est en retrait sur la réalité, elle ne prend en compte ni les sites les plus importants (Carthage) occupés d'une façon continue, ni les nombreuses constructions chrétiennes extérieures à une vie municipale traditionnelle, c'est-à-dire païenne. Elle est à rapprocher de l'étude des 427 inscriptions africaines du Haut-Empire faite par R. Duncan Jones. Il s'agit de dépenses chiffrées faites par des individus, elles attestent leur richesse mais non moins leur caractère majoritairement individuel. L'Afrique romaine surmonte la crise du IIIe siècle, non la prise de Carthage par les Vandales en 439.

Indications bibliographiques

P. PETIT, *Le Bas-Empire*, Paris, P.U.F., 1974.

C. LEPELLEY, *Les cités de l'Afrique romaine au Bas-Empire*, Paris, Beauchesne, 1979.

R. DUNCAN JONES, *The Economy of the Roman Empire : Quantitatives Studies*, Cambridge, 1974.

Document 4

Les usines Renault de 1919 à 1939

	Effectifs employés	Production automobile	Chiffre d'affaires (milliers de F)
1919	21 200	2 456	249 196
1920	20 200	18 700	234 326
1921	10 400	5 883	nd
1922	15 200	8 177	244 235
1923	20 500	21 124	438 813
1924	25 400	32 542	651 850
1925	28 000	44 836	869 794
1926	26 500	47 657	1 057 290
1927	25 500	40 221	1 065 284
1928	29 500	55 884	1 322 716
1929	30 300	54 117	1 367 283
1930	27 000	46 956	1 281 268
1931	23 000	41 128	1 053 594
1932	22 000	43 215	875 641
1933	25 000	49 964	1 072 906
1934	28 400	56 220	1 236 267
1935	30 200	58 050	1 236 380
1936	32 600	61 146	1 379 848
1937	37 000	56 216	1 707 300
1938	38 000	58 396	1 878 838
1939	33 000	58 083	2 400 000

	Bénéfices bruts (milliers de F)	Immobilisations nouvelles (milliers de F)	Coefficient de transformation de la valeur du franc
1919	nd	nd	2,63
1920	nd	nd	1,89
1921	nd	nd	2,17
1922	15 585	6 404	2,22
1923	21 233	6 665	2,04
1924	33 346	11 201	1,78
1925	39 012	16 820	1,66
1926	38 742	19 632	1,26
1927	41 453	30 582	1,22
1928	85 524	37 920	1,22
1929	33 213	71 533	1,15
1930	47 172	22 465	1,14
1931	56 739	19 572	1,19
1932	44 330	16 924	1,30
1933	33 132	44 950	1,35
1934	22 097	39 078	1,41
1935	21 638	0	1,54
1936	17 536	0	1,43
1937	– 13 491	52 928	1,14
1938	24 772	34 147	1
1939			0,93

Données extraites de P. FRIDENSON, *Histoire des usines Renault. Naissance de la grande entreprise 1898-1939*, Paris, Le Seuil, 1972, p. 327-328.

CONSEILS DE MÉTHODE

On est ici en présence de plusieurs séries de chiffres se rapportant à une même période, l'entre-deux-guerres, et concernant une seule entreprise, les usines Renault, alors possédées et dirigées par leur fondateur, Louis Renault. Il serait vain et fastidieux de vouloir commenter chaque chiffre, non seulement parce que leur grand nombre rend la tâche démesurée, mais surtout parce qu'une telle démarche est totalement inappropriée au travail demandé.

Il faut au contraire extraire de ces tableaux des chiffres significatifs, les comparer entre eux pour dégager les traits saillants sur lesquels on bâtira le commentaire : croissance de la production, mais aussi des effectifs et des bénéfices de l'entreprise ; contrastes marqués entre les périodes, renvoyant à la conjoncture nationale, mais aussi à d'autres facteurs d'explication ; efficacité de la gestion qui parvient, en pleine crise des années 1930, à limiter les pertes à un seul exercice et à préserver l'indépendance de l'entreprise.

Cette première approche nécessite le recours à plusieurs techniques :

– rechercher la définition précise des termes inconnus dans un lexique économique : le chiffre d'affaires est le volume global des ventes réalisées par l'entreprise au cours de l'année ; le bénéfice brut s'entend du bénéfice avant impôts ; les immobilisations nouvelles correspondent aux investissements faits chaque année par l'entreprise (construction de nouveaux locaux, achat de machines, acquisition de brevets...) qui accroissent ainsi le capital technique disponible pour la production.

– calculer des coefficients d'accroissement ou des indices mesurant la croissance de l'entreprise : un coefficient d'accroissement est le rapport entre une grandeur exprimée l'année terminale et cette même grandeur exprimée l'année initiale. Un indice est ce rapport, multiplié par 100. Ainsi, la production automobile des usines Renault est multipliée par le coefficient 3,12 de 1920 à 1938 (58 396/18 700) ou encore elle se situe, en 1938, à l'indice 312 (base 1920 = 100).

– passer des valeurs en francs courants aux valeurs en francs constants : comparer une même grandeur sur moyenne ou longue période n'a de sens que si l'unité dans laquelle elle s'exprime reste invariable. Or, ce n'est pas le cas du franc durant l'entre-deux-guerres, affecté par des poussées d'inflation (1919-1926, 1936-1938) et amputé par des dévaluations (celle de Poincaré en 1928, celles consécutives au Front populaire en 1936-1938). Il faut donc corriger les valeurs exprimées en francs courants par une opération appelée déflation par les statisticiens et qui consiste à les exprimer en francs constants. On utilise pour cela la colonne « Coefficient de transformation de la valeur du franc ». Il suffit de multiplier chaque valeur en francs courants par le coefficient de l'année correspondante pour obtenir la valeur en francs constants, ici en francs de 1938. La croissance formidable du chiffre d'affaires de 1919 à 1939 fait alors place à une réalité plus modeste. Les bénéfices bruts de 1938, apparemment supérieurs à ceux de 1922, leur sont, en francs constants, inférieurs de près de 30 % (34,599 millions de F constants en 1922, 24,772 millions en 1938).

– calculer des ratios : ce sont des proportions significatives des résultats annuels obtenus par l'entreprise. On peut ici recourir aux valeurs en francs courants, puisque l'on ne raisonne pas dans le temps. Le taux de marge rapporte le bénéfice brut au chiffre d'affaires : en 1922 par exemple, il est de 6,4 % (15 585/244 235). On peut aussi comparer les immobilisations nouvelles aux bénéfices bruts : lorsque ces derniers les dépassent, cela signifie que l'entreprise s'autofinance, parvenant à couvrir ses investissements grâce aux ressources qu'elle a elle-même produites, et donc évitant de recourir à des sources externes de financement qui pourraient compromettre son indépendance. À quelques exceptions près (1929, 1933-1934, 1937-1938), c'est le cas de Renault durant l'entre-deux-guerres : en 1927 par exemple, les bénéfices couvrent à 135 % les immobilisations nouvelles.

Enfin, on peut apprécier la productivité apparente du travail, à partir des deux colonnes « Effectifs employés » et « Production automobile ». Chaque ouvrier produit au cours de l'année moins d'une automobile au début des années 1920 (0,92 en 1920, et même 0,54 en 1922), mais près de deux dix ans plus tard (1,99 en 1933). Puis la productivité s'érode, pour n'atteindre plus que 1,53 automobile en 1938. Le calcul, il est vrai, est fragile, car il implique que tous les ouvriers sont employés à la production d'automobiles : or Renault est aussi un producteur de camions, de tracteurs, d'autocars, d'automotrices électriques, de moteurs d'avions et, lors des périodes précédant ou suivant les guerres, de matériel d'armement. Le chiffre est donc à manier avec beaucoup de précaution.

COMMENTAIRE

INTRODUCTION

Fondée en 1898, Renault est une entreprise encore jeune durant l'entre-deux-guerres. Sa participation massive à l'effort d'armement en 1914-1918 l'a transformée en un puissant groupe industriel, rivalisant avec Citroën et Peugeot pour s'imposer au premier rang des constructeurs français, figurant en bonne place au niveau mondial. Bien connue grâce à l'ouvrage de Patrick Fridenson, l'histoire de la firme durant ces années est ici retracée à travers des tableaux de chiffres.

La source utilisée est donc de caractère rétrospectif, puisque ces tableaux ont été élaborés par l'historien à partir des renseignements qu'il a recueillis dans les archives de l'entreprise. Certaines années (1919-1921 pour les bénéfices brut et les investissements, 1921 pour le chiffre d'affaires), les données sont trop lacunaires ou trop peu fiables pour qu'un chiffre puisse être avancé. C'est ce qui explique la mention « nd » (non disponible) dans la colonne correspondante.

Durant cette période, les usines Renault font preuve d'un dynamisme très caractéristique de la seconde industrialisation. Leur activité est toutefois variable, car elle dépend étroitement du contexte de la période. Enfin, on observe à travers ces chiffres la réussite d'une stratégie patronale efficace, celle de Louis Renault.

I. UN DYNAMISME CARACTÉRISTIQUE DE LA SECONDE INDUSTRIALISATION

– *la production automobile et les effectifs* : de 1920 à 1938 (plutôt que de 1919 à 1939, années marquées par les conséquences de la Première Guerre mondiale d'une part, le réarmement préparant la Seconde de l'autre) la production automobile est multipliée par 3,12. Dans le même temps, les effectifs sont multipliés par 1,88. Ces rythmes de croissance très élevés correspondent à une branche caractéristique de la seconde industrialisation, la construction automobile, au marché, national et étranger, en forte expansion et où les constructeurs français, et tout particulièrement Renault, ont joué un rôle pionnier.

– *le chiffre d'affaires* : de 1919 à 1939, il est, en francs courants, multiplié par près de 10 (9,63). Certes, en francs constants 1938, le coefficient multiplicateur est moindre (3,40). On n'en constate pas moins ici l'importance de la progression, peu différente de celle de la production.

– *les bénéfices et les investissements* : de 1922 à 1938, ils croissent, en francs constants, nettement moins vite que la production ou le chiffre d'affaires. Les coefficients multiplicateurs n'atteignent que 0,71 pour les bénéfices, qui ont donc décliné par rapport à leur niveau initial, et que 2,40 pour les immobilisations neuves. L'appréciation négative que l'on pourrait avoir doit être en réalité nuancée : lors de certaines périodes, notamment durant les années 1920, les progressions sont spectaculaires (coefficient de 3 pour les bénéfices, de 5,7 pour les investissements de 1922 à 1928). C'est que le dynamisme de Renault s'accompagne de fortes fluctuations conjoncturelles.

II. UNE ACTIVITÉ ÉTROITEMENT LIÉE AU CONTEXTE DE LA PÉRIODE

– le contexte économique : le contraste entre la prospérité des années 1920 et la crise des années 1930 est très marqué dans les chiffres. Les usines Renault suivent l'évolution d'ensemble de l'économie française : de 1920 à 1928, leur croissance est très rapide, financée aisément par des bénéfices qui permettent l'adoption des méthodes tayloriennes de fabrication, notamment les chaînes d'assemblage, qui obligent à de coûteux investissements. Puis, de 1929 à 1932, les performances deviennent indécises, faisant alterner bonnes et mauvaises années : pour la première fois, en 1929, les bénéfices ne suffisent plus à couvrir les nouvelles immobilisations, gonflées par l'installation de l'usine ultramoderne de l'Ile Seguin à Boulogne-Billancourt. En 1932, le chiffre d'affaires recule de 9 % par rapport à l'année précédente, mais le bénéfice brut de 15 % : l'approfondissement de la crise, en France et dans le monde, est difficile à supporter pour l'entreprise. Enfin, de 1933 à 1939, le marasme est sensible : en francs constants, à la veille de la guerre, le bénéfice brut est inférieur de 30 % au chiffre de 1922, de 76 % à celui de 1928 ; les investissements font même totalement défaut en 1935 et 1936. La profitabilité de l'entreprise s'est donc fortement dégradée.

– le contexte politique et social : l'arrivée du Front populaire au pouvoir, après une grève qui atteint durement l'autorité patronale, suscite une relance de la production automobile, nette à travers les chiffres de 1936. Jamais Renault n'a sorti autant d'automobiles que cette année-là. Parallèlement, l'application de la loi de 40 heures provoque une reprise de l'embauche : les effectifs de 1937 dépassent de 22 % ceux de 1935. Toutefois, le climat inflationniste de ces années se répercute sur l'activité de l'entreprise : son chiffre d'affaires, en francs constants, n'a augmenté en 1936 que de 3,5 % sur celui de l'année précédente ; le bénéfice brut, lui, est en recul de 25 %. Bientôt, en 1937, Renault connaîtra ses seules pertes de tout l'entre-deux-guerres.

– le contexte international : durant les guerres, Renault devient l'un des principaux fabricants français de matériel d'armement (obus, chars d'assaut, camions militaires, moteurs d'avions...). Cela s'observe à travers l'évolution de son chiffre d'affaires, après 1918 comme avant 1939. En 1919-1920, en francs constants, il recule de près d'un tiers, alors que, pourtant, la production automobile augmente fortement : c'est que Renault doit, avec peine, se reconvertir vers les productions civiles, dans un contexte d'autant plus morose que l'économie subit alors une violente crise conjoncturelle. Au contraire, en 1938-1939, l'effort de réarmement mené par le gouvernement Daladier provoque un bond du chiffre d'affaires de 18 %, tandis que la production automobile stagne.

III. LA RÉUSSITE D'UNE STRATÉGIE PATRONALE EFFICACE

– la mesure de la réussite : de 1922 à 1938, les taux de marge obtenus par Renault sont variables. Importants jusqu'en 1931, culminant même à 6,5 % en 1928, ils déclinent ensuite, pour se situer à 1,3 % seulement en fin de période. Toutefois, Renault, à la différence de ses rivaux, et notamment de Citroën qui fait faillite en 1934, limite les pertes à un seul exercice (1937). De même, en matière d'autofinancement, les bénéfices annuels dépassent en général largement les nouveaux investissements : Renault évite ainsi de s'endetter, ce qui pourrait, comme chez Citroën, déboucher sur l'entrée de banquiers dans son conseil d'administration.

– les causes de la réussite : par son autorité longtemps incontestée, Louis Renault a su faire de la modeste entreprise artisanale fondée avec ses deux frères en 1898 l'un des plus

grands groupes industriels français. Mêlant hardiesse et prudence, il a développé toute une politique commerciale (réseau de concessionnaires, essor des ventes à crédit) et industrielle (application des méthodes tayloriennes, intégration des fabrications, depuis les aciers spéciaux jusqu'aux garnitures de sièges et depuis les embrayages jusqu'aux caisses d'emballage). Mais il s'est bien gardé des innovations techniques trop risquées et des campagnes publicitaires trop onéreuses : choix judicieux lorsque, la crise venue, il lui faudra surmonter le recul des profits.

– *les limites de la réussite* : à la veille de la guerre, la situation des usines Renault est solide, sinon brillante. Toutefois, la productivité apparente du travail n'y a guère progressé en vingt ans, passant de 0,92 automobile par ouvrier en 1920 à 1,53 en 1938. Sur le plan commercial, refusant de considérer l'automobile comme un objet de large consommation populaire, Renault s'est cantonné à un marché de classes moyennes aisées. Enfin, financièrement, en évitant tout appel à des capitaux extérieurs, Renault s'est condamné à laisser les investissements stagner en cas de disparition des profits : l'appareil de production en souffre, n'étant plus suffisamment renouvelé.

CONCLUSION

Le cas des usines Renault de 1919 à 1939 est symptomatique des réussites, mais aussi des hésitations et des difficultés de la croissance industrielle française durant l'entre-deux-guerres. Lorsqu'à la Libération, elles deviendront Régie nationale, leur fondateur se voyant ainsi sanctionné pour sa collaboration avec l'occupant, elles se transformeront bientôt en un nouveau symbole : celui de la croissance des Trente Glorieuses, autour des progrès de l'équipement des ménages en biens durables (la 4 CV, sortie en 1946), mais aussi autour d'une intervention publique faisant de l'État le meilleur garant du bien-être de tous et de la prospérité nationale.

Indications bibliographiques

J. BOUVIER, *Initiation au vocabulaire et aux mécanismes économiques contemporains (XIXe - XXe siècles)*, Paris, SEDES, 1977. (Multiples rééditions. Utile pour préciser la terminologie)

P. VERLEY, *Entreprises et entrepreneurs du XVIIIe siècle au début du XXe siècle*, Paris, Hachette (coll. « Carré-Histoire »), 1994. (Pour situer Renault dans l'histoire des grandes entreprises, en France et dans les autres pays industrialisés)

D. WORONOFF, *Histoire de l'industrie en France du XVIe siècle à nos jours*, Paris, Le Seuil, 1994. (Pour situer la construction automobile dans la croissance française)

P. FRIDENSON, *Histoire des usines Renault. Naissance de la grande entreprise 1898-1939*, Paris, Le Seuil, 1972. (L'ouvrage de base sur le sujet)

E. CHADEAU, *Louis Renault*, Paris, Plon, 1998. (La dernière biographie)

Document 5

LE BILAN D'UN GROUPE INDUSTRIEL FRANÇAIS, VALLOUREC, EN 1968

BILAN AU 31 DÉCEMBRE 1968			
ACTIF			
	Montants bruts	Amortissements ou provisions pour dépréciation	Montants nets
Frais d'établissement	7 511 673		7 511 673
Immobilisations			
Terrains	25 668 429	1 823 721	23 844 708
Constructions	210 936 694	111 772 189	99 164 505
Matériel et outillage	510 047 426	330 146 487	179 900 939
Matériel de transport	30 819 123	19 677 778	11 141 345
Mobilier, installations	28 930 085	12 082 396	16 847 689
Immobilisations incorporelles	6 192 651	608 812	5 583 839
Immobilisations en cours	18 392 493		18 392 493
TOTAL	830 986 901	476 111 383	354 875 518
Autres valeurs immobilisées			
Prêts et créances à plus d'un an	55 402 894		55 402 894
Titres de participation	180 088 349	10 174 063	169 914 286
Dépôts et cautionnements	3 728 475		3 728 475
TOTAL	239 219 718	10 174 063	229 045 655
Valeurs d'exploitation			
Matières ou fournitures	116 351 488		116 351 488
Produits semi-ouvrés	37 077 917		37 077 917
Produits finis	113 151 761		113 151 761
Produits ou travaux en cours	48 693 862		48 693 862
Emballages commerciaux	78 227		78 227
TOTAL	315 353 255		315 353 255
Valeurs réalisables à court terme ou disponibles			
Fournisseurs, avances/commandes	1 254 752		1 254 752
Clients, comptes ordinaires	216 832 878	5 073 022	211 759 856
Clients à l'exportation	66 998 394		66 998 394
Autres débiteurs	93 022 046		93 022 046
Comptes de régularisation	16 572 038		16 572 038
Prêts à moins d'un an	450 319		450 319
Effets à recevoir	25 194 239		25 194 239
Chèques et coupons à encaisser	15 120 627		15 120 627
Titres de placement	322 836		322 836
Banques et chèques postaux	23 751 671		23 751 671
Caisse	323 175		323 175
Divers	3 021 340		3 021 340
TOTAL	462 864 315	5 073 022	457 791 293
TOTAL GÉNÉRAL			1 364 577 394

PASSIF	Montants
Capital propre et réserves	
Capital social	252 720 000
Primes d'émission d'actions	9 750 000
Primes d'apport	65 420 241
Primes de fusion	337 663 727
Réserve légale et statutaire	83 017 646
Plus-values à long terme	4 892 068
Provision pour hausse des prix	3 418 605
Provision pour risques sur crédits	2 110 799
	758 993 086
Report à nouveau	4 996 990
TOTAL	763 990 076
Provisions pour pertes et charges	
Provisions pour risques divers	1 519 564
Provisions pour charges diverses	35 368 190
TOTAL	36 887 754
Dettes à long et moyen terme	
Emprunts obligataires	43 033 132
Prêts du Crédit National	51 700 000
Emprunt pour construction de logements	2 025 932
Emprunt à moyen terme	44 000 000
Autres dettes à plus d'un an	915 178
TOTAL	141 674 242
Dettes à court terme	
Fournisseurs	78 549 008
Clients, avances reçues/commandes	11 382 268
Autres créanciers	108 721 226
Comptes de régularisation	27 210 490
Obligations et bons à moins d'un an	3 679 132
Autres emprunts à moins d'un an	24 489 698
Effets à payer	100 303 083
Mobilisation créances à l'exportation	55 796 320
TOTAL	410 131 225
Bénéfice de l'exercice	11 894 097
TOTAL GÉNÉRAL	1 364 577 394

Données extraites de la presse financière.

CONSEILS DE MÉTHODE

Le bilan d'une entreprise est le document comptable qui, à une date déterminée, généralement en fin d'année, recense, d'une part, les avoirs qu'elle possède, de l'autre, les dettes qu'elle supporte. Nécessairement équilibré, il se présente sous la forme d'un tableau en deux colonnes : à gauche figurent les avoirs possédés, l'actif ; à droite les dettes, le passif.

Il faut préciser d'emblée que par dettes on entend à la fois les dettes « véritables », celles qui sont contractées à l'égard des tiers, et les fonds investis dans l'entreprise par ses propres actionnaires, considérés comme dette dans la mesure où l'entreprise doit les rémunérer, en leur versant une part de ses bénéfices et les rembourser si, pour une raison quelconque, les actionnaires décident de cesser définitivement l'exploitation. On parle donc, à côté des sommes exigibles de la part des tiers, des capitaux propres de l'entreprise, placés en elle par ses propriétaires dans l'espoir d'en tirer profit. Enfin, lorsque, à la date d'établissement du bilan, l'entreprise a réalisé des bénéfices, ceux-ci, étant en partie destinés aux actionnaires, appartiennent au passif, et figurent donc à droite du bilan. Au contraire, si l'entreprise fait des pertes en cours d'exercice, celles-ci sont un élément d'actif, même s'il s'agit d'un avoir purement fictif. Il faut bien, puisque le total de l'actif équilibre rigoureusement celui du passif, que les pertes soient inscrites à gauche du bilan, lorsque l'entreprise a utilisé davantage de ressources qu'elle n'a effectué d'emplois, tout comme les bénéfices sont portés à droite, lorsque ce sont les emplois qui ont excédé les ressources.

L'actif se décompose lui-même selon la nature des avoirs de l'entreprise. Pour atteindre ses objectifs, celle-ci achète des terrains, construit des bâtiments, acquiert des machines, des brevets ou des licences d'exploitation à d'autres entreprises ou à des particuliers. Ce sont des *avoirs immobilisés*, destinés à être utilisés en permanence. Parallèlement, les fabrications réalisées en cours d'exercice donnent lieu à d'autres opérations : achat de matières premières et de produits semi-finis, constitution de stocks de marchandises. Ce sont des *valeurs d'exploitation*, servant à la marche courante de l'entreprise. Enfin, elle consent des prêts à sa clientèle, acquiert des créances, gère des titres, comptes bancaires et liquidités : ce sont des *valeurs réalisables à court terme ou disponibles*, constituant déjà ou pouvant être aisément converties en liquidités et correspondant, elles aussi, à la marche courante de l'entreprise. Ces trois grandes rubriques, immobilisations, valeurs d'exploitation, valeurs réalisables ou disponibles, doivent respecter entre elles certaines proportions pour que la situation financière de l'entreprise soit saine.

Tout comme l'actif, *le passif* se compose de plusieurs parties. Elles correspondent, non plus à la nature des activités, mais au degré d'exigibilité des ressources. Certaines sont des ressources propres, correspondant aux fonds placés dans l'entreprise par ses propriétaires. Il s'agit du *capital social*, augmenté éventuellement de la part des bénéfices réalisés antérieurement à l'exercice que, pour des raisons diverses, les dirigeants de l'affaire ont décidé d'y maintenir en réserve. D'autres, au contraire, sont des ressources empruntées : *dettes à long et moyen terme*, auprès de particuliers, de banques ou d'organismes financiers ; *dettes à court terme*, auprès des fournisseurs notamment, en contrepartie de l'exploitation courante de l'entreprise. On retrouve donc encore trois grandes rubriques, entre lesquelles des proportions doivent être respectées, ainsi d'ailleurs qu'entre les éléments du passif et ceux de l'actif, pour que, par exemple, les dettes à court terme n'excèdent pas le montant des valeurs réalisables à court terme ou disponibles. Si c'était le cas, l'entreprise, même bénéficiaire, se trouverait vite confrontée à des difficultés de trésorerie pouvant la conduire au dépôt de bilan.

COMMENTAIRE

INTRODUCTION

À la fin des années 1960, les grands groupes industriels français semblent en bonne position pour affronter la compétition internationale à laquelle ils sont soumis depuis l'ouverture des frontières dans le cadre européen. Le cas de Vallourec, principal fabricant de tubes d'acier, est bien connu grâce à l'étude de Catherine Omnès.

On peut l'aborder à travers l'étude de son bilan à la fin des années 1960. Établi à l'intention de l'assemblée générale des actionnaires qui se réunit une fois par an pour approuver les comptes de l'entreprise et désigner son nouveau conseil d'administration, le bilan est publié dans la presse financière spécialisée. Il permet ainsi à d'éventuels souscripteurs d'apprécier la santé financière de la firme dans laquelle ils envisagent de risquer leurs fonds. La source est donc immédiate et les chiffres utilisés ici sont exprimés en francs courants, ceux en vigueur au moment de l'établissement des comptes de l'entreprise.

Pour commenter ce bilan, on s'attachera d'abord à son actif, puis à son passif, enfin aux rapports existant entre les deux.

I. L'ACTIF

– *ses principaux postes* : le bilan donne leurs montants bruts, en francs, puis, après amortissements et provisions, leurs montants nets. L'amortissement est l'opération comptable qui consiste chaque année à prélever une partie des bénéfices pour constituer une somme qui, au bout d'une certaine durée, permettra de renouveler les sommes immobilisées. Si, par exemple, la durée de vie prévisible d'une machine est de dix ans, chaque année, on prélève sur les bénéfices un dixième de sa valeur pour, en fin de période, pouvoir la racheter à l'équivalent. Cette pratique comptable concerne toutes les catégories d'immobilisations, même incorporelles : il s'agit ici des brevets d'invention possédés par l'entreprise, qui tombent dans le domaine public à l'expiration d'un certain délai et doivent donc être amortis avant cette date. On procède aussi, à titre de provisions, à la mise de côté de sommes destinées à compenser les moins-values éventuelles sur les titres de participation possédés par l'entreprise. Globalement, la valeur des immobilisations nettes est de 590 millions de francs. Les valeurs d'exploitation (stocks de matières premières et de produits finis fabriqués par l'entreprise) représentent 315 millions et les valeurs réalisables et disponibles 458 millions.

– l*a prédominance des valeurs immobilisées est nette* : à elles seules, elles forment 43 % de l'actif. Le fait n'a rien d'étonnant : Vallourec appartient en effet au secteur des biens d'équipement, dont les fabrications exigent un gros capital technique. Pour produire des tubes d'acier, de différents calibres, il faut recourir à des investissements, d'autant plus importants que le progrès technique impose le fréquent renouvellement du matériel existant. Ainsi, après 1945, la production de tubes sans soudure, mise au point dès l'entre-deux-guerres, est bouleversée par l'apparition d'un procédé nouveau, le procédé Ugine-Séjournet, que Vallourec doit acquérir. C'est cette nécessité d'investir sans cesse qui oblige la firme à une politique d'amortissement particulièrement importante : en 1968, ses immobilisations brutes sont amorties dans une proportion de 57 %. La part s'élève même à 65 % s'agissant du seul poste Matériel et outillage.

– *l'orientation des activités de l'entreprise* ressort de certains postes des valeurs réalisables et disponibles. Vallourec distingue deux catégories de clients : ordinaires et à l'exportation. La proportion entre eux, en gros trois quarts sur le marché intérieur, un quart à l'exportation, donne une indication grossière des débouchés de l'entreprise. Ceux-ci sont nombreux : tubes d'acier pour canalisations transportant différents fluides (eau, gaz, pétrole, produits chimiques…), tubes pour l'industrie du bâtiment, pour la construction mécanique aussi, et notamment l'industrie des automobiles et des cycles. Toute une partie de ces débouchés se trouve à l'étranger, en particulier en ce qui concerne les canalisations destinées aux produits pétroliers, qui se vendent d'autant mieux que l'on est alors en pleine période d'utilisation des hydrocarbures dans tous les pays développés.

II. LE PASSIF

– *ses principaux postes*, toujours présentés en valeurs brutes, puisqu'il n'y a pas lieu ici de procéder à des amortissements, sont les capitaux propres, augmentés des réserves et des provisions, puis les dettes de l'entreprise, classées en fonction de leur échéance. On constate immédiatement l'importance des primes, qui dépassent largement le capital social proprement dit, et celle des provisions de différentes sortes (pour hausse des prix, risques financiers, charges diverses). Globalement, les capitaux propres, réserves et provisions représentent 800 millions de francs. Le montant de la dette à long et moyen terme est bien moindre (142 millions de francs environ) : par convention, il s'agit de toutes les sommes empruntées à plus d'un an, celles allant d'un à cinq ans constituant le moyen terme et celles de plus de cinq ans le long terme. La dette à court terme est de 410 millions de francs, somme qui correspond pour l'essentiel aux factures restant à régler chez les fournisseurs et aux traites tirées par eux sur l'entreprise.

– *le passé, immédiat et lointain, de l'entreprise,* explique la configuration des capitaux propres. Vallourec s'est en effet constitué, d'abord sous forme d'une simple association entre plusieurs producteurs de tubes, puis est devenu une véritable entreprise en 1937, date de la fusion entre deux d'entre eux : Louvroil et Recquignies d'une part, Montbard et Aulnoye de l'autre. Après 1945, des rachats successifs ont confirmé la place dominante de l'entreprise en France dans son secteur. Puis, en 1967, l'année même précédant l'établissement du bilan commenté ici, Vallourec a fusionné avec le département tubes d'un grand groupe sidérurgique dépendant d'Usinor, Lorraine-Escaut. Les sommes dégagées par cette opération financière correspondent en partie aux postes Primes d'apport et Primes de fusion, dont le montant représente 1 fois et demie environ le capital social.

– *la prudence des dirigeants de Vallourec* les a incités à multiplier les provisions qui, certes, diminuent d'autant le montant des bénéfices disponibles pour distribution de dividendes, mais renforcent considérablement les capitaux propres de l'entreprise. Elles représentent globalement plus de 40 millions de francs en 1968. De même, on a décidé, lors d'exercices antérieurs, de ne pas distribuer une partie des bénéfices réalisés, d'où un poste Report à nouveau. Enfin, le recours à l'endettement est demeuré limité. La dette à long et moyen terme ne représente que 10 % du total du passif : pour financer une partie de ses investissements, Vallourec a émis des emprunts obligataires auprès du public et a eu recours, comme beaucoup de firmes de son secteur, aux prêts du Crédit national, grand établissement public fondé en 1919 qui, après 1945, est devenu le principal bailleur de crédits d'équipement à l'industrie.

III. LES RAPPORTS ENTRE ACTIF ET PASSIF

– *une situation apparemment favorable* : non seulement, en 1968, l'entreprise réalise un bénéfice, mais elle semble à l'abri des difficultés de trésorerie. Le montant des valeurs réalisables et disponibles excède de 48 millions de francs celui des dettes à court terme. Non seulement, donc, elle peut aisément faire face aux demandes de remboursement présentées par ses différents créanciers (fournisseurs, État, banques pour le crédit à moins d'un an), mais de plus il lui reste des sommes appréciables pour financer l'ensemble de ses activités. On peut aussi constater que les capitaux propres et les sommes exigibles à long et moyen terme excèdent de 350 millions les immobilisations nettes, les seuls capitaux propres le faisant de 210 millions.

L'entreprise peut donc financer très largement l'ensemble de ses immobilisations par ses seuls capitaux propres.

– *une rentabilité médiocre* : rapportés au capital investi, les bénéfices de l'année 1968 n'en sont pas moins modestes. Si l'on se limite aux capitaux propres, le ratio est de 1,5 % seulement. Le résultat serait plus dérisoire encore si on le calculait par rapport, non plus aux seuls capitaux propres, mais à l'ensemble des capitaux permanents, propres ou empruntés. Le fait est d'autant plus inquiétant qu'il correspond à une tendance de long terme. En 1949 encore, le taux de profit de Vallourec était de 10 % ; dès 1957, il descend à 6 %. Le bilan ne peut expliquer cette érosion : il faudrait, pour la comprendre, tenir compte de l'évolution des prix de revient et voir comment les charges d'exploitation sont réparties sur l'ensemble de la production. La conséquence est grave : la faiblesse des bénéfices rend difficile la poursuite de l'autofinancement, même en tenant compte de l'importance des sommes consacrées aux amortissements.

– *un cas exemplaire* : Vallourec, comme d'autres grands groupes industriels français, se trouve à la fin des années 1960 confronté à des choix difficiles. Si les dirigeants décident de préserver leur indépendance, ils se condamnent à ne disposer que de sommes insuffisantes pour faire face à des besoins d'investissement de plus en plus considérables et à un environnement devenu, depuis l'ouverture des frontières, extrêmement concurrentiel. Si, au contraire, ils décident de se rapprocher d'autres entreprises, ils peuvent espérer poursuivre l'expansion de l'entreprise, mais au détriment de leur liberté d'action. Le bilan de Vallourec montre qu'en 1967, en acceptant, comme d'ailleurs l'État les y incitait, la fusion avec le département tubes de Lorraine-Escaut, les dirigeants lui ont procuré de considérables capitaux propres. Ils ne sont pas pour autant parvenus à redresser une rentabilité déclinante et sont devenus membres d'un groupe, Usinor, qui contrôle le capital et peut à tout moment imposer ses propres décisions.

CONCLUSION

Véritable photographie d'une entreprise à la date de son établissement, le bilan permet d'en apprécier la santé. Celle de Vallourec, en 1968, semble solide. Il reste que, derrière son aisance financière, la faiblesse de sa rentabilité est très inquiétante. Le bilan n'est pas tout : seule la consultation d'autres documents, le compte d'exploitation et celui de pertes et profits notamment, permettrait d'en analyser les raisons. Du moins peut-on, avec la clairvoyance artificielle d'un regard rétrospectif, anticiper à travers ces chiffres l'ampleur des difficultés qui attendent l'entreprise une fois venue la crise des années 1970-1980.

Indications bibliographiques

J. BOUVIER, *Initiation au vocabulaire et aux mécanismes économiques contemporains (XIXe - XXe siècles)*, Paris, SEDES, 1977. (Un chapitre très clair sur les principes de la comptabilité)

B. ESNAULT, *Le bilan de l'entreprise*, Paris, P.U.F. (coll. « Que sais-je » n° 726), 1993.

M. LEVY-LEBOYER (coord.), *Histoire de la France industrielle*, Paris, Larousse, 1996. (Pour situer Vallourec dans les mutations de l'industrie française après 1945)

C. OMNES, *De l'atelier au groupe industriel. Vallourec 1882-1978*, Paris-Villeneuve d'Ascq, Ed. de la Maison des sciences de l'homme, 1981. (Étude fondamentale sur le sujet)

SECONDE PARTIE

GRAPHIQUES ET CARTES

A• Les courbes

LE DOCUMENT ET LA DÉMARCHE

1 • Les types de documents le plus fréquemment utilisés par les historiens sont :

– la simple courbe, établie sur un graphique en échelle arithmétique (document 6) ou semi-logarithmique (document 11) ;

- la superposition de deux courbes sur un seul graphique, concernant des données différentes, mais se rapportant à un même phénomène (documents 9, 10 et 12) ;

- la comparaison d'une collection de courbes ou de graphiques de même nature (documents 7 et 8).

A • Analyse d'une courbe

Les courbes proposées sont établies, soit en échelle arithmétique, soit en échelle semi-logarithmique.

– **Les courbes établies en échelle arithmétique** (document 6) font figurer, sur l'axe horizontal ou axe des abscisses, la période temporelle considérée (années, mois, jours...). Sur l'axe vertical ou axe des ordonnées, sont reportées directement, à partir d'une échelle appropriée, les grandeurs ou indices que l'on veut représenter. La graduation de l'axe vertical étant régulière, l'intervalle vertical entre deux points de la courbe mesure donc la *différence* entre les quantités présentées.

– **Les courbes établies en échelle semi-logarithmique** (document 11) sont indispensables lorsque l'on veut faire figurer des données très disproportionnées, telles que l'évolution de la population d'une grande ville et d'un petit village, ou lorsque l'on s'intéresse à une grandeur qui augmente ou baisse rapidement entre le début et la fin de la période considérée. Dans ce cas, on utilise un support gradué d'une manière spéciale, disponible dans le commerce, appelé papier « semi-logarithmique ». Sur l'axe horizontal, figurent des graduations arithmétiques, comme dans le cas précédent. Par contre, sur l'axe vertical, chaque point correspond, non pas à la grandeur à représenter, mais à son logarithme. Comme on le verra plus en détail à propos du document 11, il en résulte que l'intervalle vertical entre deux points de la courbe correspond, non pas à la différence, mais au *rapport* entre les quantités. Or ce rapport n'est autre que l'accroissement de la grandeur au cours du temps. La courbe semi-logarithmique permet donc d'apprécier directement le rythme de la croissance, notion fondamentale pour l'historien.

Qu'il s'agisse d'une courbe arithmétique ou d'une courbe semi-logarithmique, il faut distinguer **deux niveaux d'analyse** : celui de la tendance générale de la courbe (document 11) et celui des fluctuations plus courtes, qu'il s'agisse de périodes successives homogènes (document 10) ou d'oscillations brèves, en dents de scie.

Il est utile de faire apparaître la ligne directrice d'ensemble, en traçant la droite de tendance générale sur la courbe. On peut pour cela utiliser des outils statistiques (lorsque les chiffres des données sont fournis), mais un ajustement visuel à partir du seul graphique est très efficace. Pour tracer cette droite, on peut dessiner « l'enveloppe » qui joint les points supérieurs et inférieurs de la courbe ; ou bien regarder la feuille de loin — ou à l'envers — pour mieux voir la ligne directrice d'ensemble. Lorsque la courbe est très longue (par exemple pluriséculaire), deux ou trois tendances peuvent s'imposer. Le retournement tendanciel se détermine visuellement, mais la connaissance du contexte historique aide aussi à mettre en valeur ces tournants : les bornes chronologiques doivent être significatives.

L'étude des fluctuations courtes comporte l'évaluation de :

. leur périodicité (dates, nombre),

. leur intensité (mesure verticale),

. leur durée (mesure horizontale).

Pour l'analyse du mouvement long tendanciel, comme pour celle des fluctuations courtes, il ne suffit pas de décrire la courbe ; il faut de plus chiffrer cette évolution : mesurer, sur l'échelle verticale, le point de départ et d'arrivée de la tendance, ou l'intensité des oscillations, en un va-et-vient constant entre description de l'allure de la courbe et mesure des nombres lus sur l'axe vertical.

B. Superposition de deux courbes de données différentes sur un même graphique

Cette superposition est surtout employée dans le cas de **courbes arithmétiques**, lorsque les données se rapportent à un même phénomène, par exemple les naissances et les décès dans deux paroisses bretonnes à la fin du XVIe siècle (document 9), les recettes et les dépenses de la monarchie sous le règne de Louis XIII (document 10), les salaires et les prix en France de 1920 à 1931 (document 12). Leur soustraction a alors un sens : accroissement ou baisse de la population, excédent ou déficit budgétaire, augmentation ou dégradation du pouvoir d'achat. Pour mieux faire apparaître cette évolution relative, on peut hachurer ou noircir l'espace entre les deux courbes (document 10). Le croisement des deux courbes a une signification qu'il importe de mettre en valeur, quelle que soit la nature des chiffres utilisés (nombres absolus ou indices).

C. Comparaison d'une collection de courbes ou de plusieurs graphiques

Ce cas correspond souvent à des **courbes semi-logarithmiques** établies sur une longue période : fluctuation des prix dans deux villes (document 7) ou de la production dans deux régions (document 8) durant un siècle et demi. On veut alors faire ressortir, non pas l'écart entre les données recensées, ce qui n'aurait guère d'intérêt, mais les rythmes de croissance. Seules les courbes semi-logarithmiques le permettent. Il suffit de comparer leurs pentes respectives pour savoir aussitôt si les taux de croissance sont analogues (pentes parallèles) ou divergentes (pentes différentes). Par contre, on se gardera d'attacher de l'importance aux points de croisement éventuels des courbes qui n'ont pas de signification précise, ni mathématiquement ni économiquement.

2 • Grille d'analyse

Introduction

– présentation de la **source** historique : mercuriale, registres paroissiaux, statistiques industrielles, relevés de prix et de salaires constatés par les observatoires de l'évolution économique — qu'il s'agisse de publications officielles (ex. : INSEE) ou privées (ex. : organismes syndicaux). Discuter de sa fiabilité (cf. document 9). Pour les périodes ancienne et médiévale, cette discussion critique, qui nécessite souvent un développement plus long que pour les périodes plus récentes, peut aussi trouver place à l'intérieur du commentaire (ex. : documents 7 et 8).

– analyse de la **construction** de la courbe.

L'axe horizontal est en général celui du temps. Quelles que soient les subdivisions indiquées (le plus souvent des dates rondes), il convient d'être attentif à la périodicité des données : sont-elles annuelles ? trimestrielles ? mensuelles ?

L'axe vertical est-il établi en échelle arithmétique ou logarithmique ? Dans cette dernière, les variations conjoncturelles sont écrasées, et seules les comparaisons de pentes ont une signification, exprimant des taux de croissance. Les unités sont-elles exprimées en nombres absolus (lesquels : en dizaines, en milliers, millions…) ou en indices ? Comme dans le cas de tableaux de chiffres, s'il s'agit d'unités monétaires, vérifier si les chiffres ont été corrigés de l'inflation.

– **contexte historique :** il importe d'être d'autant plus précis que la durée considérée dans le graphique est courte. Penser aussi à préciser éventuellement le contexte géographique, qui peut éclaircir les données présentées. La région considérée est-elle une plaine productrice de blé ? La ville que l'on prend en compte est-elle un port de mer favorable aux exportations ?

– brève analyse et **annonce du plan**.

Commentaire

– Deux axes principaux :

1 • Allier la description détaillée de la courbe (approche visuelle et chiffrée), l'apport d'explications (c'est-à-dire la recherche des causes) et l'interprétation ;

2 • Définir une périodisation : les courbes qui comportent le temps en abscisses montrent une évolution.

– **Le plan** s'organise, selon le document, à partir de ces deux axes :

• soit en privilégiant le mouvement description / interprétation (la mise en évidence de périodes ou de périodicités se faisant à l'intérieur de chacune de ces deux parties) ;

• soit en mettant l'accent sur la présentation successive de 2 ou 3 périodes (chacune de celles-ci correspondant à une partie et comportant l'analyse du contenu puis son interprétation).

Lorsqu'on est en présence de plusieurs courbes ou documents, il faut examiner les corrélations, les points communs, ou au contraire les nuances ou les divergences.

Dans la recherche des causes, penser à identifier, parmi les causes générales, celles qui ont joué localement dans le lieu considéré par le document.

Conclusion

Comme pour tout autre document, il faut :

– définir les apports de la courbe (son intérêt pour l'historien), en marquant éventuellement ses limites ;

– replacer le document dans une perspective plus large, en particulier géographique (replacer une courbe locale dans un ensemble) et temporelle (élargir la perspective chronologique).

Document 6

ÉVOLUTION DE LA DRAPERIE LILLOISE (1329-1448) D'APRÈS LE NOMBRE DE DRAPS « PLOMBÉS » À LILLE

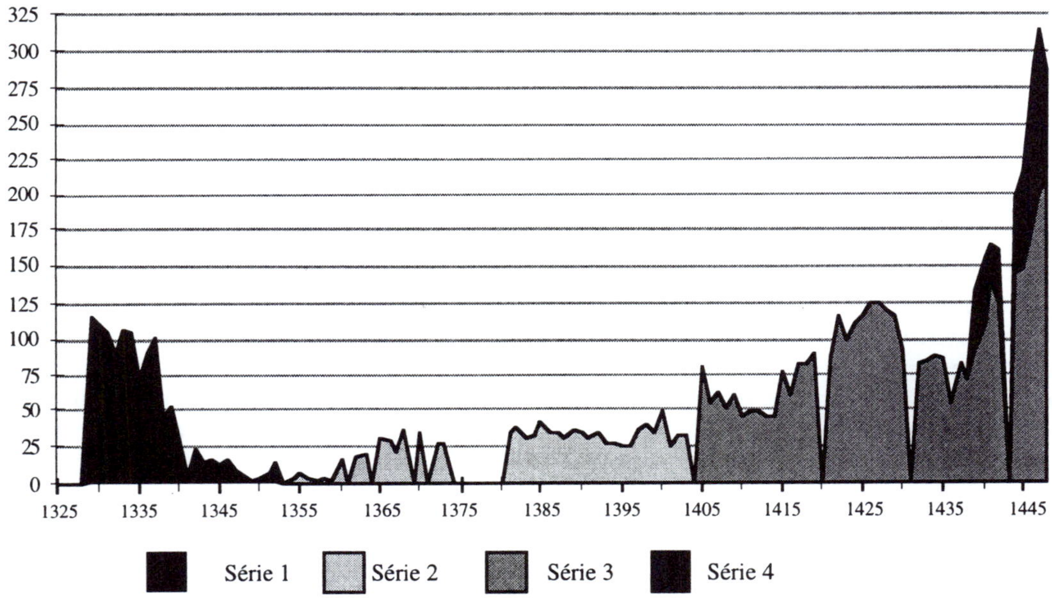

Cycle de production dominante des draps scellés à Lille.

Valeur indicée (indice 100 = moyenne arithmétique des années 1329-1337)
série 1 : production traditionnelle de « bons draps »
série 2 : mise en place de la « nouvelle draperie »
série 3 : introduction et diffusion de la « draperie sèche »
série 4 : apport de « draps fabriqués hors la ville »

La courbe a été établie à partir des données de Denis CLAUZEL et Sylvain CALONNE, « Artisanat rural et marché urbain : la draperie à Lille et dans ses campagnes à la fin du Moyen Age », *Revue du Nord*, t. LXXII, n° 287, juillet-septembre 1990, p. 542-544.

CONSEILS DE MÉTHODE

1 • L'évolution n'a pas ici été représentée par une courbe classique mais par des aires afin de mieux séparer les types de production. De ce fait les ruptures ne témoignent pas d'une production ramenée à zéro, mais correspondent à des lacunes documentaires ; en effet, pour

certaines années, les comptes municipaux de Lille d'où sont extraites ces données chiffrées n'existent plus.

2 • La courbe n'est pas établie en nombre de draps « plombés » chaque année dans la ville, elle est indicée. La moyenne arithmétique du nombre de draps « plombés » à Lille de 1329 à 1337 a été prise comme base égale à 100, puis chacune des productions annuelles a été évaluée par rapport à cette base. Ainsi peut-on mesurer en pourcentage et au premier coup d'œil l'évolution de la production, qui d'une moyenne de 2500 pièces de draps par an vers 1330 (indice proche de 100), chute de près des deux tiers dans les dernières décennies du XIVe siècle (1380-1405 correspond environ à l'indice moyen 33), puis se redresse avant de tripler vers 1447 (indice supérieur à 300).

3 • Durant ce siècle et demi la qualité et les techniques de fabrication des draps lillois ont varié. Ces mutations ne se sont pas faites en un jour. Il s'ensuit que la périodisation qui signale ces évolutions ne reflète pas l'existence d'un type unique de drap, mais le type de production prédominant de la période.

COMMENTAIRE

INTRODUCTION

Peu de données nous renseignent sur le volume des productions du textile. La meilleure source procède du marquage des draps, c'est-à-dire des tissus de laine destinés à la fabrication de vêtements. Cette opération intervenait à l'issue des deux inspections obligatoires faites par des vérificateurs assermentés, appelés « eswardeurs ». La première avait lieu à l'issue du tissage ; elle permettait de déceler les imperfections du travail en vérifiant en transparence la pièce de drap tendue sur une barre transversale : la « perche ». La seconde était pratiquée après les opérations de finissage. L'ensemble avait pour but d'assurer que le tissu était conforme aux normes de fabrication prescrites par le « métier » et se présentait dès lors sans défaut.

Ce label de qualité était sanctionné par la garantie de la ville, qui à Lille prenait la forme matérielle d'un seul et unique sceau de plomb apposé à l'extrémité ou « queue » de chacun des draps finis. Les comptes municipaux lillois, heureusement conservés pour la période 1329-1448, gardent ainsi la trace des dépenses engagées pour permettre ces marquages. On y relève non seulement le nombre et le coût des plombs utilisés, mais encore les salaires des « maïeurs » et valets payés à la tâche au prorata des pièces scellées. Ces données restent cependant imparfaites dans la mesure où elles ne différencient pas, du moins avant 1439, les draps de grande largeur des draps de petite largeur, ni ceux confectionnés à Lille de ceux tissés à l'extérieur et finis dans la ville.

En dépit de ces imprécisions la courbe permet d'esquisser les grandes tendances de la production : une phase de déclin marquée par l'effondrement de la « bonne draperie », une phase de stagnation, une phase de reprise dont il convient d'expliquer les causes et les modalités de conversion des techniques de fabrication.

I. L'EFFONDREMENT DE LA PRODUCTION

La draperie lilloise, qui au XIIIe siècle avait joui d'une incontestable prospérité, connaît, dès au moins le premier tiers du siècle suivant, une ère de déclin.

Les grands draps lillois, lourds et épais, confectionnés à partir de belles laines importées d'Angleterre, dessuintées après le battage, puis ointes de graisse afin de mieux résister au filage, étaient alors tissés, foulés et minutieusement apprêtés. L'essentiel de cette production était destiné à l'exportation.

Bien que souffrant dès la fin du XIIIe siècle des rivalités qui l'opposaient à Douai, et de l'hégémonie d'Ypres, Gand et des autres villes flamandes qui l'évinçaient sur le marché anglais, la production de « bonne draperie » se maintenait encore solidement aux foires du Lendit et de Champagne, et s'orientait vers les marchés méditerranéens, voire ibériques. Or brusquement, en moins de quinze ans, cette production fléchit puis s'effondra complètement. Plusieurs causes agirent successivement puis simultanément.

L'activité fut d'abord victime de la compétition étrangère notamment italienne. Gros pourvoyeurs des pays méditerranéens, ces derniers avaient considérablement développé leur propre industrie, privant ainsi, dès 1316-1317, les productions lilloises de ce débouché essentiel. L'élargissement de la zone de production au Brabant avait également renforcé la concurrence alors que s'ouvraient de nouveaux marchés dans les régions de l'Europe centrale et de la Baltique.

Mais surtout, la draperie lilloise ne sut pas s'adapter assez rapidement à l'évolution de la mode et répondre à une nouvelle demande. Dès avant 1340-1350, une mutation avait affecté l'habillement masculin. Alors qu'au XIIIe siècle la robe de drap lourd s'était imposée dans tous les milieux fortunés, les costumes évoluèrent vers des formes ajustées : culottes collantes, pourpoints serrés… qui ne pouvaient se découper dans ces étoffes. Dès lors les draps plus légers, de moindre coût, prirent le pas sur la « bonne draperie » dont l'activité périclita en raison de l'incapacité des « métiers » sclérosés à se transformer.

Déjà très affaiblie, la « bonne draperie » fut touchée de plein fouet par l'interdiction, promulguée par Édouard III à l'automne 1336, d'exporter les laines anglaises à destination de la Flandre. L'embargo était un moyen de pression politique visant à faire fléchir le comte de Flandre, Louis de Nevers, qui en ce début de la guerre de Cent Ans, entendait rester fidèle à Philippe VI. La courbe montre parfaitement la grande brisure qui suivit la ratification de la mesure par le Parlement anglais en 1337 et son maintien en 1338 pour la ville de Lille alors que l'interdiction avait été levée pour Bruges, Gand et Ypres. L'état des relations avec l'Angleterre, qui resta au plus mal jusqu'en 1360, porta de ce fait un coup fatal à l'artisanat.

II. L'IMPOSSIBLE REDRESSEMENT

Aucun redressement ne s'esquisse réellement dans la seconde moitié du XIVe siècle. Et pourtant, vers les années 1340, une « nouvelle draperie », ainsi dénommée par opposition à la « bonne » d'existence très ancienne, fut introduite dans les milieux urbains lillois ; elle prit le relais à partir de 1345 avant de s'imposer dans les dernières décennies du XIVe siècle. Tissées avec des laines locales de moindre qualité, des laines d'agneaux, voire de déchets, ces étoffes plus souples et surtout moins coûteuses, déjà fabriquées dans la vallée de la Lys, correspondaient mieux à la demande de la clientèle. Pour autant la mutation n'arrêta pas le déclin car la faiblesse du volume des laines indigènes disponibles ne pouvait que maintenir un niveau d'activité réduit.

Mais l'effort de relance échoua surtout en raison d'une conjoncture internationale très défavorable. Toutes les places drapantes connurent la récession. Ypres qui livrait encore 89 500 pièces en 1317, n'en fournissait plus que 34 100 en 1356. Moins solides, les productions lilloises furent d'autant plus vulnérables ; au plus bas, vers 1350-1360, elles n'atteignaient pas le dixième du total des années 1330 et, dans les dernières décennies du XIVe siècle, elles restaient encore inférieures aux deux tiers du volume des années prises comme référence.

Les causes, cette fois, sont à rechercher dans l'enchaînement des catastrophes qui s'abattirent sur l'Europe. Catastrophe démographique amorcée par une recrudescence des mortalités dès 1340, et surtout par l'hécatombe due à la peste noire de 1349 et aux pestes récurrentes qui frappèrent jusque dans les toutes premières années du XVe siècle. Au total l'Europe perdit un bon quart de sa population ce qui ne fut pas sans jouer sur la demande. Elle perdit aussi bon nombre d'artisans si l'on en juge par ce que nous en savons pour Paris, Reims, Provins ou Toulouse...

La guerre par ailleurs perturba les circuits commerciaux. Rapidement les relations commerciales prirent, du fait des hostilités de la guerre de Cent Ans, un caractère aléatoire.

À ces causes générales s'ajouta la vive concurrence des productions voisines de Wervicq, Comines et Courtrai qui, dès 1390, firent « une entrée en force sur le marché de consommation lillois », détrônant Ypres qui s'était antérieurement imposée comme principal centre d'approvisionnement.

L'économie lilloise, très diversifiée, ne fut cependant pas anéantie. Grand centre de commerce et de transit, la ville, qui avait une bonne réputation dans la teinturerie, développa ce secteur et s'orienta délibérément vers la finition des étoffes tissées à l'extérieur.

III. LA REPRISE

À partir des premières années du XVe siècle un nouveau pas fut franchi. On commença à sceller des draps de petite largeur, par opposition aux « grands draps » typiques de la draperie ancienne. Il s'agissait de draps légers répondant à une technique particulière de fabrication. Alors que pour la « grande draperie », les fils de chaîne, et souvent aussi les fils de trame, étaient abondamment oints, pour la « petite draperie » ou sayetterie ceux-ci ne l'étaient pas. Cette draperie dite « sèche », légère et sommairement finie, se développa dans les toutes premières années du XVe siècle.

On ne sait pas exactement à quelle date la production commença. Elle est certainement antérieure à 1408, date à laquelle furent taillés les poinçons destinés à sceller ces étoffes. Elle précéda sans doute de peu l'année 1405 durant laquelle l'on voit brusquement le nombre des draps « plombés » dépasser de deux fois et demie le chiffre des années antérieures.

Dès 1417, le seuil des 2000 pièces de draps était franchi ; en 1425 la ville retrouvait en quantité, mais non en valeur, son niveau le plus élevé du siècle précédent ; dix ans plus tard, le traité d'Arras qui mit fin à l'alliance anglo-bourguignonne, provoqua un ralentissement général de l'activité à laquelle Lille n'échappa pas et dont les séquelles se firent encore sentir durant quelque temps.

Pendant toute cette période la sayetterie coexista avec l'artisanat traditionnel sans qu'il soit malheureusement possible avant 1439-1448 d'évaluer la proportion entre les deux catégories de draps. À cette époque les grands draps représentaient à peine 20 % des productions lilloises, les petits draps 31 %, les draps du dehors environ 27 % et les draps teints 22 % contre 10 % dans les premières années du XIVe siècle.

Si la sayetterie avait produit un certain redressement, celui-ci tint aussi à la teinturerie et à l'introduction massive des draps de Tourcoing, Wervicq, Courtrai et des campagnes voisines, vendus pour partie sous le sceau lillois. Ainsi, contrairement à d'autres cités qui cherchèrent à anéantir les activités concurrentes de leur voisinage, Lille n'entra jamais en lutte contre les artisans ruraux, mais à l'inverse sut largement profiter de leurs activités. De ce fait s'instaura pour longtemps une « complémentarité riche d'avenir entre la ville et les campagnes ».

CONCLUSION

Bien que particulier, l'exemple de Lille n'est cependant pas atypique de l'évolution des productions drapantes des XIVe et XVe siècles. Tout comme les autres villes, Lille subit le contrecoup de la récession économique qui frappa l'ensemble de l'Europe dans la seconde moitié du XIVe siècle.

Sensible aux contraintes de l'époque, elle ne resta cependant pas inerte mais tenta une véritable reconversion. Elle différencia ses activités liées au textile. Elle s'engagea dans la sayetterie qui ne prit son réel essor qu'à la fin du XVe siècle et à l'époque moderne. Elle profita de la relance générale de l'économie amorcée dans les régions du Nord dès au moins les premières décennies du XVe siècle et sut ainsi poser les bases de sa future prospérité.

Indications bibliographiques

Ouvrages généraux

Ph. CONTAMINE, M. BOMPAIRE, S. LEBECQ, J.-L. SARRAZIN, *L'économie médiévale*, Paris, A. Colin, 1993.

E. CARPENTIER et M. LE MENÉ, *La France du XIe au XVe siècle, Population, société, économie*, Paris, P.U.F., 1996.

G. SIVÉRY, *Histoire de Lille*, t. 1, *Des origines à l'avènement de Charles Quint*, Lille, 1970.

H. PLATELLE, D. CLAUZEL, *Histoire des provinces françaises du Nord*, t. 2, *Des principautés à l'empire de Charles Quint (900 - 1519)*, Dunkerque, 1989.

Ouvrages spécialisés

E. COORNAERT, « Draperies rurales, draperies urbaines. L'évolution de l'industrie flamande au Moyen Age et au XVIe siècle », *Revue Belge de Philologie et d'Histoire*, 1950, p. 59-96.

R. MARQUANT, *La vie économique à Lille sous Philippe le Bon*, Lille, 1940.

E. PERROY, *Le travail dans les régions du Nord du XIe au XIVe siècle*, Paris, C.D.U., 1962.

J. HEERS, « La mode et les marchés des draps », *A.E.S.C.*, 1972, p. 1097-1113.

Document 7

ÉVOLUTION DU PRIX DU FROMENT DU XIVe AU XVIe SIÈCLE (1370-1530)

L'exemple de Valenciennes et de Cambrai

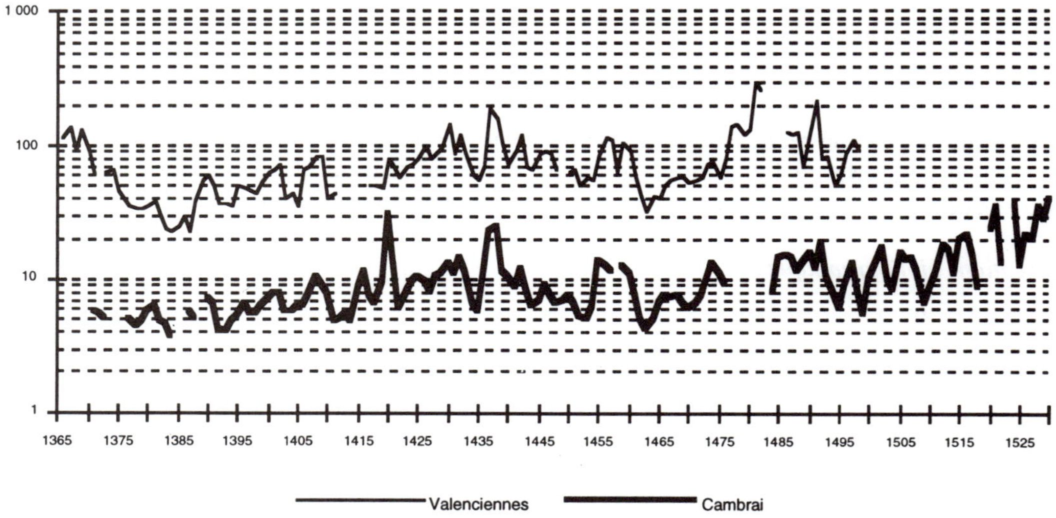

Les courbes sont établies, pour Cambrai, d'après les données de H. NEVEUX, *Vie et déclin d'une structure économique. Les grains du Cambrésis (fin du XIV*e*-début du XVII*e *siècle)*, p. 396-400 ; pour Valenciennes, d'après G. SIVÉRY, *Structures agraires et vie rurale dans le Hainaut,* p. 409, 413, 517, 556. Les prix sont exprimés en sous tournois de Cambrai et en sous tournois de Valenciennes ; les mesures : en muids (421,2 litres) pour Valenciennes, en mencauds (52 à 53 litres) pour Cambrai.

CONSEILS DE MÉTHODE

Pour le graphique, on a adopté un support semi-logarithmique qui comporte une échelle arithmétique en abscisse et une échelle logarithmique en ordonnée. Le temps est inscrit en abscisse et la variable (les prix) en ordonnée. Ce système de représentation possède une propriété importante. Lorsque les prix suivent une progression géométrique, c'est-à-dire évoluent à indice de croissance constant, la progression est représentée par une série de points alignés sur une droite, quelles que soient les séries exprimées dans des unités différentes. Ce système permet donc de comparer les rythmes de variation et de visualiser la tendance.

COMMENTAIRE

INTRODUCTION

Les prix constituent le meilleur indicateur des grandes tendances économiques. Encore faudrait-il, pour en bien saisir les grands mouvements, disposer d'un indice collectif correspondant aux divers produits nécessaires à la vie d'une famille. Malheureusement, pour l'époque médiévale, on doit se limiter à l'étude de quelques produits types, parmi lesquels le froment se situe en premier. Dans ces riches plaines du Hainaut et du Cambrésis il constitue l'alimentation de base. Ses prix — bien que fortement influencés par un ensemble de causes (abondance ou déficit des récoltes) qui n'agissent pas avec la même intensité sur les autres produits — reflètent cependant assez bien la conjoncture générale et permettent de tenter une périodisation.

I. LA PRÉ-STATISTIQUE DES PRIX

En l'absence de « mercuriales », c'est-à-dire d'un relevé officiel des prix hebdomadaires, force est de construire des séries à partir des comptabilités existantes. À Valenciennes, les données reposent sur la vente des froments dus aux comtes de Hainaut et négociés à la halle et en gros ; à Cambrai, sur les ventes en gros effectuées par l'hôpital Saint-Julien. Les prix variant au cours de l'année, notamment en période de soudure, se réfèrent ici à des moyennes établies par année-récolte (juin à juin). Ces statistiques, bien qu'imparfaites, trouvent cependant leur meilleure garantie dans le parallélisme des courbes, qui, ramenées aux mêmes mesures, quasiment se surimposeraient.

Ces prix sont exprimés en monnaie de compte, dont la fonction est d'étalonner les multiples espèces servant aux paiements en indexant leur valeur sur une pièce réelle circulant ou ayant circulé à un cours libellé en livre, sous et deniers (la livre valant 20 sous ou 240 deniers). À Valenciennes, les pièces d'or françaises servaient d'étalon pour la monnaie de compte. Pour Cambrai, petite principauté épiscopale, on ne sait pas quel était l'étalon. Quoi qu'il en soit, la valeur de ces pièces variant, le sou de compte fluctuait dans les mêmes proportions au gré des dévaluations et réévaluations monétaires. Ainsi ramené à son poids en métal fin, le sou tournois de France qui en 1330 équivalait à 281 mg d'or fin, n'en valait plus que 120 en 1460 et 92 en 1500. Or le phénomène fut général et affecta également les autres monnaies. En période de forte dévaluation les prix s'exprimaient dans les comptabilités soit en monnaie forte, soit en monnaie faible. Lorsque cette dernière était utilisée le prix nominal grimpait en flèche ; c'est peut-être le cas pour Cambrai en 1420 ; certes la ville connut une disette, mais l'importance de la pointe, qu'on ne retrouve ni à Valenciennes ni à Douai où les prix sont donnés en monnaie forte, fait plutôt penser à une incidence de la dévaluation.

Comme le montrent les courbes, les prix fluctuaient considérablement d'une année à l'autre. Les variations de 20 à 30 % étaient normales. En fait les prix s'établissaient généralement en fonction de deux récoltes. En effet, vers mai-juin, selon que la future moisson s'annonçait bonne, les cours s'infléchissaient, en revanche, si elle s'avérait devoir être mauvaise, ils s'envolaient. Les prix dépendaient aussi de leur position dans un cycle de plusieurs années d'abondance ou de déficit frumentaire. Ils dépendaient enfin, lorsque la conjoncture politique et militaire le permettait, du volume des exportations vers la Flandre et des importations de blés français. Il n'est par conséquent pas toujours facile de déterminer les facteurs qui jouèrent dans leur formation.

II. LES MOUVEMENTS DE LONGUE DURÉE

La période 1370-1530 se situe dans un mouvement de plus longue durée dont il convient de définir les termes chronologiques. À la fin du XIIIe siècle, en raison de la surpopulation, les prix étaient à leur plus haut sommet. Une première chute suivit la grande crise frumentaire de 1315-1317 qui affecta toute l'Europe du Nord ; elle fut de courte durée. Dès 1339-1340 et jusqu'en 1370-1375 les prix remontèrent sans atteindre leur niveau d'antan qui ne fut retrouvé qu'au cours du XVIe siècle.

La période 1370-1530 s'inscrit par conséquent dans un vaste mouvement de baisse générale. Elle se subdivise en quatre phases ; l'ensemble dessinant une vaste ondulation marquée par une chute de 1370 à 1385, une hausse de 1385 à 1440, une rechute de 1440 à 1470 à peine arrêtée par les flambées de 1455-1458, suivie d'une ascension fiévreuse jusqu'en 1530.

Plusieurs facteurs déterminants affectent ce long terme. Le premier, dont il est difficile de ne pas tenir compte, concerne la monnaie. Comme nous l'avons dit les prix sont sensibles aux mutations monétaires. On ne saurait donc comparer leur niveau en 1370 à celui de la fin du siècle suivant, le sou n'ayant pas la même valeur en grammes d'or ou d'argent. Il s'ensuit que si l'on pouvait transformer les courbes en poids de métal précieux, la monnaie s'affaiblissant de plus de 20 % au cours de la période et se dépréciant surtout très fortement dans le second quart du XVe siècle, le profil de la courbe se trouverait modifié. L'amplitude de la chute des années 1370-1385 s'accentuerait légèrement, en revanche la reprise du XVIe siècle et surtout le dôme de 1420-1440 s'atténueraient. De 1385 à 1470, le profil de la courbe serait alors beaucoup plus plat. Il tendrait à montrer qu'en dépit de quelques fortes pointes qui en accentuent la tendance, les prix ne connurent, pendant toute cette période, qu'une évolution modérée.

D'autres facteurs furent également déterminants. Les prix dépendent d'abord de la demande et par conséquent du nombre des hommes. Or, après l'énorme ponction humaine due à la peste noire de 1348 et aux pestes récurrentes, la population s'était effondrée. En Hainaut, qui avait connu un recul démographique de l'ordre de 30 à 60 % selon les secteurs, rien ne semble indiquer un renversement de la tendance démographique avant 1406 ; le redressement qui suivit rattrapa, avant 1444, uniquement le niveau de 1365 ; la vraie reprise ne se fit guère sentir avant 1450. Il en résulte, du moins au début de la période, une certaine atonie de la demande, et en revanche à la fin, une pression croissante.

Les prix dépendent aussi de l'offre. Or celle-ci avait considérablement baissé au XIVe siècle en raison des abandons de terres qui entraînèrent une chute des productions. Toutefois après une reprise dans les dernières décennies du siècle, une sorte d'équilibre paraît s'être établie entre les bas niveaux de production et de consommation. Cette relative stabilité fut cependant troublée périodiquement par deux facteurs : l'un climatique, l'autre militaire. Certaines années présentent, en effet, des pointes anormalement élevées par rapport à la tendance générale. C'est notamment le cas en 1432-1433 en raison d'une famine qui sévit dans toutes les régions situées au nord de la Loire, puis en 1439-1440 et en 1481-1482, années qui correspondent partout aux pires récoltes du siècle. L'insécurité et les guerres, qui sévirent à plusieurs reprises vers 1415-1420, 1430-1440 et surtout de 1475 à 1492, furent aussi décisives ; les razzias des hommes d'armes, les destructions de récoltes, la fuite des habitants et la montée des friches contribuant à réduire les stocks disponibles.

Les prix dépendent enfin de l'appel des marchés extérieurs qui amplifiant la demande accentuaient la tension. Dans ces régions proches de la Flandre et de ses grands centres urbains de consommation, on se saurait exclure le rôle des exportations. Toutefois, au XVe siècle, celles-ci ne représentaient guère plus de 10 % de la production.

III. LES CYCLES INTERMÉDIAIRES

Cette stagnation relative des prix de 1370 à 1470 n'exclut pas l'existence de cycles intermédiaires qu'il convient d'examiner de plus près.

1 • 1370 à 1385 environ : les prix chutent

Le froment tombe jusqu'au sixième de sa valeur. À Valenciennes deux facteurs influencèrent cette baisse : d'une part, la quasi-fermeture des marchés flamands perturbés par les révoltes qui éclatèrent en 1379 et dont les conséquences perdurèrent après la bataille de Roosebeck (1382) jusqu'en 1385 ; d'autre part, l'augmentation de la production encouragée par les hauts cours des années 1370 et par la volonté de compenser, en volumes vendus, l'effondrement des prix. Il reste que le phénomène étant européen et s'inscrivant dans une conjoncture de trêves de la guerre de Cent Ans, la cause première est sans doute à rechercher dans un retour à la libre circulation des grains et dans l'introduction de blés d'Artois et de Picardie, qui, créant l'abondance, provoquèrent l'effondrement ; l'ensemble amenant à une sorte d'équilibre de l'offre et la demande vers 1385-1388.

2 • Le dôme des années 1430

Au milieu du XVe siècle, la tendance dessine une sorte de dôme. Les prix s'élèvent d'abord par saccades jusque vers 1425, plafonnent à un haut niveau jusqu'en 1439, puis s'infléchissent jusqu'en 1465 si l'on fait abstraction de la crise brutale mais courte des années 1456-1460.

Durant la phase de hausse plusieurs facteurs jouèrent consécutivement ou simultanément. Les hausses s'expliquent d'abord par les intempéries : hivers rudes de 1388-1389, 1393-1394, 1399-1400, 1407-1408, fortes pluies de 1407-1409 ; puis, après une période d'accalmie, hivers de plus en plus rigoureux de 1420-1421, 1432-1433 et surtout 1437-1438 qui provoqua une effroyable famine. La reprise du conflit franco-anglais aggravé par la rupture entre Armagnacs et Bourguignons renforça-t-elle les tensions observées ? La question est importante car les conséquences furent contradictoires. D'une part, elles furent partiellement bénéfiques par l'élimination de la concurrence des blés de France qui privilégia, jusqu'au traité d'Arras (1435), les productions locales sur le marché flamand ; mais, d'autre part, elles furent également néfastes en raison des campagnes militaires destructrices, menées en Cambrésis et dans le sud du Hainaut vers 1414-1420 et de 1430 à 1440. Ainsi, si l'on excepte quelques récoltes exceptionnellement bonnes, dans l'ensemble la production chuta de 1415 à 1440. Il s'ensuivit aussi un déséquilibre entre l'offre et la demande à base démographique. On est malheureusement fort mal renseigné sur celle-ci. Il semble que la population, après avoir fléchi à la suite de l'épidémie de 1401, se serait redressée de 1406 à 1420-1430 créant une tension des prix. Par la suite, son déclin, fortement accentué par les mortalités de 1432-1434 et de 1437-1439, aurait réduit la demande sans pouvoir arrêter la montée des prix, l'ampleur de la chute des productions ayant largement dépassé celle de la population.

En 1440, la tendance s'inverse, les prix cette fois s'orientent à la baisse. Le phénomène toucha toute l'Europe de l'Ouest. En quinze ans les prix nominaux retombèrent à leur niveau de 1395. Le fait s'explique d'abord par la brutale chute démographique des années antérieures qui diminua durablement la demande ; par un accroissement de l'offre après le retour au calme et la remise en état des terres marginales ; enfin par la réapparition sur les marchés du nord des blés français. Dès lors la mévente entraîna les prix dans un déclin sans précédent jusque vers 1470 ; déclin interrompu uniquement, mais temporairement, par les très mauvaises récoltes de 1456-1460.

3 • L'ascension des prix (1470-1530)

Comme nous l'avons déjà dit, en raison de la guerre la conjoncture des années 1475-1482 fut réellement catastrophique. Le conflit surgi entre Louis XI et Charles le Téméraire, qui débuta par l'invasion française de 1475, ne s'arrêta pas à la mort de ce dernier en 1477 ; les razzias continuèrent. Les très mauvaises récoltes de 1481 aggravèrent encore la situation. Les prix bondirent. Le traité d'Arras passé avec Maximilien en 1482 marqua un court répit dans les hostilités qui ne prirent réellement fin qu'en 1492.

Mais si l'on observe uniquement la courbe de Cambrai qui élimine les fortes hausses constatées entre 1476 à 1484, la tendance générale se dessine mieux. La hausse apparaît nettement dès 1470 et s'affirme définitivement à partir de 1495. Là encore il s'agit d'un phénomène général qui affecta l'ensemble de l'Europe. Il trouve son origine dans une amplification de la demande due à la croissance démographique qui débuta dès 1450, et s'affirma dans les villes surtout à partir de 1470. Parallèlement la production de froment se développa sans parvenir à équilibrer la demande intérieure et extérieure. Dès 1500, la courbe des prix s'affole et la tendance haussière l'emporte incontestablement. Au-delà des causes climatiques (telle la terrible gelée de 1524), les brusques écarts d'une année à l'autre traduisent un dérèglement du marché né d'un déséquilibre accentué entre une offre en croissance lente, voire en stagnation, et une demande en expansion.

CONCLUSION

L'histoire des prix du froment en Hainaut et en Cambrésis fait apparaître de remarquables synchronismes avec ce que l'on sait par ailleurs de l'Europe du Nord-Ouest. Elle témoigne d'une récession économique profonde dont le seuil fut atteint, avec de légers décalages chronologiques selon les régions, vers 1370-1380. À ce déclin succéda une longue période de stabilisation relative à un niveau médiocre, marquée par des tentatives de redressement mais aussi par des secousses secondaires dont la plus grave intervint entre 1420 et 1440. Le redressement s'accomplit dès lors lentement au rythme de la croissance démographique qui, au début du XVIe siècle, n'avait pas encore permis de rattraper son plein niveau du XIIIe siècle.

Indications bibliographiques

Ouvrages généraux

J. HEERS, *L'Occident aux XIVe et XVe siècles. Aspects économiques et sociaux*, Paris, P.U.F. (coll. « Nouvelle Clio »), 1990.

E. CARPENTIER et M. LE MENÉ, *La France du XIe au XVe siècle, Population, société, économie*, Paris, P.U.F., 1996.

Ouvrages spécialisés

G. BOIS, *La crise du féodalisme*, Paris, 1976.

M.-J. TITS-DIEUAIDE, *La formation des prix céréaliers en Brabant et en Flandre au XVe siècle*, Bruxelles, 1975.

H. NEVEUX, « Cambrai et sa campagne de 1420 à 1450 », *A.E.S.C.*, janv.-fév. 1971, p. 114-136.

G. SIVÉRY, « L'évolution du prix du blé à Valenciennes aux XIVe et XVe siècles », *Revue du Nord*, avril-juin 1965, t. XLVII, n° 185, p. 177-194.

D. CLAUZEL, « Conjoncture et société à Lille pendant la période bourguignonne », *Revue du Nord,* juillet-sept. 1974, t. LVI, n° 222, p. 365-386.

Document 8

Évolution de la production céréalière à la fin du Moyen Âge

d'après quelques exemples de fluctuations du produit de la dîme

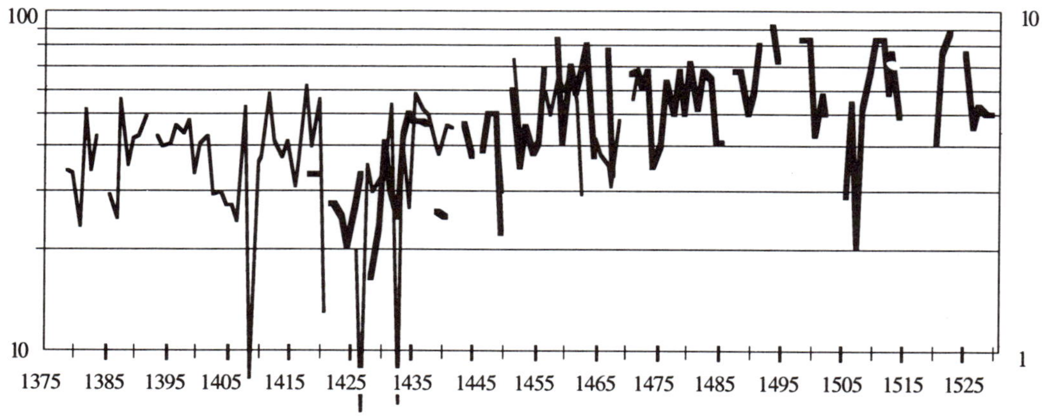

Anjou (dîmes perçues en muids de froment)

Vallée (échelle gauche) — Cantenay-Ecouflant (échelle droite)

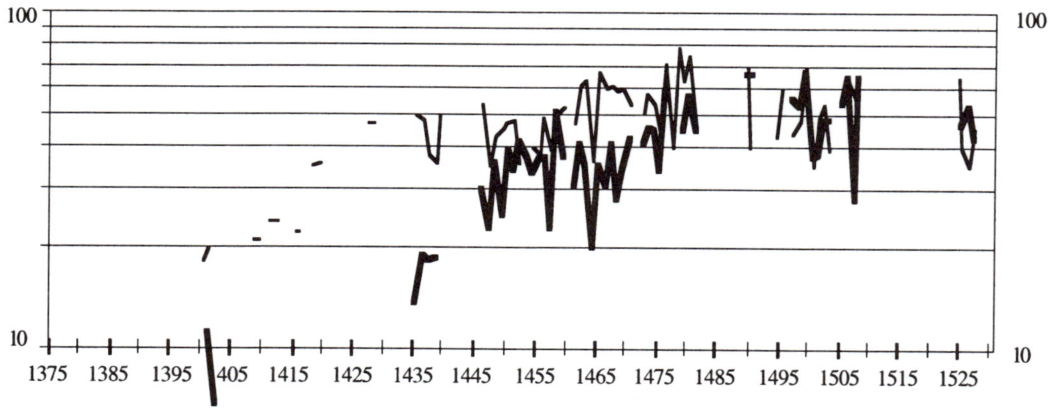

Basse-Auvergne (dîmes perçues en setiers de diverses céréales)

Murol (seigle, froment, pamoule,avoine) — Font-Marcel, Cne de Vernet (seigle, avoine)

Les courbes ont été établies, pour l'Anjou, d'après le manuscrit d'un érudit du XVIIIe siècle qui releva les données dans les comptes du chapitre Saint-Maurice d'Angers lesquels ont presque tous disparu (Bibliothèque municipale d'Angers, ms. 1164 (961) ; pour l'Auvergne, d'après P. CHARBONNIER, *Une autre France. La seigneurie rurale en Basse-Auvergne*, Clermont-Ferrand, 1980, t. 2, p. 1188-1191.

Pour le graphique nous avons adopté un support semi-logarithmique (cf. document n° 7) afin de comparer le rythme des variations et de visualiser les tendances. Les quantités, en muids de 24,44 hl pour l'Anjou et en setiers de 2,16 hl mesure de Besse pour Murol et Font-Marcel, sont inscrites en ordonnées.

COMMENTAIRE

INTRODUCTION

De l'an mil jusque vers 1270-1300, l'économie occidentale avait constamment progressé. Passé cette période, l'expansion générale commença à marquer le pas. Progressivement l'âge euphorique fit place à un profond malaise qui, à partir du milieu du XIVe siècle, se transforma en crise aiguë. L'Europe toute entière entra dans une phase de profonde récession largement séculaire. La production céréalière s'effondra. La reprise ne s'esquissa guère avant le début du XVe siècle. Peu de sources, malheureusement, permettent d'en suivre l'évolution ; les unes directes partent de l'examen des productions des grands domaines seigneuriaux ; les autres indirectes partent des redevances proportionnelles aux récoltes, notamment des dîmes, comme c'est ici le cas. La reconstitution des séries résulte soit du relevé des affermages extraits des comptabilités annuelles du chapitre cathédral de Saint-Maurice d'Angers, soit, lorsque les comptes ont des lacunes, des registres de la justice seigneuriale qui consignaient les adjudications de Font-Marcel, village de la commune de Vernet, et de Murol, localités situées dans la montagne de Basse-Auvergne (800 à 1000 mètres). La documentation n'est pas sans défaut et mérite une critique ; bien qu'imparfaite, elle reflète toutefois assez bien les grands temps de la reprise économique du XVe siècle.

I. LES DÎMES REFLÈTENT-ELLES L'ÉVOLUTION DE LA PRODUCTION ?

1 • Tout d'abord *qu'est-ce qu'une dîme ?* C'est une redevance coutumière destinée primitivement à l'entretien du prêtre et aux aumônes destinées aux pauvres de la paroisse. Le prélèvement s'effectuait sur les produits du sol et sur les animaux. Mais la part la plus importante (grande dîme) et la plus généralisée portait essentiellement sur les blés (dîme verte). La dîme revenait rarement au curé, mais à la famille ou à l'établissement réputé fondateur de la paroisse. Ainsi les dîmes de Vallée et de Cantenay-Ecouflant étaient-elles perçues par le chapitre d'Angers ; celle de Murol était partagée entre le prieur de Saint-Nectaire et le seigneur de Murol qui détenait en outre celle de Font-Marcel. Beaucoup de ces dîmes dites « inféodées » restaient en effet entre les mains de seigneurs laïcs et se rapprochaient des redevances foncières.

2 • *Le taux de prélèvement.* La dîme, levée théoriquement au dixième des récoltes (d'où son nom : décime), variait en pourcentage selon les lieux dans une fourchette de 7 à 13 % mais restait uniforme sur l'ensemble du finage dîmier. En Auvergne, et très probablement en Anjou, la quotité la plus fréquente était à la onzième gerbe, soit 9 % de la moisson.

3 • *L'assiette foncière du prélèvement* ne couvrait pas forcément l'ensemble de la paroisse. À Vernet, le seigneur ne percevait la dîme que sur quelques mas et villages, notamment sur celui de Font-Marcel. À Ecouflant, au confluent de la Sarthe et de la Maine, l'assiette correspondait à une partie d'une ancienne « villa » relevant de la fondation antique du chapitre.

À Murol elle couvrait toute la petite paroisse et débordait vers Jassat et Chautignat. Quant à la dîme dite de la « Vallée » elle englobait quatre paroisses : la Daguenière, la Marsaulaye, Saint-Rémy et Mazé, comprises entre la Loire et l'Authion.

4 • *Les modalités de la perception.* Sauf exception pour les années fortement déficitaires, le décimateur se chargeait rarement de la levée, mais procédait à l'affermage annuel de son droit au plus offrant enchérisseur. En Anjou, les adjudications à la chandelle débutaient vers la mi-juin ; en Auvergne, les « accenses » avaient lieu quinze jours avant la moisson (en juillet ou au début d'août). Le versement des enchères s'effectuait selon des modalités variables. En Vallée et à Ecouflant, l'adjudicataire versait le montant des enchères en muids de froment (24,44 hl) ; dans la montagne de Basse-Auvergne aux sols plus ingrats, le système était plus complexe et plus proche des productions : à Font-Marcel il payait 2/3 en seigle et 1/3 en avoine ; à Murol : 1/2 en seigle, 1/6 en froment, 1/6 en pamoule (mélange d'orge et de froment), enfin 1/6 en avoine, le tout en setiers mesure de Besse d'une contenance de 216 litres. Visiblement le versement reflète imparfaitement la diversité des productions du lieu. En Basse-Auvergne il s'en rapproche certainement mieux qu'en Anjou ; sur ces terres de montagne le seigle dominait incontestablement, cependant que dans les vallées angevines le froment, pour être la céréale dominante, n'était certainement pas la seule espèce cultivée. En fait les enchérisseurs, tout en tenant compte des productions locales, se fondaient surtout, pour fixer leurs enchères, sur la valeur globale des produits à verser.

5 • *La critique des sources.* La dîme serait un excellent instrument de mesure des productions céréalières si certains défauts n'en émoussaient la qualité. L'étude sérielle suppose d'abord une stabilité des taux et de l'assiette foncière des prélèvements ; elle suppose aussi une continuité quant à la nature, aux mesures et aux proportions des grains versés par l'adjudicataire. Malheureusement, pour l'époque médiévale, la constance des données n'est pas toujours assurée. Si l'on compare l'évolution de la courbe de Murol avec celle de Font-Marcel, village proche, situé dans un milieu naturel comparable, on s'aperçoit que la première continue d'augmenter de 1460 à 1469 cependant que la seconde régresse. En l'absence de tout document expliquant cette anomalie on peut supposer qu'à Font-Marcel, comme en bien d'autres lieux de Basse-Auvergne, un mouvement de contestation de la dîme ait pu se développer, réduisant temporairement les profits des décimateurs.

Mais surtout le produit net adjugé en nature ne correspond jamais au volume brut des céréales cueillies au titre de la dîme. Entre les deux s'intercalaient les frais de collecte des gerbes, le salaire des batteurs (le produit étant fourni en grains), éventuellement le coût du transport, et enfin le bénéfice escompté par le preneur, toutes données qui, sans compter la fraude des décimables ou les ententes entre adjudicataires, amputaient le profit brut dans des proportions qu'on s'accorde à estimer aux alentours de 10 à 20 %. On pourrait bien sûr étendre encore la critique des sources. À cet égard une des plus sérieuses concerne très certainement les maxima et les minima d'affermage. Sans aucun doute les offres faites prenaient en compte l'état de suffisance ou d'insuffisance du marché. Il s'ensuit qu'on est fondé à croire que les enchères atténuèrent souvent l'amplitude des très bonnes récoltes, la chute des prix n'encourageant guère la concurrence entre les adjudicataires. Au contraire, elles limitèrent l'effet des plus mauvaises, les fermiers proposant des versements en nature proportionnellement plus élevés, tout en sachant qu'au plan financier, la flambée des cours compenserait le sacrifice consenti. Ainsi s'explique peut-être le fait qu'en 1481, lors de l'effroyable famine qui sévit en Anjou, l'adjudication de la dîme d'Ecouflant ne marqua qu'une inflexion modérée. Il reste que si les affermages reflètent imparfaitement l'amplitude des variations annuelles, l'allure générale des courbes renseigne assez bien sur l'évolution à long terme.

II. ÉVOLUTION DE LA PRODUCTION

On ne saurait, bien entendu, comparer les volumes année par année ; à très proche distance un orage peut détruire les moissons de tout un secteur et épargner le secteur voisin. Seules les grandes tendances doivent par conséquent retenir l'attention.

1 • *L'inconnu du XIVe siècle.* Pour l'Anjou et pour la Basse-Auvergne on ne dispose d'aucune série permettant d'esquisser l'évolution. Les quelques données chiffrées recueillies et surtout les indices indirects portent à croire que ces deux régions connurent, comme partout, une récession. Celle-ci naquit d'une contraction de l'espace cultivé provoquée, d'une part, par la guerre franco-anglaise, les routiers et l'insécurité qui favorisèrent l'exode rural, d'autre part, par la disparition d'une importante fraction de la population frappée par la peste qui sévit en 1348, puis en 1361(Auvergne) ou 1363 (Anjou). Les sources abondent qui témoignent de mas et de tenures en ruine, de terres abandonnées et – du moins en Auvergne mais pas en Anjou –, de villages disparus. De ce fait la superficie des terres emblavées diminua et la production s'effondra. En Auvergne où la crise dura 44 ans, de 1348 à 1393, P. Charbonnier estime la chute d'activité à près de 50 % ; en Anjou, où la crise fut de plus courte durée (1356-1371), la réduction fut sans doute inférieure, de l'ordre de 35 % à 40 %.

2 • *Une reprise lente et difficile.* Bien que la documentation soit très lacunaire pour la Basse-Auvergne, les sources annexes permettent d'assurer que la reprise débuta plus tardivement qu'en Anjou et n'épousa pas tout à fait le même cycle. Le retour à la sécurité se fit progressivement après 1392, mais ne prit de l'ampleur qu'à partir de 1415. À l'abri de la querelle des Armagnacs et des Bourguignons, puis de la reprise des hostilités entre la France et l'Angleterre après la défaite d'Azincourt (1415), la région ne connut pas de véritable rupture mais seulement des accidents climatiques et quelques passages de routiers, notamment de Villandrando en 1436-1437, qui n'entravèrent pas durablement la croissance. À Murol, la dîme qui en 1400 et 1401 était de 18 et 20 setiers, passa en 1418 et 1419 à 35 et 36 setiers ; en 1450 et 1451 elle atteignait 47 et 48 setiers et dix ans plus tard, en 1462 et 1463, 61 et 63 setiers.

En Anjou, en revanche, le schéma est différent ; la reprise fut, d'une part, plus précoce et débuta en Vallée et à Ecouflant dès au moins 1375, d'autre part, elle ne fut pas continue mais marquée par deux ruptures, l'une vers 1400-1410, l'autre entre 1420 et 1435-1440. La première tint aux aléas climatiques : gel de 1402, pluies de 1403-1404, rudes hivers de 1405-1406 et surtout de 1407-1408 qui créèrent toutes les conditions d'un affaissement prolongé des récoltes. Puis après un retour à la croissance durant la décennie 1410-1419, la seconde crise, beaucoup plus grave, dura près de 20 ans. Les années 1420, 1426 et 1433 furent particulièrement catastrophiques. Jusqu'en 1432, les récoltes apparemment normales demeurèrent constamment inférieures à la moyenne du début du siècle. Hormis les effets des saisons pourries, la responsabilité de cet effondrement incomba surtout aux attaques anglaises, au pillage des troupes en campagne et aux routiers qui fourrageaient et vivaient sur le pays. L'expansion ne reprit guère avant 1440 et s'affirma durablement jusque vers 1465.

Durant toutes ces années, la croissance ne doit pas être considérée comme une réelle augmentation des productions mais seulement comme un rattrapage après la crise du XIVe siècle. La récupération tint à la remise en valeur des sols abandonnés. Le redressement est intimement lié au retour à la sécurité qui encouragea les paysans réfugiés dans des sites protégés à revenir sur leurs terres ; il fut aussi partiellement dû à l'émigration des Limousins vers l'Auvergne, et surtout au croît naturel de la population par augmentation du nombre d'enfants par ménage. Cette restauration des terroirs fut encouragée par les seigneurs qui s'efforcèrent de faire revivre les tenures désertées en accordant des remises temporaires de redevances et plus rarement des réductions définitives de cens et autres prestations foncières. Ainsi, vers 1450 à Murol et 1460 en Anjou, la plus grande partie des terres avait-elle été récupérée.

3 • La production marque alors *une sorte de palier d'une trentaine d'années*. Sauf aléas climatiques (1467, 1474 pour l'Anjou, 1465, 1477, 1481 pour la Basse-Auvergne) la variation des volumes collectés est beaucoup moins sensible. En Anjou le champ des écarts entre les meilleures et les pires récoltes fut porté au-dessus du niveau atteint entre 1380 et 1420. Le seuil des dîmes de la Vallée descendit rarement au-dessous de 40 muids, ce qui, un demi-siècle plus tôt, eût été considéré comme satisfaisant. En règle générale, les disettes se situèrent au niveau moyen des bonnes récoltes d'antan. Nous avons là le signe d'un redressement parallèle de la production et de la consommation, autrement dit de la population, et une sorte d'équilibre entre l'offre et la demande.

4 • *À partir de 1490-1495* le panorama change. Les dîmes sont affectées d'un mouvement en dents de scie à très forte pente. Mais au-delà de ces fluctuations annuelles, et hormis la période de très bonnes récoltes des années 1510-1515, la fin du Moyen Âge affiche plutôt une tendance à la baisse. Les séries présentées sont malheureusement trop fragmentaires pour l'assurer sans réserves. Toutefois la même inflexion se retrouve dans d'autres dîmeries d'Anjou et de Basse-Auvergne. On pourrait, pour l'expliquer, avancer l'hypothèse d'une diminution de la fertilité des sols si les chutes de production n'étaient précédées ou suivies de spectaculaires redressements ; le synchronisme des mouvements observés en différents lieux invite plutôt à penser que l'agriculture subit, une fois encore, l'impact des vicissitudes climatiques particulièrement graves en 1503 et 1505. Devant la montée des prix qui s'ensuivit, les autorités angevines furent naturellement amenées à réagir en tarifiant à de nombreuses reprises le coût du pain et en interdisant les sorties de grains hors de la province. À l'orée du XVIe siècle, la crise frumentaire fut finalement le résultat d'une demande très soutenue et d'un cycle de mauvaises saisons.

CONCLUSION

À son plus haut niveau, vers 1490-1495, le volume des productions était-il revenu au stade atteint avant 1340 ? À cette question il est extrêmement difficile de répondre. En Anjou, nous tendrions à penser qu'il devait beaucoup s'en rapprocher. En Auvergne, P. Charbonnier pense, au contraire, qu'il en était encore éloigné, les records se situant vers 1550-1560. Quoi qu'il en soit les « temps modernes » s'ouvraient, comme en Narbonnais ou en Biterrois, sur une recrudescence des famines et des mortalités. La seule porte de sortie restait l'expansion spatiale et la conquête de nouvelles terres. Un timide mouvement s'esquissa en ce sens qui ne prit guère d'ampleur qu'au XVIe siècle.

Indications bibliographiques

Ouvrages généraux

J. GOY et E. LE ROY LADURIE, *Les fluctuations du produit de la dîme : conjoncture décimale et domaniale de la fin du Moyen Âge au XVIIIe siècle*, Paris, 1972.

P. VIARD, *Histoire de la dîme ecclésiastique en France au XVIe siècle*, Dijon, 1914.

Ouvrages spécialisés

M. LE MENÉ, *Les campagnes angevines à la fin du Moyen Âge*, Nantes, 1982.

P. CHARBONNIER, *Une autre France. La seigneurie rurale en Basse-Auvergne du XIVe au XVIe siècle*, Clermont-Ferrand, 2 vol., 1980.

P. CHARBONNIER, « Les dîmes auvergnates du XVe au XVIIIe siècle », dans J. GOY et E. LE ROY LADURIE, *op. cit.*, p. 180-213.

Document 9

UNE CRISE DÉMOGRAPHIQUE
SÉPULTURES ET CONCEPTIONS EN BRETAGNE DE 1582 À 1585

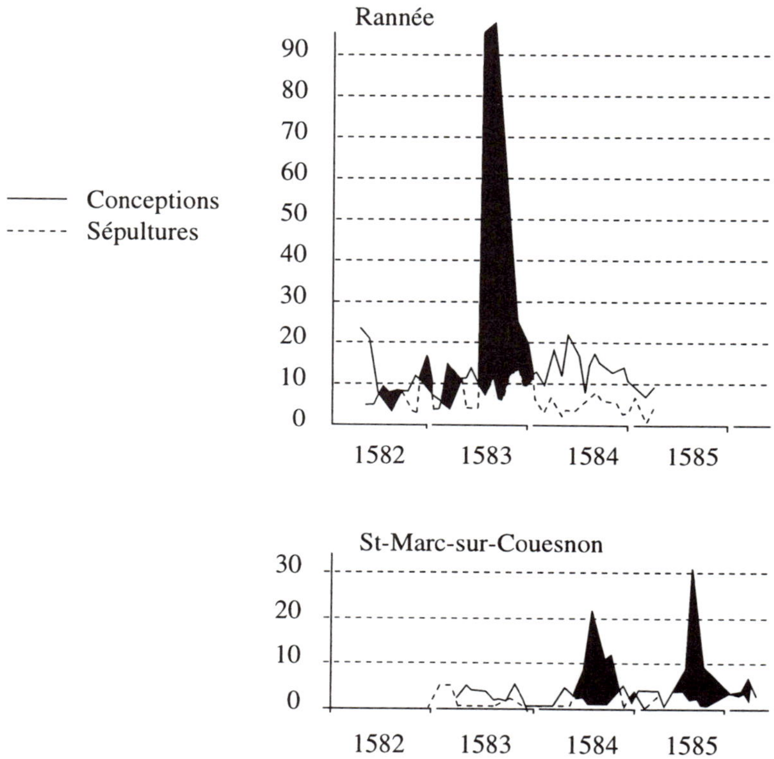

Source : A. CROIX, *La Bretagne aux XVIe et XVIIe siècles : la vie, la mort, la foi*, Paris, Maloine, 1981, t. 1, p. 267.

CONSEILS DE MÉTHODE

1 • Description des crises

Une crise d'Ancien Régime comporte plusieurs paramètres à analyser : son intensité (à chiffrer avec précision sur l'échelle verticale), sa durée et son profil (à lire horizontalement). Pour l'analyse de la transcription graphique de ce processus de crise, plusieurs règles sont à observer. Avant tout, observer avec attention les subdivisions temporelles de l'axe du temps : est-il gradué en années ? En trimestres ? En mois ?

La mesure de l'intensité

Plutôt que de citer les nombres absolus (les sépultures passant à Rannée de 8 avant la crise à 95 lors du paroxysme), il est plus significatif de calculer la proportion d'augmentation de ces décès (leur nombre est ici multiplié par plus de 10). En effet, la taille de l'échantillon a des incidences importantes sur la transcription graphique : plus il est grand, plus les fluctuations apparaissent fortes visuellement (en échelle arithmétique). C'est ainsi que la « mortalité » paraît sur le graphique, au premier abord, plus importante à Rannée qu'à Saint-Marc-sur-Couesnon, alors que son intensité, proportionnellement à leur population, est identique dans les deux cas. Ce terme de « mortalité » est ici pris au sens que lui donnent les textes des XVIe-XVIIIe siècles, celui de phénomène de hausse spectaculaire et temporaire du nombre de décès, soit l'équivalent de ce que nous appelons aujourd'hui une « crise démographique ».

Le résultat de la transcription graphique est aussi dépendant des graduations adoptées sur l'axe du temps. On ne peut comparer visuellement que des courbes construites à partir des mêmes divisions temporelles (mois, trimestres ou années). Il faut enfin se garder d'utiliser le terme de crise pour désigner de simples fluctuations : on parlera de crise lorsque la multiplication du nombre des sépultures est au moins de 2 *sur l'année*.

On peut essayer d'évaluer la perte de population, en pourcentage des décès par rapport à la population totale. Si la documentation bibliographique ne fournit pas le nombre d'habitants de la paroisse, on peut obtenir un ordre de grandeur à partir de la moyenne des baptêmes antérieurs à la crise (en général fournis par le graphique). Soit un taux de natalité supposé de 40 ‰ (taux habituellement observé à cette époque). La population peut être estimée de façon approximative, par le calcul :

$$\text{nombre d'habitants} = \text{nombre annuel moyen de baptêmes antérieurs à la crise} \times \frac{1000}{40}$$

L'évolution chronologique de la crise : profil et durée

• Date (saison) du déclenchement, du paroxysme et de la retombée ;

• Profil du clocher décrit par la courbe : dissymétrique ou non (la croissance puis la décroissance sont-elles lentes ou rapides ?) ;

• Durée : crise « pointue » ou étalée dans le temps ;
crise dédoublée, ou non (se répétant l'année suivante).

Les évolutions concomitantes (des autres données fournies)

Constate-t-on une baisse des conceptions et/ou des mariages qui serait symétrique de la hausse des sépultures ?

La récupération

Observer la remontée des conceptions et éventuellement des mariages après la crise. Mesurer l'intensité et la rapidité de cette récupération.

2 • Causes des crises

De longues disputes historiographiques ont opposé tour à tour le rôle prépondérant de la famine à celui des épidémies. Le document fourni étant toujours un exemple local, il convient de déterminer ce qui, dans ce cas précis, a joué le rôle le plus important (ou le rôle déclencheur). Pour cela, en l'absence de documentation comportant des témoignages d'époque (par exemple, des notations du curé dans les registres paroissiaux), les constatations précédentes, en particulier le profil et la durée, permettent de formuler des hypothèses sur la cause principale de la « mortalité ».

La saison des morts est un bon indice. Il est donc nécessaire, pour pouvoir proposer des hypothèses sur les causes d'une crise, de disposer de son profil saisonnier, c'est-à-dire des données mensuelles ou du moins trimestrielles. Une crise de subsistances se traduit par une augmentation des décès culminant en mai-juin, c'est-à-dire pendant la période de « soudure » entre la fin des stocks de blé provenant de la récolte précédente et la nouvelle moisson de l'année (celle-ci s'effectuant entre juillet et août selon les régions).En revanche, une brusque flambée des sépultures en été, suivie d'une rémission hivernale, signale une épidémie.

Les épidémies sont souvent associées à un clocher de la courbe d'une extrême intensité, les capacités meurtrières d'une peste étant supérieures à celles d'une famine. Elles peuvent faire disparaître jusqu'au quart de la population. Elles sont, enfin, souvent caractérisées par une grande irrégularité de la « mortalité » entre des lieux voisins, la peste se propageant de façon « capricieuse » et non homogène sur un territoire. La confrontation de plusieurs courbes de paroisses de la même région, montrant que certaines sont gravement touchées, et d'autres pas du tout, ou à des dates différentes, évoque pour les historiens une épidémie plutôt qu'une famine.

COMMENTAIRE

INTRODUCTION

– *La source*. Ces graphiques ont été élaborés par l'historien, à partir du comptage des actes de baptême et de sépulture provenant des registres tenus par les curés dans chaque paroisse, depuis le XVIe siècle, en vertu d'ordonnances ecclésiastiques et royales. Ce sont donc des documents objectifs. Cependant, pour passer des cérémonies religieuses (baptêmes et sépultures) fournies par les sources, à l'étude des événements démographiques (conceptions et décès), plusieurs séries d'équivalences sont nécessaires : les sources ne permettent de remonter qu'indirectement aux données proprement démographiques qui sont ici recherchées.

• Peut-on assimiler le nombre des baptêmes à celui des naissances ? Cette approximation peut être ici admise, car d'une part, tous les enfants sont baptisés et inscrits dans les registres paroissiaux (les protestants avaient des registres séparés, mais leur part est infime en Bretagne et inexistante dans ces deux paroisses) ; d'autre part, le baptême se pratiquant presque toujours dans les 24 heures après la naissance, très peu de nouveau-nés meurent avant cette cérémonie, ce qui les ferait échapper à l'enregistrement. Mais plus que les naissances, ce sont en réalité les conceptions qui sont influencées par les crises. La date de conception ne peut être obtenue par l'historien qu'en décalant de neuf mois la date de baptême : approximation aussi, qui, si elle n'est pas totalement rigoureuse (on ne peut pas connaître les conceptions n'ayant pas été menées à leur terme), donne une bonne approche statistique du phénomène.

• Peut-on assimiler les sépultures enregistrées à l'ensemble des décès ? Oui, à une exception près : certaines catégories — les enfants en particulier — sont sous-enregistrées jusqu'au milieu du XVIIe siècle. Jusqu'à cette date, le mouvement des sépultures obtenu représente donc principalement les décès d'adultes.

– *Le graphique* est construit à partir du nombre d'événements considérés, en données mensuelles.

– *Les lieux* : deux paroisses bretonnes ; un gros bourg (Rannée, environ 3000 habitants) et un village (Saint-Marc-sur-Couesnon, 800 habitants). Ces chiffres se trouvent dans le livre de référence du document (A. Croix, *La Bretagne aux XVIe et XVIIe siècles)* mais peuvent aussi se calculer à partir de la moyenne annuelle des baptêmes antérieurs à la crise.

– *Analyse :* les deux graphiques montrent qu'il y a crise, importante et de même type dans les deux cas, manifestée par une hausse semblablement brutale des sépultures. Mais cette crise ne se déroule pas partout selon un modèle unique : on remarque en particulier de notables décalages dans le temps.

I. DESCRIPTION DE LA CRISE

Conceptions et sépultures s'équilibrent, autour de 8 par mois à Rannée, 3 à Saint-Marc, jusqu'à la crise. Celle-ci se traduit par un spectaculaire dépassement des décès par rapport aux conceptions.

– *Lecture du premier graphique*

• Mesure de l'intensité : à Rannée, le nombre des sépultures atteint 95 pendant chacun des 2 mois d'été (soit une multiplication par 10 en données mensuelles). Sur l'ensemble de l'année 1583, le total des décès peut être évalué à 350 environ, soit presque un quadruplement par rapport à une année normale.

• Profil et durée. Rannée présente un schéma classique : clocher brusque avec paroxysme en août et septembre, puis retombée plus lente jusqu'à la fin de l'année 1583, et retour à la normale dès janvier 1584.

– *Comparaison des deux schémas*

• L'intensité est la même : à Saint-Marc-sur-Couesnon, les décès passent à 20 (mois de paroxysme de 1584) et même 30 (en 1585), soit là encore une multiplication par 10 en données mensuelles. Dans les deux cas, pendant l'année la plus dure, la paroisse perd 10 % de sa population — sans doute davantage en réalité, compte tenu du sous-enregistrement des décès d'enfants.

• Mais des variantes se manifestent entre les deux graphiques : d'une part, la crise est redoublée à Saint-Marc-sur-Couesnon, la seconde (en 1585), étant la plus forte ; d'autre part, si dans les trois cas la saison du paroxysme est la même (août), les paroisses sont touchées avec des décalages chronologiques : en 1583 pour Rannée, 1584 et 1585 pour Saint-Marc-sur-Couesnon.

Ces clochers pointus, limités dans le temps (4 mois environ), de la courbe des décès constituent ici pour l'historien la traduction essentielle de la crise. Car les conceptions baissent à peine à Rannée — à Saint-Marc, le nombre d'observations est trop faible pour permettre l'analyse — et le mouvement des mariages nous est inconnu.

II. COMMENT EXPLIQUER CES CRISES

– *Les causes*

Des trois fléaux traditionnels qu'ont connus les populations d'Ancien Régime, la peste, la faim et la guerre, lequel a joué dans ces deux cas précis ? Si la guerre peut être ici écartée, la faim a eu un rôle non négligeable. Même si l'on ne possède pas la courbe précise de l'évolution du prix du blé, on sait que la récolte de 1583 fut mauvaise. La famine a probablement eu une influence indirecte (personne n'est véritablement mort de faim) en faisant le lit de l'épidémie. Celle-ci s'est développée plus facilement sur des organismes affaiblis par la malnutrition.

Cependant, la cause principale est incontestablement une épidémie. Celle-ci se lit dans la courbe des sépultures : brutalité du déclenchement de la « mortalité », paroxysme d'été, variabilité de la crise d'un lieu à l'autre, reprise après un apaisement de la « mortalité » l'été suivant à Saint-Marc. La peste est en outre attestée par des témoignages locaux de l'époque. On peut rappeler qu'elle est endémique en Europe, depuis 1348, et qu'en l'absence de véritables médicaments, le taux de létalité — c'est-à-dire le rapport entre le nombre de décès dus à la maladie et le nombre de personnes qui en sont atteintes — est très fort.

– *La récupération après la crise*

Elle est spectaculaire, surtout à Rannée : l'équilibre naissances/décès antérieur à la crise fait place, après celle-ci, à un net excédent des conceptions. Bien que les registres de mariage manquent, on peut supposer que les survivants des couples brisés par la mort se sont très vite remariés : les conceptions doublent dès mars 1584, moins de 3 mois après la fin de la surmortalité. Cette crise n'a donc pas entamé les forces vives de la population, ce qui témoigne de la forte capacité de récupération de la démographie d'Ancien Régime.

CONCLUSION

– *intérêt :* ces courbes dessinent le schéma type de la crise démographique d'Ancien Régime. Le plus souvent, plusieurs causes coexistent et se renforcent mutuellement, comme ici le couple disette / peste.

– *replacer cet exemple local dans l'ensemble des crises d'Ancien Régime*

• géographique : la plupart des régions de France sont touchées, dans ce milieu des années 1580, par une violente vague de peste. C'est donc une crise nationale.

• chronologique : les crises démographiques de la fin du XVIe siècle sont très fortes, tout aussi meurtrières que celles du règne de Louis XIV, bien qu'elles soient moins connues. La peste disparaît peu à peu de France dans la seconde moitié du XVIIe siècle ; sa dernière grande manifestation est celle de Marseille en 1720.

Indications bibliographiques

Ouvrage général :

J. DUPÂQUIER (coord.), *Histoire de la population française*, t. 2 : *De la Renaissance à 1789*, Paris, P.U.F., 1988. (en particulier le chapitre de G. CABOURDIN : Qu'est-ce qu'une crise ?)

Ouvrage spécialisé :

A. CROIX, *La Bretagne aux XVIe et XVIIe siècles : la vie, la mort, la foi*, 2 t., Paris, Maloine, 1981.

Document 10

DÉPENSES ET REVENUS DE LA MONARCHIE SOUS LOUIS XIII

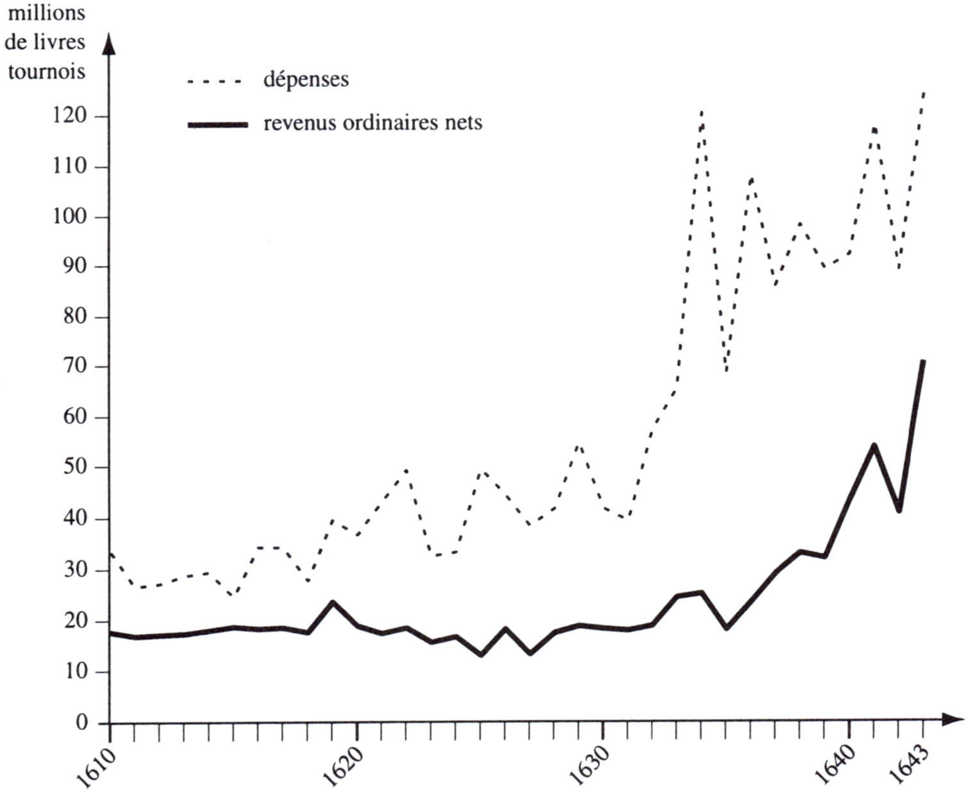

Données extraites de : M. et R. BONNEY, *Jean-Roland Malet, premier historien des finances de la monarchie française*, Paris, Comité pour l'histoire économique et financière de la France, 1993, p. 147-156.

CONSEILS DE MÉTHODE

Il n'existe pas véritablement de « budget » de l'État sous l'Ancien Régime (le terme n'apparaît qu'à la fin du XVIIIe siècle). À cause de la complexité et de la confusion des documents financiers de la monarchie, toutes les séries de chiffres concernant le bilan des dépenses et revenus du roi sont le résultat du recoupement et de la critique par l'historien de données de provenances diverses. Il faut donc être attentif à la façon dont celui-ci a construit sa source :

– nombres exprimés en monnaie de compte (la livre tournois) ou bien en poids d'argent (pour tenir compte de la dévaluation de la livre) ;

– les revenus expriment-ils les sommes perçues sur les contribuables (revenus bruts) ou bien celles qui arrivent au Trésor (revenus nets, soustraction faite des frais de recouvrement) ?

– vérifier quelles données sont regroupées, dans le document proposé, sous les termes d'« ordinaire » et d'« extraordinaire », ces catégories pouvant recouvrir selon les auteurs des réalités différentes.

Du fait du caractère hypothétique de ces chiffres reconstitués par l'historien, c'est l'appréciation du volume global des revenus et des dépenses et son évolution qui comptent. Les fluctuations précises d'une année sur l'autre, n'étant pas exemptes d'erreurs, ne sont pas significatives. Ainsi, dans la série ici proposée, les dépenses paraissent avoir baissé en 1635, qui est pourtant l'année de la déclaration de guerre. L'essentiel est donc de mesurer le mouvement d'ensemble (tendance générale et périodisation) et de l'expliquer en le remettant dans son contexte ; penser aussi à étudier la troisième donnée : le rapport entre les deux courbes, c'est-à-dire dans le cas présent le déficit. Ces analyses gagnent à être mises en valeur par un schéma (voir figure 1).

Figure 1

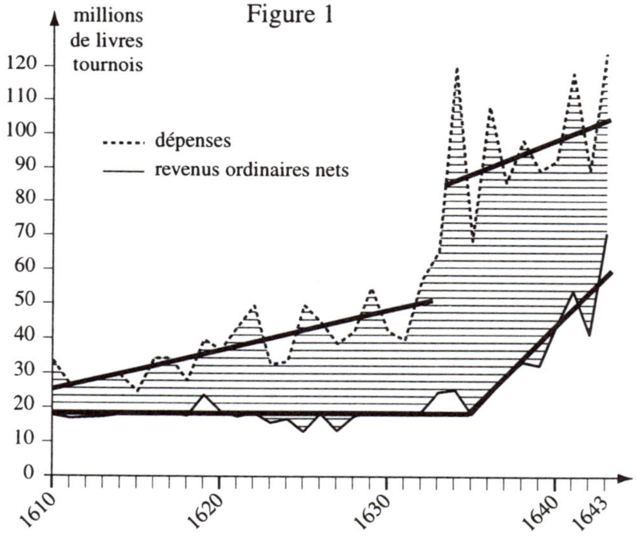

COMMENTAIRE

INTRODUCTION

• *Source :* c'est à partir des archives de la Chambre des comptes que J.-R. Malet, commis du contrôleur général des finances, a rassemblé au début du XVIIIe siècle des séries de statistiques sur les finances de la monarchie au siècle précédent.

• *Les courbes* sont construites, à partir des données chiffrées de Malet, en échelle arithmétique (en livres tournois, non corrigées de la dévaluation de cette monnaie de compte pendant la période). Les deux courbes représentent l'évolution des revenus ordinaires nets et des dépenses, en millions.

• *Contexte* : le règne de Louis XIII (1610-1643), marqué sur le plan financier par l'action de Richelieu (principal ministre à partir de 1624) et sa décision de faire entrer le royaume en 1635 dans ce qui allait devenir la guerre de « Trente Ans ».

• *Plan*: Seront étudiées successivement les deux séries de données : d'abord les dépenses — car ce sont elles qui commandent l'ensemble des finances —, puis les revenus. Le décalage entre les deux courbes, qui détermine l'ampleur du déficit, conduit à poser le problème des méthodes qui ont été utilisées pour le couvrir.

I. LES DÉPENSES

1 • Une hausse spectaculaire [lecture de la courbe]

Les dépenses sont en progression constante pendant tout le règne, mais deux périodes se dégagent très nettement (voir figure 1).

– De 1610 à 1633, les dépenses augmentent peu : elles se situent entre 30 et 40 millions de livres.

– Une rupture brutale en 1634 détermine la seconde période : les dépenses sont alors brusquement portées à un niveau très supérieur (plus du double) et ne vont pas cesser d'augmenter (de 80 à 110 millions environ, moyenne représentée par la ligne de tendance).

2 • Un choix politique de la monarchie [facteurs explicatifs]

• *Cause de la hausse*. Le tournant de 1634-1635 s'explique par la décision de Richelieu d'entrer en conflit ouvert avec les Habsbourg : la déclaration de guerre de la France à l'Espagne est de mai 1635. Dans la perspective de cette guerre, en un an, de 1633 à 1634, les dépenses doublent, passant d'environ 65 à 120 millions de livres. Cette guerre, non terminée à la mort de Louis XIII, entraîne des dépenses croissantes. Le budget de l'État devient considérable : en 1643, les dépenses ont en moyenne quadruplé par rapport au début du règne.

• *Structure des dépenses*. Le poste le plus important est celui de la politique étrangère (incluant les engagements militaires) : elle représente entre un tiers et la moitié des dépenses, pendant toute la période. À partir de 1635, le coût de la guerre est énorme. Il comprend la diplomatie (et les subventions aux alliés), l'armement (armes et munitions) et surtout l'entretien de l'armée, dont les effectifs montent de 20 000 hommes avant 1630 à plus de 150 000 dans les années 1640. Du fait de cette augmentation, la part proportionnelle de la cour diminue, passant de 30 % dans les années 1610 et 1620 à 10 % ensuite.

II. LES REVENUS

1 • Une augmentation qui suit celle des dépenses [lecture de la courbe]

Jusqu'au milieu des années 1630, les recettes restent stables, sur un palier bas, inférieur à 20 millions de livres. La seconde période, dont le point de départ se situe entre 1633 et 1637, se caractérise par une augmentation rapide : en moins de 10 ans, le revenu du roi passe de 18 à 70 millions, soit un quadruplement. L'évolution des revenus royaux suit donc le même mouvement que celle des dépenses.

2 • Nature des revenus du roi [1er facteur explicatif : structure des revenus]

Malgré la vieille idée médiévale, qui subsiste, selon laquelle le roi doit vivre de son domaine, la part de celui-ci est devenue insignifiante (3 % environ). L'essentiel des recettes « ordinaires » du royaume est formé des impôts versés par les sujets.

La part la plus importante des impôts « directs » est constituée par la taille, dont le montant est longtemps stable, au niveau volontairement bas où l'avait ramenée Sully (dix millions de livres). À la taille des pays d'élections s'ajoutent les versements (dons gratuits) des pays d'états et du clergé, et les divers impôts « indirects » sur la circulation et la consommation des marchandises (gabelle, aides, traites), ces derniers étant affermés.

3 • Comment augmenter ces revenus ? [2e facteur explicatif : les modalités de la hausse]

Dans les pays d'élections, la taille est un impôt de répartition : le roi détermine librement en Conseil son montant global, et celui-ci est ensuite réparti entre les généralités. En quelques années, à partir de la déclaration de guerre, Richelieu la porte à 53 millions (en 1643) : elle est ainsi multipliée par 5 en moins de 10 ans, ce qui représente une hausse fiscale d'une extrême violence. Toutes les autres sources de revenus sont également mises à contribution : les dons gratuits et les fermes des impôts indirects sont augmentés ; quelques innovations fiscales sont introduites, telle la création en 1636 d'un impôt d'un sol par livre sur les marchandises qui circulent.

La seule limite à l'augmentation des impôts est la capacité des contribuables (essentiellement les paysans en ce qui concerne la taille) à payer. En effet, les freins politiques sont écartés. Les états généraux ne sont plus réunis après 1614 ; lorsque les parlements, qui doivent enregistrer les édits contenant des innovations fiscales, opposent des remontrances, le roi passe outre, en lit de justice. Richelieu, sous les nécessités de la guerre, fait passer le royaume de l'impôt consenti à l'impôt levé d'autorité.

III. LE DÉFICIT

1 • Son ampleur [le décalage entre les deux courbes]

Deux périodes se dessinent nettement : l'avant-guerre, puis la longue période de l'effort de guerre.

De 1610 au début des années 1630, le déficit existe, mais il est modéré, autour de 20 millions de livres. Il est devenu cependant supérieur au revenu net à partir des années 1620.

Après le tournant du milieu des années 1630, il devient énorme. Au début de la guerre, l'excédent des dépenses sur les recettes est égal au triple des revenus ordinaires. Le « tour de vis fiscal » de Richelieu réussit cependant à le contenir, puisque les revenus augmentent ensuite plus vite que les dépenses. À la fin du règne, le déficit a été ramené au double des revenus. Mais par rapport au début du siècle, comme l'ensemble du budget de la monarchie, il a changé de niveau, se situant alors autour de 50 millions de livres.

2 • Le recours aux revenus « extraordinaires » [explication de l'écart entre les deux courbes]

Le déficit est permanent : le roi dépense toujours plus qu'il ne reçoit, et doit trouver des revenus supplémentaires pour couvrir les dépenses engagées. La guerre intensifie encore cette politique.

Le roi augmente tout d'abord les recettes des « parties casuelles » : il crée de nouveaux offices, dédouble les anciens. Ainsi, à la fin de 1635, la création de charges nouvelles, pour 15 millions de livres, est-elle refusée par le parlement, et son enregistrement doit être imposé par un lit de justice.

La monarchie mène d'autre part une politique d'emprunts sur une grande échelle, sous forme de traités, de prêts effectués auprès de financiers, d'assignations sur les rentes de l'Hôtel de ville, de dons plus ou moins forcés et de taxes sur diverses catégories (clergé, villes, états). Peu à peu, toutes les recettes de l'État sont « anticipées » par des prêts.

À la fin du règne, ces montages financiers répétés ont placé les finances royales entièrement dans les mains des traitants, partisans et fermiers. En contrepartie, la grande souplesse de ces affaires extraordinaires, par rapport à la relative rigidité des revenus ordinaires, permet de répondre immédiatement aux besoins d'argent de la monarchie, et donc de gérer les finances du royaume selon les nécessités du moment et les impératifs de la guerre.

CONCLUSION

En quelques années, le budget de l'État a changé de dimension : Richelieu a opéré le passage d'une monarchie encore médiévale, aux facultés limitées, à un État moderne doté de moyens d'action importants. Certes, cette évolution apparaîtrait plus modérée, si dépenses et revenus étaient évalués en tonnes d'argent ou en poids de froment (c'est-à-dire en pouvoir d'achat réel de la monarchie). Ainsi les recettes, qui quadruplent de 1620 à 1643 en livres tournois, ne font que tripler lorsqu'elles sont évaluées en tonnes d'argent fin, ou même doubler, en setiers de froment. Le mouvement, s'il est moins accentué, reste cependant de même sens.

Ces mesures ont été prises dans l'urgence de la guerre. Elles représentent un effort énorme demandé aux populations. La brutale augmentation de la taille ne s'opéra pas sans résistance de la part de la paysannerie, d'où l'utilisation de moyens de recouvrement forcé (saisies, emprisonnements) qui provoquèrent de grandes vagues de révoltes dans les dernières années du règne. En 1643, la situation du royaume est difficile : les finances sont dans un état catastrophique (comme le montre l'ampleur du déficit), la population est épuisée par la pression fiscale, et la mort de Richelieu en décembre 1642 a été saluée par des explosions de joie. Cependant, l'effort de guerre entrepris porte ses fruits peu après, avec les paix victorieuses de 1648 et 1659.

Indications bibliographiques

Ouvrages généraux

F. BAYARD, P. GUIGNET, *L'économie française aux XVIe, XVIIe et XVIIIe siècles*, Paris, Ophrys, 1991.

M. FOGEL, *L'État dans la France moderne de la fin du XVe au milieu du XVIIIe siècle*, Paris, Hachette (coll. « Carré Histoire »), 1992.

Ou : P. GOUBERT, D. ROCHE, *Les Français et l'Ancien Régime*, Paris, A. Colin, 1984, t. 1.

Ouvrages spécialisés

F. BAYARD, *Le monde des financiers au XVIIe siècle*, Paris, Flammarion, 1988.

M. et R. BONNEY, *Jean-Roland Malet, premier historien des finances de la monarchie française*, Paris, Comité pour l'histoire économique et financière de la France, 1993 (pour une critique approfondie de la source).

Document 11

LA PRODUCTION D'ACIER EN FRANCE DE 1840 À 1988

Fers et aciers ouvrés jusqu'en 1913, acier brut à partir de 1919

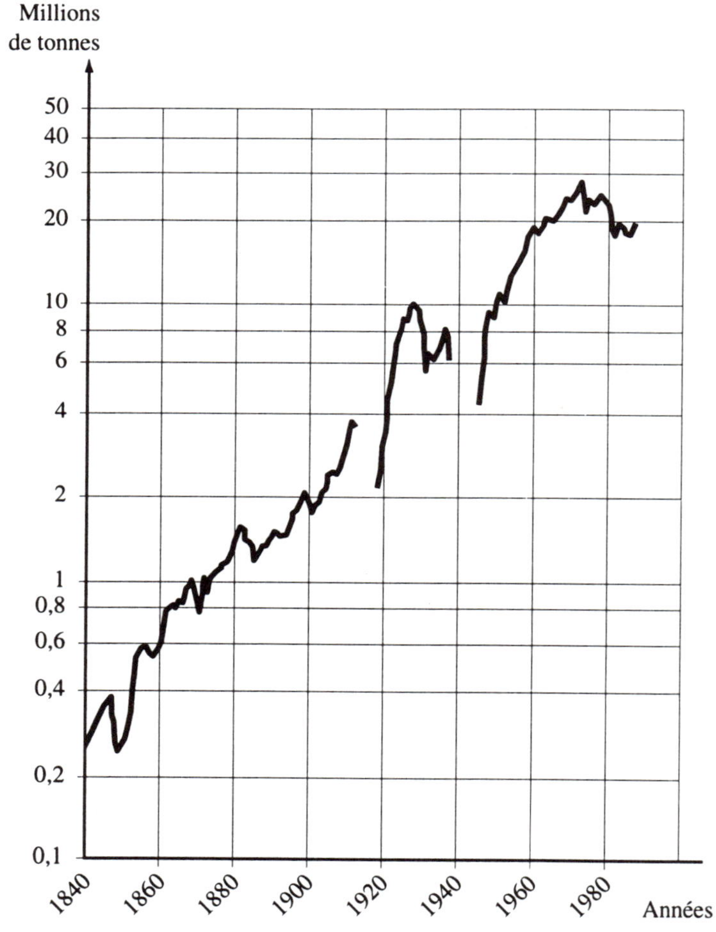

Données extraites de : *Annuaire statistique de la France*, édition rétrospective, INSEE, 1966, p. 240-242 et 1990, p. 417.

CONSEILS DE MÉTHODE

Le document à commenter ici est une simple courbe. Les chiffres qui en ont permis le tracé ne sont pas fournis même si, grâce à la référence, il est possible de les retrouver aisément. Il s'agit de l'évolution, sur quelque cent cinquante ans, de la production française de l'un des principaux produits sidérurgiques : l'acier qui, après le fer et la fonte, a joué un rôle fondamental lors de la deuxième phase du processus d'industrialisation.

L'échelle semi-logarithmique a dû être employée, compte tenu de l'énorme disproportion entre les tonnages produits en début et en fin de période. Le principe en est simple. L'axe horizontal, gradué de manière uniforme, est utilisé pour figurer les années. L'axe vertical, sur lequel on reporte les tonnages produits, est par contre gradué avec des intervalles inégaux. Les paliers ou modules successifs permettent d'y placer des quantités très disproportionnées : de 0,1 à 1 million de tonnes, puis de 1 à 10, enfin de 10 à 100 millions. Chaque point de l'axe vertical correspond en effet, non pas au nombre lui-même, mais à son logarithme.

Rappelons que *le logarithme décimal d'un nombre* est la puissance de 10 qui permet de retrouver ce nombre. Par définition :

$10^n = x \quad \Leftrightarrow \quad \log x = n$

Les logarithmes ont pour propriété fondamentale l'égalité suivante :

$\log \frac{x}{y} = \log x - \log y$

Le logarithme d'un quotient est égal à la différence entre les logarithmes de ses termes.

Ce détour mathématique est nécessaire pour comprendre que, sur un graphique semi-logarithmique, l'écart vertical entre deux points d'une courbe permet de mesurer directement la croissance du phénomène. Celle-ci n'est autre en effet que le rapport entre les quantités correspondant aux deux points. On peut la mesurer précisément, soit par un calcul direct de son taux annuel moyen, soit à partir de la droite d'ajustement tracée à partir de la courbe.

Le taux de croissance annuel moyen est le chiffre qui, appliqué à une grandeur en sa quantité initiale, permet d'en obtenir la quantité finale au bout d'un certain nombre d'années.

Si t est ce taux, Q_n et Q_0 les quantités initiales et finales de la grandeur, n le nombre d'années, on peut écrire :

$$Q_n = Q_0\,(1 + t)$$

D'où :

$$1 + t = \sqrt[n]{\frac{Q_n}{Q_0}}$$

$$t = \sqrt[n]{\frac{Q_n}{Q_0}} - 1$$

Ici, il faut, pour calculer le taux de croissance annuel moyen de la production d'acier en France de 1840 à 1988, d'abord repérer précisément les quantités produites au début et à la fin de la période. On lit sur la courbe 240 000 tonnes en 1840 (Q_0), 19 millions de tonnes en 1988 (Q_n). La durée de la période est de 148 ans. L'application de la formule donne donc :

$$t = \sqrt[148]{\frac{19\ 000\ 000}{240\ 000}} - 1$$

Une calculette électronique permet de faire immédiatement l'opération. Il vient : t = 2,997 %, soit 3 %. Chaque année, de 1840 à 1988, la production d'acier en France a augmenté en moyenne de 3 %.

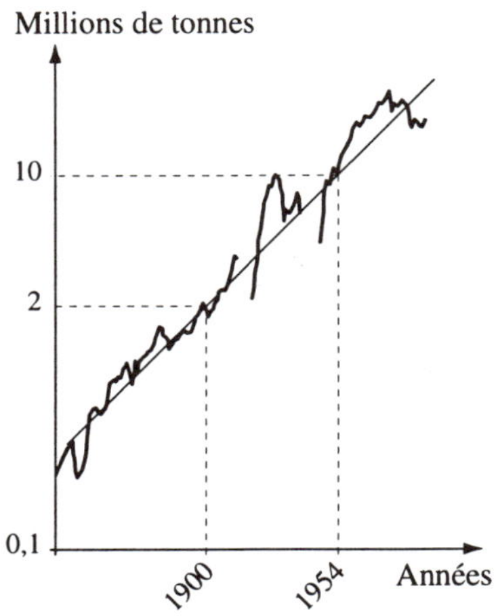

La droite d'ajustement tracée à partir de la courbe a une équation qui se calcule à partir de toutes les données chiffrées, en employant une méthode mathématique précise. Lorsque, comme ici, on ne dispose pas de ces données, on peut se contenter de la tracer au jugé, en utilisant une règle que l'on fait passer au milieu de la courbe, en s'efforçant de laisser de part et d'autre un nombre équivalent de points. La droite passe par des points remarquables : en 1900, la production d'acier lue sur la droite est de 2 millions de tonnes ; en 1954, elle est de 10 millions de tonnes. Donc, si l'on raisonne sur la croissance intervenue au cours de la période :

$$2\,(1 + t)^{54} = 10$$
$$(1 + t)^{54} = 5$$
La calculette indique : $1 + t = 1{,}030$
$$t = 3\ \%$$

On retrouve bien le taux déjà calculé à partir des valeurs extrêmes.

Il est donc aisé, à partir d'une courbe semi-logarithmique, de dégager les tendances à long terme d'une évolution. Quant aux fluctuations de moyen et court terme, elles s'étudient comme sur n'importe quelle courbe, à condition toutefois de ne pas oublier que les allures successives prises par la courbe correspondent aux rythmes de la croissance du phénomène, contrairement à ce que l'on observerait sur un graphique arithmétique ordinaire.

COMMENTAIRE

INTRODUCTION

De la première moitié du XIXe siècle jusqu'à aujourd'hui, l'acier a toujours tenu une place éminente dans l'économie, en France comme dans les autres pays industrialisés, à tel point qu'on l'utilise souvent pour classer les grandes puissances selon l'importance de sa production. À partir des tonnages relevés par la Statistique générale de la France, puis par l'INSEE, on peut tracer, sur un fond semi-logarithmique, une courbe montrant la croissance de la production durant près d'un siècle et demi. Il s'agit donc, non pas d'une source brute, mais d'une *élaboration* qui tente, en visualisant le phénomène, d'en faire ressortir les caractéristiques principales.

On observe sur cette courbe, à long terme, l'ampleur de la croissance de la production, mais aussi, à moyen terme, de nettes inflexions dans son rythme, et, à court terme, de multiples fluctuations. Chacun de ces points mérite explication.

I. L'AMPLEUR DE LA CROISSANCE À LONG TERME

1 • Constatations

De 1840 à 1988, la production d'acier passe en France de 240 000 à 19 millions de tonnes, ce qui correspond à un taux de croissance annuel moyen de 3 %. La pente de la droite d'ajustement tracée à partir de cette courbe est donc fortement ascendante, suggérant un dynamisme élevé. Ce taux est effectivement nettement supérieur à celui de l'ensemble de l'industrie, sauf durant la période des Trente Glorieuses, puisque, selon les estimations les plus courantes, celle-ci s'est développée en France à un rythme annuel moyen compris entre 1,6 et 1,9 % de 1815 à 1913, puis de 0,8 % de 1913 à 1950, enfin de 5,5 % de 1950 à 1972. Il n'en reste pas moins que la France, encore deuxième puissance sidérurgique mondiale en 1840, derrière le Royaume-Uni, est peu à peu reléguée au quatrième rang en 1890, puis au cinquième en 1913, au sixième en 1960, au onzième enfin en 1988.

2 • Explications

Plusieurs catégories de facteurs interviennent :

— *le progrès technique* : traditionnellement fabriqué au creuset et en petites quantités, l'acier voit ses conditions de production bouleversées par le procédé Bessemer en 1856 qui permet d'en produire, à partir de la fonte, beaucoup et de bonne qualité. Ce procédé est adopté par plusieurs sidérurgistes français dès 1862. Puis se succèdent l'invention du four Martin (1864), du convertisseur Thomas (1878), essentiel pour traiter les fontes phosphoreuses issues du minerai lorrain, du four électrique Moissan (1902).

– *des utilisations multiples* : naguère réservé à certains outils et aux armes blanches, l'acier remplace peu à peu la fonte, dure et cassante, pour la fabrication des rails notamment. On l'emploie aussi à la place du fer dans la construction de machines et de matériel de transport, dans le bâtiment, l'armement, etc.

– *la baisse des prix* : vers 1860, d'après Paul Bairoch, l'acier se vend encore 11 fois plus cher que le fer. Vers 1913, l'écart n'est plus que de 3 à 1, vers 1980 que de 1,8-1,5 à 1.

– *la puissance des firmes* : issus de concentrations verticales ou horizontales, les groupes sidérurgiques ont figuré longtemps parmi les plus puissantes entreprises françaises. Usines géantes, drainant la main-d'œuvre de régions entières, gestion paternaliste, pouvoir social et influence politique des maîtres de forges : tels sont les traits qu'évoquent des noms comme ceux de Schneider au Creusot, de Wendel à Hayange, Camille Cavallier à Pont-à-Mousson.

II. LES INFLEXIONS DE LA CROISSANCE À MOYEN TERME

1 • Constatations

À l'échelle de la décennie, on distingue sur la courbe :

– de 1840 à 1869, un essor très rapide, conduisant au quadruplement de la production en moins de trente ans ;

– de 1869 à 1894, un essor moins brillant, entrecoupé de périodes de stagnation, voire de recul, comme en 1883-1887 ;

– de 1894 à 1913, un retour à la croissance rapide ;

– de 1919 à 1929, par-delà une coupure statistique correspondant à la guerre et à un changement dans la collecte des données, une nouvelle période d'essor très rapide, au même rythme qu'au milieu du XIXe siècle ;

– de 1929 à 1938, un recul de la production, ramenée à la veille de la guerre à un niveau inférieur de 40 % à celui atteint dix ans plus tôt ;

– de 1946 à 1974, après une autre rupture statistique, une reprise de la croissance, à des taux d'abord comparables à ceux des années 1920, puis qui s'infléchissent progressivement, surtout à partir de 1960 ;

– de 1974 à 1988, une nouvelle phase de baisse, la production de 1988 n'atteignant plus que 19 millions de tonnes, contre 27 millions en 1974, le maximum historique observé en France.

2 • Explications

Ces inflexions renvoient aux différentes phases du développement économique national :

– *les cycles Kondratieff au XIXe siècle* : succession de phases de croissance rapide, puis ralentie de la production, observables au niveau mondial, ils font alterner les phases d'essor, dites A (1850-1873, 1896-1913) et de ralentissement, dites B (1815-1850, 1873-1896). Ces phases ne correspondent qu'en partie aux constatations faites ici. La croissance française est en effet spécifique : très rapide dans la seconde moitié de la monarchie de Juillet et au début du Second Empire, lors du véritable démarrage de l'industrialisation, elle se ralentit précocement dès 1860-1865, pour subir ensuite la Grande Dépression des années 1880, jusqu'à l'extrême fin du siècle.

– *l'instabilité de l'entre-deux-guerres* : l'alternance entre prospérité des années 1920 et crise des années 1930 est très nette. Pour la production d'acier, la première période est d'autant plus brillante que la reconstruction des régions dévastées, la récupération de la Lorraine ex-allemande, grand foyer sidérurgique, provoquent un essor exceptionnel, entretenu par la dépréciation du franc jusqu'en 1926, qui stimule les exportations. La crise des années 1930 n'en est que plus brutale, malgré l'éphémère regain de 1936-1937, lié à la relance du Front populaire, mais qui fait place, dès 1938, à de nouvelles difficultés.

– *la croissance des Trente Glorieuses* : la reconstruction, le Plan Monnet, qui fait de l'acier un secteur prioritaire, la CECA qui, après 1952, procure aux sidérurgistes français le coke allemand bon marché qui leur manquait, sont à la base du dynamisme des années 1946-1960. L'essor se ralentit ensuite, avec les progrès des produits de substitution à l'acier comme l'aluminium, à cause aussi des moindres besoins de nombreux secteurs et des progrès de la concurrence étrangère (Italie, Espagne, Japon, pays de l'Est...).

– *la crise des années 1970-1980* : elle prend la forme d'un recul de longue durée, d'autant plus sensible que des surcapacités de production d'acier ont été accumulées lors des années précédentes, d'où une guerre des prix entre les producteurs et, bientôt, des mises au chômage partiel, puis total, des fermetures de sites et la condamnation de régions entières dont l'acier faisait la prospérité.

III. LES FLUCTUATIONS DE LA CROISSANCE À COURT TERME

1 • Constatations

Les « dents de scie » de la courbe signalent plusieurs crises, parfois profondes, généralement suivies de brusques retournements :

1847-49 (effondrement de l'ordre de 35 %)	1926-27
1858-59	1929-32 (effondrement de l'ordre de 40 %)
1870-71	1938
1883-87	1949-50
1893-94	1953
1901	1961-62
1908	1974-75
1913	1979-82 (effondrement de l'ordre de 25 %)

2 • Explications

L'acier subit les fluctuations conjoncturelles d'ensemble, du fait de son caractère de bien intermédiaire, dont le seul débouché correspond à des industries d'équipement. Les périodes de ralentissement des investissements se font donc immédiatement ressentir sur sa production. Les marchés étrangers peuvent certes atténuer l'ampleur des difficultés. Mais, sauf exceptions, il ne s'agit guère que de palliatifs. On retrouve donc ici la plupart des crises jalonnant l'évolution nationale :

– *les crises Juglar du XIXe siècle* : si la crise de 1846-1847 est de type « intermédiaire », combinant les difficultés agricoles et les conséquences d'un surinvestissement ferroviaire, les suivantes appartiennent aux fluctuations intradécennales caractéristiques du XIXe siècle, comme en 1857, 1866, 1873, 1882 (ces deux dernières incitant les pouvoirs publics à soutenir la construction ferroviaire, donc indirectement la sidérurgie, par le Plan Freycinet), 1890, 1900, 1907, 1913.

– *les crises de l'entre-deux-guerres* : la grave crise de 1920-1921 n'apparaît pas sur la courbe, sans doute à cause de l'ampleur des besoins liés à la reconstruction. Par contre, on remarque le ralentissement de 1926-1927, dû à la stabilisation Poincaré qui freine toutes les activités exportatrices, dont la sidérurgie. La crise de 1929-1932, la plus importante des XIXe et XXe siècles par l'ampleur du recul de la production sidérurgique, est suivie en 1937-1938 d'un nouvel affaiblissement que les États-Unis transmettent alors à l'ensemble des pays industrialisés.

– *les ralentissements conjoncturels du second XXe siècle* : après 1945, l'économie française ne connaît plus, pendant trente ans, que des pauses dans la croissance, et non de véritables reculs de la production. La sidérurgie, elle, est moins favorisée : certaines années de crise se constatent, souvent au lendemain des stabilisations gouvernementales (Mayer en 1948, Pinay en 1952 et 1959). Les crises déclenchées par les deux chocs pétroliers de 1973-1974 et de 1979-1980 sont de toute autre ampleur : elles évoquent, par la profondeur du marasme qui les accompagne, la Grande Dépression de la fin du XIXe siècle.

CONCLUSION

À travers la croissance de la production d'acier, on voit se dérouler toute l'histoire économique nationale des XIXe et XXe siècles. Sans doute l'acier, métal-roi de l'industrialisation, est-il aujourd'hui détrôné par d'autres symboles de puissance, comme l'ordinateur, l'avion supersonique ou le train à grande vitesse. Du moins l'étude des phases successives de sa croissance est-elle significative des succès, mais aussi des faiblesses du développement industriel français.

Indications bibliographiques

D. WORONOFF, *Histoire de l'industrie en France du XVIe siècle à nos jours*, Paris, Le Seuil, 1994.

M. LEVY-LEBOYER (coord.), *Histoire de la France industrielle*, Paris, Larousse, 1996.

F. BRAUDEL et E. LABROUSSE (coord.), *Histoire économique et sociale de la France*, Paris, P.U.F., 1976, t. III et IV. (A consulter pour les passages concernant la sidérurgie)

A. BELTRAN et P. GRISET, *Histoire des techniques aux XIXe et XXe siècles*, Paris, A. Colin (coll. « Cursus »), 1990. (Pour les procédés utilisés en sidérurgie)

Document 12

PRIX ET SALAIRES EN FRANCE DE 1920 À 1931

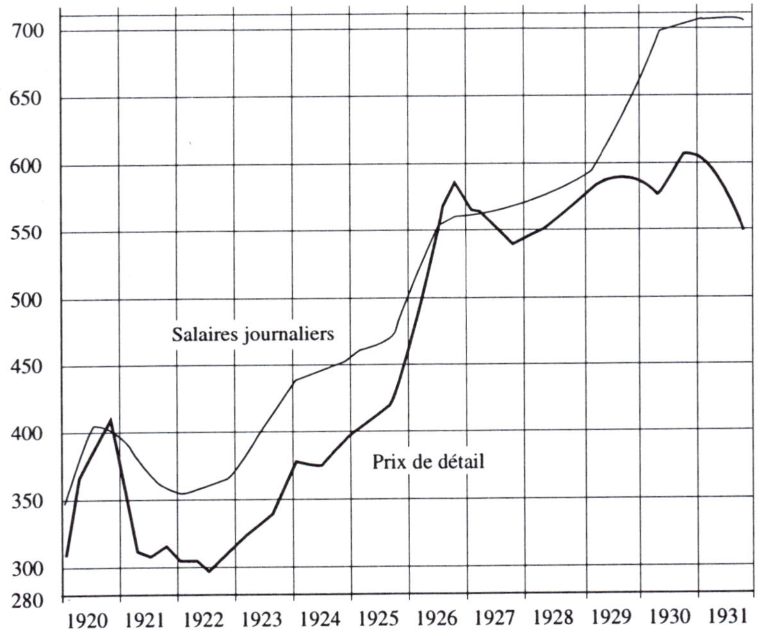

Salaires journaliers et prix à la consommation (base 100 en 1914)

Données extraites de : Alfred SAUVY, *Histoire économique de la France entre les deux guerres*, Paris, Fayard, 1965, t. 1, p. 357.

CONSEILS DE MÉTHODE

Les courbes reproduites ici sont construites à partir d'indices. Il en résulte plusieurs caractéristiques qu'il faut garder présentes à l'esprit pour les commenter.

Un indice est un nombre abstrait, élaboré par les statisticiens à partir de multiples observations dont il s'agit de faire la synthèse. Chaque mois, les enquêteurs de l'INSEE aujourd'hui, de la Statistique générale de la France durant l'entre-deux-guerres relèvent les prix de détail d'un certain nombre d'articles dans des points de vente sélectionnés. Ils se font communiquer les salaires versés aux employés de diverses qualifications par les entreprises des différents secteurs. À partir de ces données, ils élaborent un indice des prix à la consommation et un indice des salaires, en pondérant les prix et les salaires relevés par des coefficients correspondant aux parts relatives de ces articles dans le budget des ménages et de ces salariés dans la population active. Le chiffre obtenu est exprimé en se référant à une année de départ conventionnelle, dite base de l'indice et affectée du chiffre 100. Ici, il s'agit de 1914, dans le but évident de comparer l'évolution constatée après la guerre à la situation antérieure, considérée comme « normale ».

Un indice des prix à la consommation atteignant, comme en 1920, 400 signifie donc que les prix ont quadruplé par rapport à l'avant-guerre. On n'en peut tirer aucune conclusion sur le niveau effectif de ces prix. Seule importe en effet leur *progression*. Il en résulte que les deux courbes des prix et des salaires, lorsqu'elles divergent, ne doivent pas être interprétées comme signifiant des prix devenus supérieurs aux salaires, ou l'inverse, mais montrant seulement que la montée des prix par rapport à l'avant-guerre est plus ou moins rapide que celle des salaires.

L'écart entre les deux courbes n'en a pas moins une importante signification. Il mesure l'évolution du pouvoir d'achat des salariés. Grâce à leurs salaires, ceux-ci peuvent en effet acquérir une certaine quantité de biens. Si les salaires progressent plus vite que les prix, la croissance du pouvoir d'achat s'accélère. Si c'est l'inverse, cette croissance se ralentit et il peut même se faire, lorsque l'indice des prix dépasse celui des salaires, que l'on observe une baisse absolue du pouvoir d'achat.

On a reconnu, sous-jacent à tout ceci, le problème économique majeur de la France d'après la Première Guerre mondiale : celui de *l'inflation*. La notion est sujette à controverse quant à ses causes : pression excessive de la demande ? augmentation inconsidérée des salaires, pesant sur les prix de revient et incitant les entreprises à relever à leur tour leurs prix de vente ? émission exagérée de monnaie ? déficits publics obligeant l'État à s'endetter auprès de la banque centrale ou à émettre des bons du Trésor, bientôt convertis en liquidités ? Toujours est-il que l'inflation, état de déséquilibre durable et auto-entretenu entre les principales grandeurs dont se compose l'activité économique, a pour conséquence immédiate la hausse des prix de détail, incitant les salariés à réclamer des hausses de salaires pour préserver leur pouvoir d'achat. Une spirale se met alors en place. Comme maint autre pays industrialisé, la France s'y trouve prise après 1919. Ce sont ses péripéties qui rythment le plan proposé.

COMMENTAIRE

INTRODUCTION

La stabilité monétaire héritée du XIXe siècle n'a pas survécu au déclenchement de la Première Guerre mondiale. Chez tous les belligérants européens, la suspension de la convertibilité, le gonflement des dépenses publiques, le tarissement des réserves d'or déclenchent un phénomène inédit pour les contemporains, l'inflation, qui, en France, s'était manifestée pour la dernière fois lors de l'expérience malheureuse des assignats sous la Révolution. Après 1919, loin d'assister, comme on l'espérait, à un retour à la normale, on voit au contraire s'enclencher une course entre les prix et les salaires dont le pouvoir d'achat des masses risque d'être la principale victime. Les deux courbes reproduites ici ont été construites par le statisticien et économiste Alfred Sauvy, à partir d'indices employés par lui dans sa monumentale *Histoire économique de la France entre les deux guerres*. Elles font nettement ressortir trois périodes. Jusqu'en 1926, une forte poussée inflationniste menace de ruiner le pouvoir d'achat des salariés. Puis, de 1926 à 1930, une stabilisation permet, grâce à l'action de Raymond

Poincaré, de modérer la hausse des prix, pour le plus grand bénéfice du pouvoir d'achat. Enfin, en 1930-1931, s'observe l'amorce d'un retournement de tendance, annonciateur de la crise.

I. LA POUSSÉE INFLATIONNISTE (1919-1926)

1 • les prix de détail

Ils augmentent en trois phases bien distinctes :

– *de 1919 à la fin 1920* : l'inflation les porte à un niveau quadruple de celui de 1914, pour plusieurs raisons :

• insuffisance de l'offre au lendemain du conflit,

• désordre des finances publiques,

• faiblesse du franc sur le marché des changes.

La crise de 1920-1921 met brutalement fin à cette poussée : l'engorgement des marchés, la multiplication des faillites font refluer les prix.

– *de l'été 1922 au début 1924* : l'inflation redémarre, même si l'indice des prix de détail reste légèrement en dessous du sommet précédent. Les facteurs politiques sont ici déterminants :

• refus persistant de la rigueur financière de la part du Bloc national,

• occupation de la Ruhr, décidée par le gouvernement Poincaré en janvier 1923, déclenchant une spéculation à la baisse du franc.

Au printemps 1924, un emprunt en dollars auprès de la banque Morgan et une forte augmentation des impôts calment pour quelques mois la poussée inflationniste.

– *de l'automne 1924 à l'automne 1926* : c'est la poussée la plus grave, portant l'indice des prix de détail à 544 en juillet, et même à 591 en octobre 1926. Là encore, les facteurs politiques en sont responsables :

• inexpérience des gouvernements du Cartel des gauches en matière financière,

• attitude des milieux financiers qui opposent au Cartel le « mur de l'argent »,

• forte instabilité gouvernementale : huit ministres des Finances se succèdent en seize mois, tous incapables de résoudre une crise monétaire d'autant plus insolite que la prospérité économique est alors éclatante.

2 • les salaires journaliers et le pouvoir d'achat

Moins heurtée que celle des salaires, la courbe des salaires n'en est pas moins fortement ascendante, sauf en 1920-1921. Il s'agit ici des salaires journaliers, ceux perçus pour l'essentiel par les ouvriers d'industrie. À cette époque en effet, les ouvriers sont rémunérés à la tâche ou à l'heure, leur paye leur étant versée en fin de semaine. Il faut attendre le second après-guerre pour qu'intervienne progressivement la mensualisation, réservée dans l'entre-deux-guerres aux employés, aux cadres et aux fonctionnaires.

Trois facteurs poussent les salaires journaliers à la hausse :

– *un facteur économique* : l'ampleur de la croissance suscite des besoins en main-d'œuvre importants, en particulier dans les branches motrices comme la construction automobile et aéronautique, la métallurgie non ferreuse, l'industrie chimique, la construction électrique.

– *un facteur démographique* : les ressources en main-d'œuvre sont limitées, à la fois à cause des pertes de guerre et de l'arrivée sur le marché du travail de générations réduites, la natalité ayant été très médiocre en France avant guerre.

– *un facteur monétaire* : la hausse des prix de détail incite les salariés à défendre leur pouvoir d'achat, malgré la division des syndicats en plusieurs confédérations rivales (CGT, CGTU, CFTC) et le reflux du mouvement ouvrier après 1921.

Le pouvoir d'achat, mesuré par l'écart entre la courbe des salaires journaliers et celle des prix de détail, se maintient donc avec difficulté. Lors de deux périodes, en 1920 et en 1926, sa croissance s'amenuise à tel point qu'elle fait place à une baisse, l'indice des prix devenant supérieur à celui des salaires.

II. LA STABILISATION (1926-1930)

1 • les prix de détail

À partir d'octobre 1926, où ils avaient atteint l'indice 591, ils refluent jusqu'en dessous de 550 fin 1927. La reprise de leur croissance, durant les trois années suivantes, n'a plus rien de commun avec les poussées de fièvre antérieures. Trois causes expliquent cette modération :

– *le retour à la stabilité monétaire* : retrouvant le pouvoir, Raymond Poincaré met fin à la crise des changes et de trésorerie sur laquelle s'était brisé le Cartel des gauches. À partir de décembre 1926, il fait retrouver au franc une parité fixe, officialisée par la « dévaluation » de juin 1928 qui, en fait, est une réévaluation par rapport à la très faible valeur trouvée lors de son retour au pouvoir.

– *le rétablissement de l'équilibre budgétaire* : par des économies et des augmentations d'impôts, Poincaré résorbe le déficit et parvient même, durant les trois années où il conserve la présidence du Conseil, à réaliser des excédents. Deux causes importantes d'inflation, le poids de la dette flottante et les avances de la banque centrale, disparaissent du même coup.

– *le contexte international* : dans l'ensemble du monde industrialisé, la prospérité des années 1920 se déroule dans un climat de stabilité des prix, notamment en ce qui concerne les prix de gros. Le redressement français ne fait donc que suivre, tardivement, un mouvement général.

2 • les salaires journaliers et le pouvoir d'achat

L'irrégularité antérieure fait place à une montée régulière, puis rapide, des salaires journaliers, jusqu'à un palier autour de l'indice 700, atteint à l'automne 1930. Une telle progression, très bénéfique aux salariés, comme le montre l'écart croissant entre la courbe des salaires et celle des prix, provient de :

– *la persistance de certaines tendances antérieures* : les tensions sur le marché du travail deviennent plus vives à mesure que la croissance se renforce et qu'arrivent à l'âge actif des générations aux effectifs réduits. On ne peut pourtant pas encore parler de véritable crise dans ce domaine, puisque ce n'est qu'à partir de 1932 que les « classes creuses » de la Grande Guerre se présentent à l'embauche.

– *l'intervention de nouveaux facteurs* : même si le gouvernement se garde bien d'intervenir dans les rapports entre patrons et ouvriers, Raymond Poincaré est loin d'être indifférent au sort des salariés, comme en témoigne l'accueil qu'il réserve au point de vue de Léon Jouhaux, secrétaire confédéral de la CGT, lors de la fixation du taux de stabilisation du franc. De plus, de nombreuses grandes entreprises adoptent des méthodes tayloriennes de fabrication, d'où des gains de productivité qui, en partie du moins, se répercutent sur les salaires.

III. L'ENTRÉE EN CRISE (1930-1931)

1 • les prix de détail

Après avoir culminé à 600 à la fin de 1930, l'indice des prix à la consommation s'oriente à la baisse au cours de l'année 1931, retrouvant en décembre sa valeur de 1927. Ce repli est annonciateur de l'effondrement que provoquera la crise des années 1930 : à son paroxysme en France, en 1935, l'indice des prix de détail se situe à 445 seulement. Il est remarquable à plusieurs égards :

– la déflation des prix menace désormais, incitant les producteurs, pour préserver leurs revenus, à multiplier les rabais et à gonfler leur offre, ce qui ne peut que susciter un approfondissement de la crise.

– le retournement des prix français est tardif, postérieur de quinze mois au krach de Wall Street. Durant toute cette période de montée persistante des prix de détail, la France peut nourrir l'illusion d'échapper à la crise. D'ailleurs, la production industrielle continue à progresser jusqu'en mai 1930, même si, dans de nombreux secteurs, les difficultés s'accumulent.

– la politique gouvernementale entretient ce climat de prospérité artificielle : le principal successeur de Raymond Poincaré, André Tardieu, engage une politique de dépenses budgétaires dans plusieurs domaines (gratuité de l'enseignement secondaire, pensions aux anciens combattants, travaux d'électrification rurale). Il soutient ainsi l'activité, sans pour autant préserver la France des germes de crise.

2 • les salaires journaliers et le pouvoir d'achat

À partir de l'automne 1930, la stabilité des salaires semble absolue. On pourrait y voir une menace pour les travailleurs. Ceux-ci, en effet, sensibles à l'« illusion monétaire », s'alarment de constater l'absence d'augmentation sur leurs feuilles de paye. En fait, leur pouvoir d'achat n'a jamais progressé aussi vite : l'écart entre la courbe des salaires et celle des prix de détail est, à la fin de 1931, de l'ordre de 150 points. La conjonction de la stabilité des salaires nominaux et de la baisse des prix de détail leur est très profitable. Comme, parallèlement, le chômage reste faible (moins de 12 000 chômeurs secourus en décembre 1930), on peut parler de prospérité ouvrière, dans un climat économique qui, paradoxalement, se dégrade en profondeur. Les salariés peuvent se procurer davantage de produits de toute sorte, sans qu'il soit question pour autant d'accès à la consommation de masse. Là encore, on voit s'amorcer un phénomène caractéristique des années 1930 : pour ceux qui ont réussi à conserver leur emploi, le pouvoir d'achat s'accroît considérablement, à mesure que la déflation des prix s'accélère.

CONCLUSION

Ces deux courbes ne donnent qu'une vision partielle de l'évolution des prix et des revenus en France au cours de la période. Il faudrait les compléter par des indications sur les différentes catégories de prix (produits alimentaires, articles de grande consommation, biens durables), ainsi que sur les revenus autres que les salaires journaliers (traitements des employés et fonctionnaires, revenus agricoles, bénéfices industriels et commerciaux, rentes foncières, mobilières et immobilières...). Elles n'en ont pas moins le principal mérite de montrer comment les phases de l'évolution économique, dans une période d'instabilité monétaire, se répercutent sur les conditions de vie de la plus grande masse de la population.

Indications bibliographiques

J. Ch. ASSELAIN, *Histoire économique de la France*, Paris, Le Seuil (coll. « Points »), 1984, t. II.

F. CARON, *Histoire économique de la France XIXe - XXe siècles*, Paris, A. Colin (coll. « U »), 1981.

A. SAUVY, *Histoire économique de la France entre les deux guerres*, Paris, Fayard, 1967. (À consulter sur certains points seulement)

B• Autres types de diagrammes

LE DOCUMENT ET LA DÉMARCHE

Pour représenter de manière figurée des données chiffrées, les statisticiens recourent, outre les courbes, à différents types de graphiques qui recherchent avant tout l'expressivité. Il importe de bien comprendre comment chacun d'eux est élaboré afin de pouvoir les commenter.

1 • Les diagrammes

Ils servent à représenter des séries de chiffres. On étudie une certaine variable, dite caractère, et l'on s'intéresse aux différentes valeurs qu'elle prend et à la fréquence d'apparition de celles-ci. Deux cas se présentent : soit la variable ne peut prendre que des valeurs déterminées, isolées les unes des autres – on parle alors de variable discrète ou discontinue ; soit au contraire on sait seulement que la variable se situe à l'intérieur d'une fourchette dont on connaît seulement les limites inférieure et supérieure : on est alors en présence d'une variable continue. À chacun de ces cas, correspond un type de diagrammes.

• Les diagrammes en bâtonnets

Ils sont utilisés en présence de variables discrètes : par exemple, les taux de croissance du PIB relevés dans différents pays au cours d'une certaine période (document 13). La variable ou caractère est ici le taux de croissance. Les valeurs prises sont celles qui ont été relevées pour chacun des pays lors des différentes années dont se compose la période. Chaque valeur, lors de chaque année, étant connue précisément, la variable est discrète ou discontinue. On la représente en portant, sur l'axe des abscisses, les variables successives (les taux aux différentes dates) et, sur l'axe des ordonnées, les fréquences de chaque variable (le montant de chaque taux). Pour chaque année, on trace ainsi un bâtonnet séparé de ceux qui l'encadrent et de hauteur proportionnelle au taux de croissance observé. Il faut se garder d'accoler ces bâtonnets les uns aux autres, car chaque observation est distincte de celle qui la précède et de celle qui la suit. Par contre, peu importe l'épaisseur des bâtonnets : en général, un simple trait suffit.

• Les histogrammes

Ils servent à représenter les variables continues : par exemple, le nombre de ménages américains se situant dans telle ou telle tranche de revenu annuel à une certaine date (document 14) ou le nombre d'individus appartenant à telle ou telle classe d'âge lors d'un recensement en France (document 15). Ici, on ne dispose d'observations qu'à l'intérieur d'un intervalle : tranche de revenu ou classe d'âge. On ne connaît pas le montant précis du revenu de chaque ménage ni l'âge de chaque individu, qui n'auraient d'ailleurs en l'espèce aucun intérêt. Pour visualiser le phénomène, on emploie, non plus des bâtonnets, mais des rectangles accolés les uns aux autres, disposés « en marches d'escalier ». L'axe des abscisses sert toujours à figurer les variables successives et l'axe des ordonnées les fréquences, mais c'est désormais la superficie de chaque rectangle, et non plus sa hauteur, qui représente les fréquences.

Il peut très bien se faire que les bases des différents rectangles soient inégales, puisque les intervalles représentés ne sont pas nécessairement égaux. On en tient compte en rectifiant alors la hauteur des rectangles, de manière à ce que leur superficie (multiplication de la base par la hauteur) soit exactement proportionnelle à la fréquence observée.

2 • Les cercles et les demi-cercles

Familièrement appelés « camemberts » ou « demi-camemberts », ils permettent de présenter des proportions : par exemple, les parts respectives des différents postes de consommation des ménages en France depuis 1945 (document 16) ou encore la place occupée par plusieurs groupes de pays dans le commerce impérial britannique au cours des années 1930 (document 17). Le principe de construction de ces figures est simple : chaque donnée numérique est représentée par un secteur angulaire proportionnel à sa valeur. Pour passer de la donnée brute au secteur angulaire correspondant, on exprime d'abord toutes les proportions en pourcentages. Puis on multiplie chacun de ceux-ci par 3,60 (ou par 1,80 dans le cas d'un demi-cercle). On obtient alors une valeur angulaire qu'il suffit de reporter sur le cercle (ou le demi-cercle) en utilisant un rapporteur.

Lorsqu'on dispose de plusieurs séries de données, il est toujours possible de faire varier la superficie des cercles ou demi-cercles pour la rendre proportionnelle au phénomène représenté.

Signalons enfin le recours fréquent, pour représenter des proportions tripartites, par exemple les parts respectives, dans la population active, des secteurs primaire, secondaire et tertiaire, à un autre type de graphique : le triangle équilatéral. Sur chacun de ses côtés, gradué au préalable, on reporte les proportions. Puis, à partir des trois points obtenus, on élève des parallèles aux côtés précédents. Leur point de rencontre permet de visualiser la répartition observée.

3 • Grille d'analyse

Qu'il s'agisse de diagrammes en bâtonnets, d'histogrammes, de graphiques circulaires ou semi-circulaires, le commentaire doit respecter un certain nombre de règles.

Introduction

Comme tout document historique, les graphiques doivent d'abord être présentés, puis brièvement analysés, enfin replacés dans leur contexte.

– *présentation de la source* qui a permis l'établissement du ou des graphiques : statistique de production, recensement de population, documents fiscaux ou commerciaux, agrégats calculés à partir de la comptabilité nationale (PIB, consommation, épargne, investissements...).

– *analyse de la nature du document* : il faut identifier le document proposé. Est-ce un diagramme en bâtonnets ou un histogramme ? un graphique circulaire ou demi-circulaire ? Pourquoi a-t-on choisi un type de représentation plutôt qu'un autre ?

– *évocation du contexte historique* : si le document correspond à une période chronologique, celle-ci est-elle de courte ou de longue durée ? homogène ou pas ? Si le document se rapporte à une seule date, en quoi celle-ci est-elle importante ? Enfin, si deux ou plusieurs dates sont proposées, quel est leur intérêt par rapport au phénomène étudié ?

– *brève analyse du document et annonce de plan.*

Commentaire

Il s'agit d'expliquer le document en construisant un plan le plus fidèle possible aux constatations faites. Rien ne serait plus dangereux en effet que de plaquer *a priori* des connaissances livresques se rapportant à la période ou au phénomène étudié. Il faut au contraire procéder d'abord aux constatations, puis tenter d'expliquer ce que l'on a observé. Aussi n'existe-t-il pas de plan type pour ce genre d'exercice : tout dépend de la nature du document. Parfois d'ailleurs, ce sont des remarques générales sur le type de figure à étudier qui structurent le mieux le commentaire. Ainsi, pour commenter une pyramide des âges (document 15), il faut s'interroger sur sa forme générale, la façon dont se présentent sa base, ses flancs, son sommet. Il faut également savoir si ses deux côtés sont ou non symétriques. Enfin, il convient de repérer les échancrures qui l'entaillent et, à partir du calcul des dates de naissance correspondantes, d'en proposer une explication à travers les grands cataclysmes démographiques que sont les guerres, les famines ou les épidémies.

Conclusion

Nécessairement brève, elle doit se limiter à quelques remarques concernant la portée du document et montrant que l'on a su en apprécier la représentativité. Le phénomène représenté à travers le ou les graphiques est-il banal ou exceptionnel, ordinaire ou original ? Peut-on lui trouver des analogies dans le temps et dans l'espace ? Comporte-t-il des limites et, si oui, celles-ci proviennent-elles du type de sources qui a été utilisé pour son élaboration ?

Document 13

VARIATION ANNUELLE DU PIB DANS LES PRINCIPAUX PAYS CAPITALISTES INDUSTRIALISÉS DE 1950 À 1980

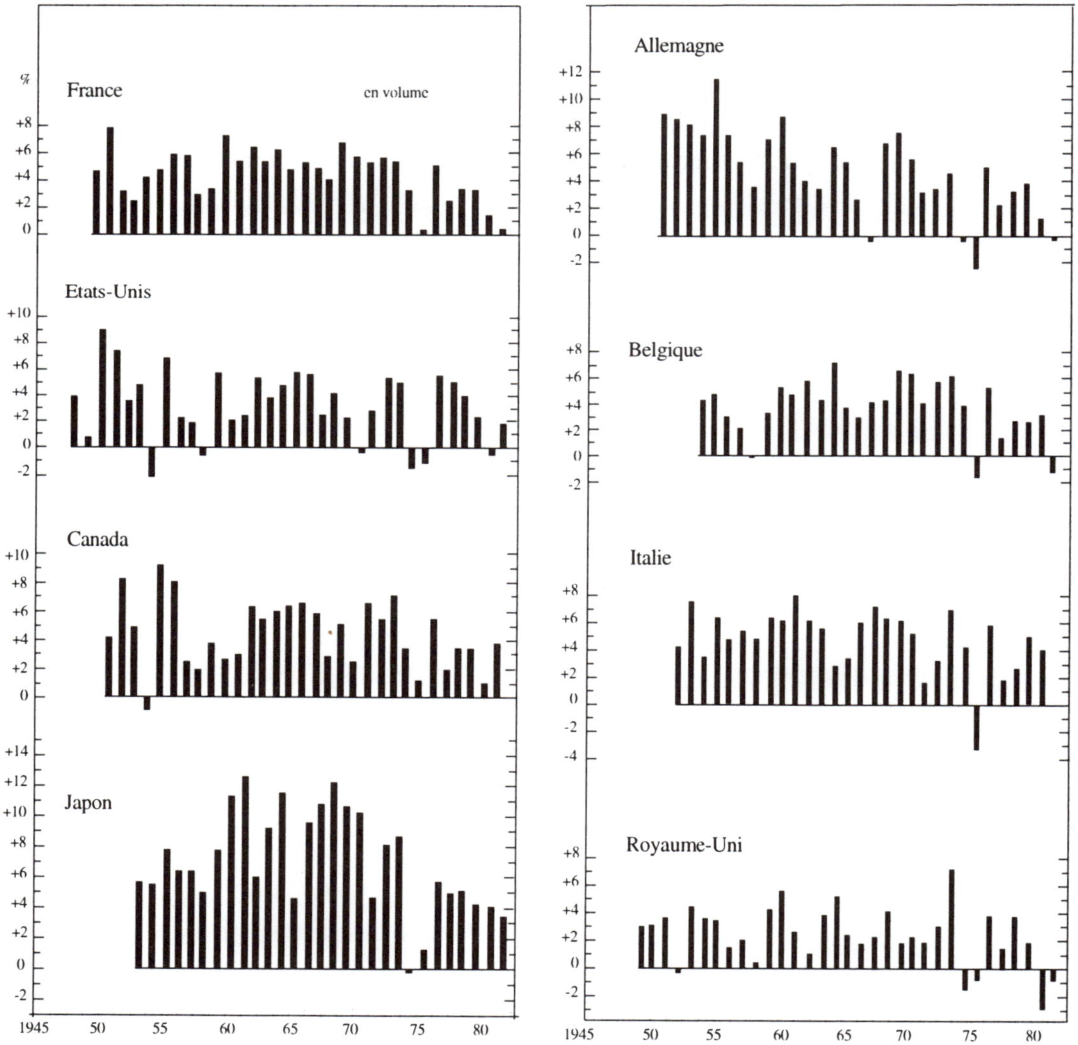

Données extraites de : Jean-Marcel JEANNENEY et Elizabeth BARBIER-JEANNENEY, *Les économies occidentales du XIXe siècle à nos jours,* Presses de la FNSP, 1985, t. 1, p. 67.

CONSEILS DE MÉTHODE

Les huit figures représentées ici ressortent d'une même catégorie, celle des *diagrammes en bâtonnets*. On l'a vu : on les utilise pour représenter une série de variables discrètes ou discontinues, c'est-à-dire de grandeurs qui ne sont susceptibles de prendre que des valeurs déterminées, connues avec précision et correspondant à des états distincts les uns des autres. La variation du PIB observée dans un pays en 1950 diffère de celle observée en 1951, elle-même distincte de celle de 1952. Si l'on veut représenter graphiquement ces variations, on doit recourir à des bâtonnets verticaux, élevés perpendiculairement à l'axe horizontal figurant les dates, de hauteur proportionnelle à la valeur observée. On pourrait aussi, dans ce cas, recourir à une courbe. Les bâtonnets permettent de mieux visualiser le phénomène.

La définition de *la variation annuelle d'une grandeur* est simple : c'est le rapport, exprimé en pourcentage, de cette grandeur observée au cours d'une année à celle observée l'année précédente. S'agissant ici du PIB, la variation annuelle du PIB d'un pays, en 1965 par exemple, est : PIB de 1965/PIB de 1964 x 100. On retrouve sous un autre nom le taux de croissance, positif ou négatif selon que l'économie est en expansion ou en récession.

Mais qu'est-ce que *le PIB* ? Calculé selon des principes harmonisés internationalement par les statisticiens, le produit intérieur brut est une grandeur caractéristique de la puissance économique d'un pays. Il s'agit de la somme de la valeur de tous les biens et services réalisés au cours de l'année par les agents économiques présents sur le territoire national. Toutes les activités sont prises en compte pour son établissement, tant la production de biens matériels que la fourniture de services, en ne laissant échapper, par nécessité, que l'autoconsommation et l'économie souterraine. Pour éviter de compter deux fois les mêmes quantités, par exemple les matières premières extraites du sous-sol et celles incluses dans la fabrication des produits, on raisonne en termes de valeur ajoutée, en défalquant de la production des entreprises leurs consommations intermédiaires, c'est-à-dire tous les biens qu'elles ont achetés au cours de l'année à d'autres entreprises pour réaliser leurs fabrications.

Le PIB ainsi obtenu correspond à une optique territoriale : peu importe la nationalité des agents économiques qui en sont responsables. Il inclut donc l'activité des filiales des firmes étrangères installées dans le pays et, inversement, exclut l'activité réalisée dans le reste du monde par les filiales des firmes nationales. Par contre, contrairement à une grandeur voisine, le PNB (produit national brut), il tient compte des revenus nets procurés au pays par le reste du monde, c'est-à-dire notamment des bénéfices réalisés à l'étranger par les entreprises du pays, desquels on retranche ceux rapatriés vers leur pays d'origine par les entreprises étrangères implantées dans le pays.

Enfin, les variations annuelles représentées ici sont exprimées *en volume, et non en valeur*. Cela ne signifie évidemment pas que le PIB se calcule en unités physiques, ce qui, compte tenu de l'hétérogénéité de sa composition, n'aurait aucun sens. Il se calcule en unités monétaires, chaque bien ou service étant évalué au prix du marché. Mais sa variation exclut ici la part attribuable à la hausse des prix constatée au cours de l'année. Si, en effet, le PIB dans un pays a progressé de 8 %, alors que, parallèlement, les prix y ont augmenté de 7 %, la croissance, apparemment brillante en valeur, est en réalité très modeste en volume : 1 % seulement. Il peut même se faire que la variation annuelle des prix dépassant celle du PIB, il y ait eu, non pas croissance, mais récession d'une année sur l'autre.

COMMENTAIRE

INTRODUCTION

De 1950 à 1980, les pays industrialisés occidentaux ont vu se succéder la période de croissance la plus brillante de leur histoire, puis les premières années d'une crise, moins violente certes que celle des années 1930, mais dont ils ne sont pas encore véritablement sortis aujourd'hui.

Leurs performances sont ici retracées dans huit graphiques en bâtonnets, élaborés à partir des comptes annuels nationaux et contenus dans un recueil statistique publié sous la direction de l'économiste et homme politique français Jean-Marcel Jeanneney. Pour tenir compte de l'érosion monétaire, ils ont été établis en termes réels, ou en volume, et non pas en valeur. On y observe, pour les pays considérés, un étonnant mélange de contrastes et de similitudes qui appellent une explication.

I. LES CONTRASTES

1 • Leur contenu

– *l'ampleur de la croissance* oppose les pays à croissance lente (États-Unis, Royaume-Uni, Belgique) et ceux à croissance rapide (Allemagne, Italie et surtout Japon). Jamais les taux observés ne franchissent la barre des 8 % annuels au Royaume-Uni et en Belgique. Ils l'atteignent une seule fois aux États-Unis, en 1950. Par contre, ils le font à deux reprises en Italie, sept en Allemagne, treize au Japon qui atteint même parfois, durant la « haute croissance » des années 1960, des taux égaux ou supérieur à 12 %. Ce sont les « miracles » des vaincus de la guerre.

– *la régularité de la croissance varie* : dans certains pays, les récessions au sens propre du terme, c'est-à-dire le recul du PIB d'une année sur l'autre, disparaissent jusqu'en 1974. C'est le cas général en Europe continentale où l'on observe tout au plus de nets ralentissements ou une stagnation (la Belgique en 1958, l'Allemagne en 1967). La France a des taux toujours positifs, même après 1974, et le Japon, sauf en 1974-1975, dépasse toujours la barre des 4 %. Au contraire, d'autres pays subissent des récessions, tout comme avant 1945. États-Unis et Royaume-Uni ont ainsi une croissance très heurtée : on recense huit années de récession ou de stagnation dans le premier cas, sept dans le second, soit pendant au moins le quart de la période.

– *l'évolution de la croissance* fournit une dernière opposition entre les pays. Elle est plus importante durant les années 1950 qu'après 1961 en Allemagne. C'est l'inverse en France, en Belgique, au Japon, où la décennie 1960 justifie pleinement l'expression de Trente Glorieuses. Même les États-Unis, à la croissance « molle » en début de période, échappent alors, pendant près de dix ans, aux difficultés conjoncturelles, mis à part un ralentissement peu marqué en 1967.

2 • Leur explication

– *l'héritage de la guerre* est déterminant. L'Allemagne, quoique vaincue, en retire de sérieux atouts pour son « miracle » : un capital productif rajeuni par l'effort d'armement de 1939-1945, peu atteint par les bombardements, de nouvelles conditions géopolitiques suscitant l'afflux d'une main-d'œuvre qualifiée en provenance de l'Est. Au contraire, le Royaume-Uni, même victorieux, sort de la guerre profondément épuisé. La France, longtemps écartée des combats, et donc dans l'incapacité de renouveler son appareil productif, partagerait le même sort si l'ampleur du désastre n'y avait fait comprendre l'urgence de la modernisation. Enfin, les États-Unis héritent en 1945 d'une suprématie si écrasante qu'ils ne ressentent guère l'aiguillon de la nécessité de la croissance.

– *les politiques conjoncturelles* expliquent en partie les à-coups constatés. Aux États-Unis, la volonté de maintenir la stabilité monétaire a conduit à plusieurs reprises les responsables, en particulier sous les présidences de Truman, puis d'Eisenhower, à casser volontairement l'expansion. Au Royaume-Uni, la défense du statut international de la livre reste un objectif prioritaire, amenant tous les gouvernements à pratiquer, jusqu'au milieu des années 1970, un « stop and go » ruineux pour la croissance. En Europe continentale et au Japon, les politiques conjoncturelles sont davantage soucieuses de la préserver, de même qu'aux États-Unis après 1961, lorsque le keynésianisme est systématiquement appliqué par les équipes au pouvoir sous Kennedy et Johnson. Toutefois la volonté de réprimer toute dérive inflationniste prédomine de plus en plus chez les dirigeants allemands et, en France, on retrouve sur le graphique l'effet des stabilisations successives : Pinay (1952 et 1958-1959), Giscard (1963-1965 et 1970).

– *la modernisation des économies* complète les raisons précédentes : les pays à structures industrielles vieillies, héritées de la première industrialisation comme la Belgique ou le Royaume-Uni, sont moins susceptibles d'une croissance rapide que ceux au démarrage plus tardif, comme l'Italie, le Canada ou le Japon. On peut penser aussi à l'extraversion de la croissance, responsable des brillantes performances allemandes jusqu'en 1961, japonaises entre 1960 et 1973. Cependant même un pays tourné vers son marché intérieur, comme la France jusqu'en 1959, est durant cette période capable d'obtenir de bons résultats.

II. LES SIMILITUDES

1 • Leur contenu

– *les cycles conjoncturels* persistent, même dans les pays où les récessions ont fait place à de simples ralentissements. Ils sont visibles à travers la sinusoïde que dessine, plus ou moins nettement, la croissance de chaque pays. Ainsi, en France, on peut recenser cinq cycles conjoncturels : 1950-1953, 1954-1958, 1959-1963, 1964-1968, 1969-1974, d'une durée moyenne de l'ordre de cinq ans.

– *les dates des crises ou des ralentissements* sont souvent analogues ou proches les unes des autres. L'année 1953 est difficile en France, aux États-Unis, au Royaume-Uni. 1958 voit une récession en Belgique et aux États-Unis, une stagnation au Royaume-Uni, un net ralentissement en France, au Canada, en Allemagne et même au Japon qui, habitué à des taux de 7 à 8 %, n'atteint alors « que » 5 %. Au cours de la décennie 1960, la simultanéité des difficultés est moins nette. On note tout de même que celles de 1967 surgissent à la fois en Allemagne, aux États-Unis, au Canada et au Royaume-Uni.

– *les premières années de la dépression contemporaine* (mot préférable à celui de crise, qui correspond plutôt à un phénomène ponctuel) se déroulent partout de la même manière. Le premier et le deuxième chocs pétroliers coïncident avec des récessions, parfois profondes comme en Italie (-3,5 % en 1975), parfois atténuées comme en France qui garde des taux de croissance nuls, mais non pas négatifs, en 1976 et en 1980. Partout aussi, on observe la soudaineté de la rupture : les taux du début des années 1970 étaient exceptionnellement élevés, même au Royaume-Uni où, en 1973 notamment, ils tranchaient sur la grisaille ordinaire. Partout enfin, on remarque que la capacité de reprise des économies, satisfaisante après la récession de 1975, est amoindrie après celle de 1980 : l'année 1981, sauf aux États-Unis et au Canada, est pire encore que la précédente.

2 • Leur explication

– *la domination américaine* permet de comprendre la simultanéité des difficultés souvent constatée. Le poids même de l'économie des États-Unis, l'importance de leurs importations et de leurs investissements à l'étranger, le contrôle qu'ils exercent sur de nombreux marchés internationaux expliquent la transmission rapide de leurs difficultés aux autres pays industrialisés. Le fait n'est pas nouveau : il remonte au milieu du XIXe siècle, la crise de 1857 étant classiquement considérée comme la première qui, née aux États-Unis, a atteint l'Europe quelques mois plus tard. La fin du boom coréen en 1952-1953 a ici une importance toute particulière.

– *le développement des échanges internationaux* joue un rôle important dans la convergence croissante des performances des différents pays. Les années 1950-1973 connaissent une croissance très rapide du commerce mondial, des échanges de services et des mouvements de capitaux. Le phénomène a persisté ensuite, malgré la dépression contemporaine, et s'est même accéléré, sous l'impulsion des États-Unis et grâce aux efforts d'intégration régionale, notamment en Europe occidentale. Il en résulte une interdépendance entre les économies, qui explique sans doute que les similitudes d'évolution soient plus nettes en fin de période qu'au début.

CONCLUSION

L'étude des variations annuelles du PIB dans les huit pays considérés est riche d'enseignements. On pourrait la prolonger par quelques indications sur leurs conséquences. La « croissance molle » américaine des années 1950, le « stop and go » britannique, contrastant fortement avec le dynamisme des pays d'Europe continentale et du Japon, ont provoqué un reclassement progressif entre les grandes puissances du monde capitaliste. Dès 1960, le PIB de l'Allemagne dépassait celui du Royaume-Uni qui, pourtant, lui était largement supérieur en 1950. Quant à la suprématie américaine, écrasante après guerre, elle s'est vue peu à peu contestée, comme le montre toute l'évolution des rapports économiques internationaux au cours de ces trente années.

Indications bibliographiques

J. Ch. ASSELAIN, *Histoire économique du XXe siècle. La réouverture des économies nationales (1939 aux années 1980)*, Paris, Presses de la Fondation nationale des sciences politiques , Dalloz, 1995.

P. GUILLAUME et P. DELFAUD, *Nouvelle histoire économique*, Paris, A. Colin (coll. « U »), 1976, t. II : *Le XXe siècle*.

Y. BAROU et B. KEIZER, *Les grandes économies*, Paris, Le Seuil (coll. « Points »), 1988. (Très clair sur les contrastes entre les modes de croissance des différents pays après 1945)

Document 14

RÉPARTITION DES REVENUS ANNUELS DES MÉNAGES AMÉRICAINS EN 1951 ET EN 1969

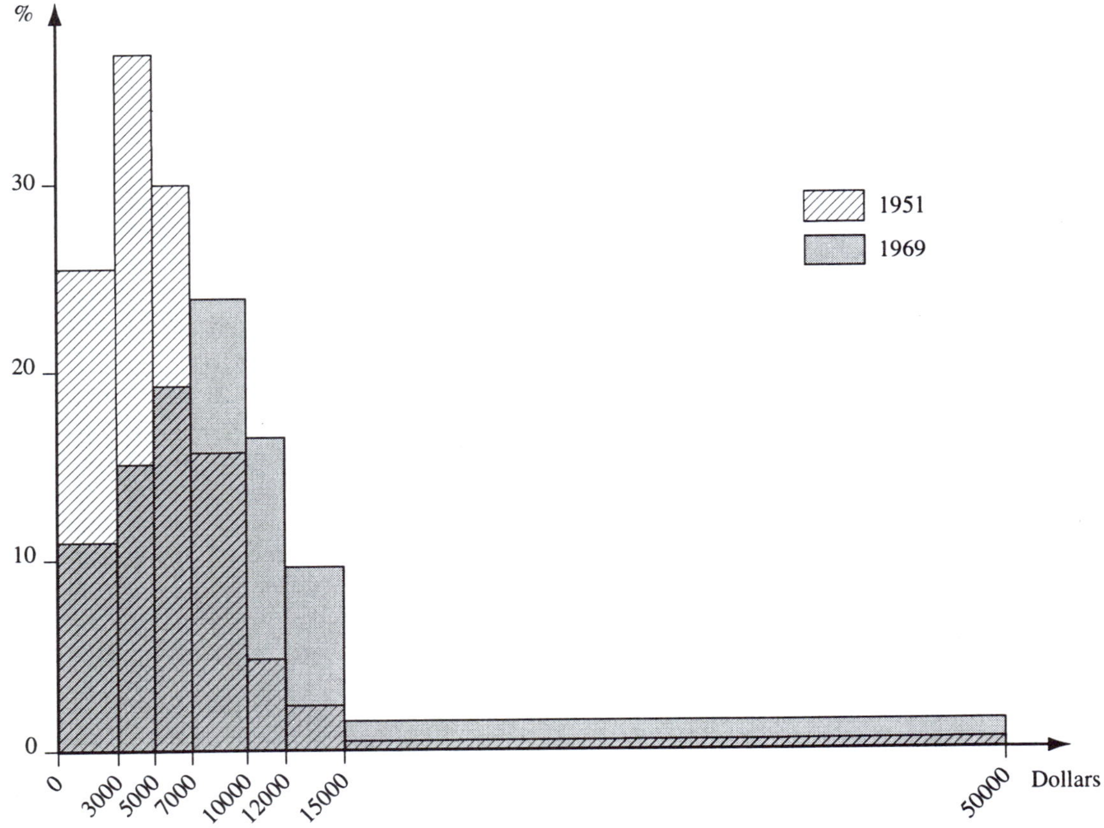

Données extraites de : *Historical statistics of the United States*, US department of Commerce, Bureau of the census, 1975, vol. 1, p. 290, cité par J. HEFFER, *Les États-Unis de Truman à Bush*, A. Colin (coll. « Cursus »), p. 81.

Classes de revenus (en dollars)	% en 1951	% en 1969
Moins de 3000	25,7	10,8
3 000 à 4 999	27,8	12,0
5 000 à 6 999	22,6	14,4
7 000 à 9 999	15,7	23,9
10 000 à 11 999	3,6	12,4
12 000 à 14 999	2,3	9,5
15 000 et plus	2,3	17,0
	100	100

(Chiffres calculés en dollars constants 1967)

CONSEILS DE MÉTHODE

Les graphiques utilisés pour représenter la répartition des revenus annuels des ménages américains en 1951 et en 1969 appartiennent à la catégorie des *histogrammes*. Ce type de figure est employé pour des séries de chiffres correspondant à un caractère continu. Il s'agit ici du revenu annuel des ménages, exprimé en dollars. Les ménages ont été répartis en fonction de la classe de revenus dans laquelle ils se situent, sans que l'on s'intéresse, évidemment, au revenu précis de chacun d'eux. Il faut donc employer, pour figurer cette répartition, des rectangles accolés les uns aux autres, dont les *surfaces*, et non les *hauteurs*, sont proportionnelles aux effectifs recensés.

Sept classes de revenus ont été choisies. Trois d'entre elles (0 à 2 999 $, 7 à 9 999 $, 12 à 14 999 $) ont une amplitude de 3 000 $, trois aussi (3 à 4 999 $, 5 à 6 999 $, 10 à 11 999 $) une amplitude de 2 000 $, la dernière enfin une amplitude indéterminée, puisqu'elle n'a pas de limite supérieure (15 000 $ et plus). Pour pouvoir représenter graphiquement cette dernière classe, on lui fixe arbitrairement une limite, à 50 000 $ par exemple, ce qui lui donne une amplitude de 35 000 $. Sur le graphique, on gradue l'axe des ordonnées à partir d'une échelle convenable, telle que 0,5 cm = 1 %. Quant au problème représenté par les inégalités d'amplitude entre les classes, il faut, pour le résoudre, rectifier les hauteurs des rectangles correspondants. Par exemple, pour les ménages percevant en 1951 de 3 à 4 999 $, on prend comme hauteur, non pas 13,9 cm ($\frac{27,8}{2}$), mais 13,9 + ($\frac{13,9}{3}$) = 18,5 cm. Le tracé des deux histogrammes ainsi fait, on peut procéder au commentaire.

Signalons à titre complémentaire, que, les chiffres correspondant aux deux graphiques ayant été fournis, il est possible de pousser davantage l'analyse statistique pour préciser *l'ampleur de la concentration* des revenus aux États-Unis en 1951 et en 1969. La distribution des revenus est-elle très inégale ou relativement équitable ? Évolue-t-elle vers une plus ou moins grande concentration au fil des ans ? Pour le savoir, on procède à des calculs aboutissant au tracé d'un autre graphique, dit *courbe de Lorenz* ou courbe de concentration. Elle permet de comparer à chaque date la répartition des effectifs des ménages d'une part, celle des revenus qu'ils perçoivent de l'autre, ces deux données étant exprimées en pourcentages. On constate que la courbe s'éloigne de la diagonale d'équirépartition d'une superficie qui correspond à la zone hachurée en 1951, figurée en grisé en 1969. Plus la superficie est grande, plus la concentration est forte.

On pourrait aussi raisonner à partir de deux valeurs calculées grâce au tableau de chiffres, la médiane et la médiale. *La médiane* est le montant du revenu annuel tel que la moitié exactement des ménages se situe en dessous et l'autre en dessus. Quant à *la médiale*, c'est la valeur du revenu qui partage en deux moitiés égales la distribution globale des revenus. En rapportant l'écart entre médiale et médiane à l'étendue de l'échelle des revenus, on obtient un pourcentage qui mesure la concentration de la distribution : plus il est élevé, plus la concentration est forte.

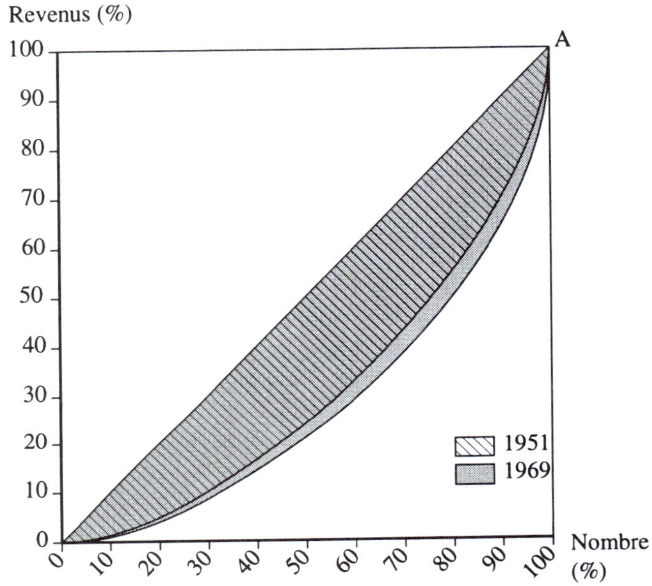

COMMENTAIRE

INTRODUCTION

Des lendemains de la Seconde Guerre mondiale à la fin des années 1960, les États-Unis sont au zénith de leur puissance. Le niveau de vie dont jouissent leurs habitants est incomparablement plus élevé que celui des autres pays développés, même si le relèvement progressif de l'Europe occidentale et du Japon réduit peu à peu l'énorme écart existant en 1945. Pourtant, la société américaine se caractérise par de profondes inégalités.

On peut les apprécier en construisant, à partir des chiffres officiels des services statistiques américains, deux histogrammes de la répartition des revenus annuels entre les ménages. *La source* est donc secondaire, ayant été établie à partir des chiffres fournis par l'administration. Ces deux histogrammes ont des classes d'ampleur différente, correspondant aux diverses tranches de revenus annuels perçus par les ménages. Le premier prend en compte les revenus de l'année 1951, date à laquelle les États-Unis sont encore en pleine guerre de Corée, le second ceux de l'année 1969, moment de leur désengagement du conflit vietnamien. Tous deux révèlent la persistance, voire même l'aggravation, d'importantes disparités de revenus.

I. UNE SOCIÉTÉ INÉGALITAIRE

1 • Le contenu des inégalités de revenus

– *en 1951*, la classe de revenus rassemblant le plus grand nombre de ménages américains (plus du quart du total) est comprise entre 3 et 5 000 \$. Inversement, seulement 2 % des ménages perçoivent un revenu annuel de plus de 15 000 \$. En valeurs extrêmes, si l'on raisonne sur le revenu moyen de chaque classe, de 1 500 à 32 500 $, l'écart est de l'ordre de 1 à 20 entre les ménages les plus pauvres et les plus aisés. De plus, la médiane, qui partage en deux moitiés égales l'effectif total, est seulement de 4 748 $.

– *en 1969*, la croissance économique a fait progresser vers le haut l'échelle des revenus. Exprimés en dollars constants, pour éviter les effets de l'érosion monétaire, ils sont désormais, pour le plus grand nombre de ménages, compris entre 7 et 10 000 $. La médiane a également progressé, passant de 4 748 à 8 606 $. Toutefois cela ne fait que correspondre à la croissance d'ensemble du PIB qui, en dix-huit ans, a évolué au rythme annuel moyen de 3 %. De plus, l'écart entre riches et pauvres reste élevé : des 5 000 $ perçus par les 25 % de ménages les plus pauvres aux 46 000 $ perçus par les 2 % les plus riches, le rapport va de 1 à 9.

2 • Les causes des inégalités

Davantage sans doute que dans d'autres pays développés, les États-Unis sont marqués par plusieurs traits entretenant les inégalités de revenus :

– *présence de minorités ethniques et raciales*, dont les conditions de vie s'améliorent certes rapidement, mais n'en restent pas moins inférieures. Les Noirs, malgré l'abolition de la discrimination raciale en 1964, les Hispanophones, les Indiens, les Américains d'origine asiatique sont tous davantage soumis aux bas salaires, au chômage, à la médiocrité des conditions de vie que la communauté blanche d'origine anglo-saxonne.

– *faiblesse de la croissance* dans certaines branches de l'économie : l'agriculture, les charbonnages, la sidérurgie, l'industrie textile ne peuvent procurer à leurs nombreux actifs des revenus croissant à la même vitesse que ceux des branches dynamiques.

– *fréquence du chômage* lors des récessions conjoncturelles, surtout durant les années 1950 : en 1948-1949, 1953-1954, 1957-1958, 1960-1961, le taux de chômage franchit la barre des 5 %. De 1962 à 1969, la croissance est ininterrompue. Elle tend toutefois à s'essouffler à partir de 1967, car les pressions inflationnistes obligent à mettre en place une politique de stabilisation.

– *montée des cadres supérieurs* qui, à la tête des grandes *corporations*, touchent des salaires élevés leur permettant l'accès à la strate supérieure de la classe dominante, naguère réservée aux héritiers des grandes familles détentrices du capital.

II. LE CREUSEMENT PROGRESSIF DES INÉGALITÉS

1 • Une évolution inquiétante

Si la répartition des revenus des ménages américains reste caractérisée, en 1969 comme en 1951, par l'inégalité, y a-t-il du moins tendance à la réduction de celle-ci ? Plusieurs symptômes suggèrent le contraire :

– la courbe de Lorenz qui permet d'apprécier la concentration est en 1969 davantage éloignée de la bissectrice d'égale répartition qu'en 1951 ;

– le rapport entre l'écart entre médiale et médiane et l'étendue de la série augmente. En 1951, il est de 7 %, en 1969 de 18 %.

Il y a donc eu, non pas amélioration, mais aggravation des inégalités de revenus aux États-Unis entre les deux dates.

2 • Des remèdes peu efficaces

Loin d'être restés passifs face à cette évolution, les pouvoirs publics se sont efforcés d'y remédier. De manière permanente, l'impôt sur le revenu, alors caractérisé par une forte progressivité des taux, corrige les inégalités. De plus, complétant l'assurance-chômage et le salaire minimum hérités du *New Deal*, toute une législation en faveur des défavorisés a été mise en place durant les années 1960, en particulier sous la présidence de Lyndon Johnson, en application du programme de Grande Société :

– assistance médicale gratuite, d'abord en faveur des personnes âgées de plus de 65 ans (*Medicare*), puis en faveur des nécessiteux (*Medicaid*),

– distribution de bons alimentaires (*food stamps*) aux personnes situées en dessous du seuil de pauvreté,

– efforts en faveur du logement, de l'éducation, de la réhabilitation des centres-villes menacés par le phénomène de ghettos.

On ne peut que constater, en 1969, que ces remèdes n'ont pas suffi à inverser la tendance. Peut-être n'ont-ils pas été poursuivis assez longtemps pour avoir une pleine efficacité. Dès 1968, l'arrivée au pouvoir d'une administration républicaine, conduite par Richard Nixon, sur fond de conservatisme croissant, remet en cause une partie de l'effort des années précédentes qui, d'ailleurs, du fait de l'inflation, avait des effets de plus en plus limités.

CONCLUSION

La répartition des revenus annuels entre les ménages est loin d'être la seule mesure possible des inégalités sociales, aux États-Unis comme ailleurs. On peut aussi recourir à d'autres indicateurs, en particulier, lorsque les statistiques le permettent, aux inégalités de patrimoines. Du moins, malgré toutes ses imperfections, révèle-t-elle le caractère trompeur de l'image de la société d'abondance. Derrière elle, les chiffres permettent de constater, malgré les efforts consentis, la réalité du creusement progressif des inégalités.

Indications bibliographiques

J. HEFFER, *Les États-Unis de Truman à Bush*, Paris, A. Colin (coll. « Cursus »), 1990.

P. LEON (coord.), *Histoire économique et sociale du monde*, Paris, A. Colin, 1977, t. 6 : *Le second XXe siècle, de 1947 à nos jours.* (Excellent chapitre sur les États-Unis, rédigé par Claude Fohlen)

Cl. FOHLEN, *La société américaine 1865-1970*, Paris, Arthaud, 1973. (Fondamental pour le sujet)

Document 15

La population française en 1962

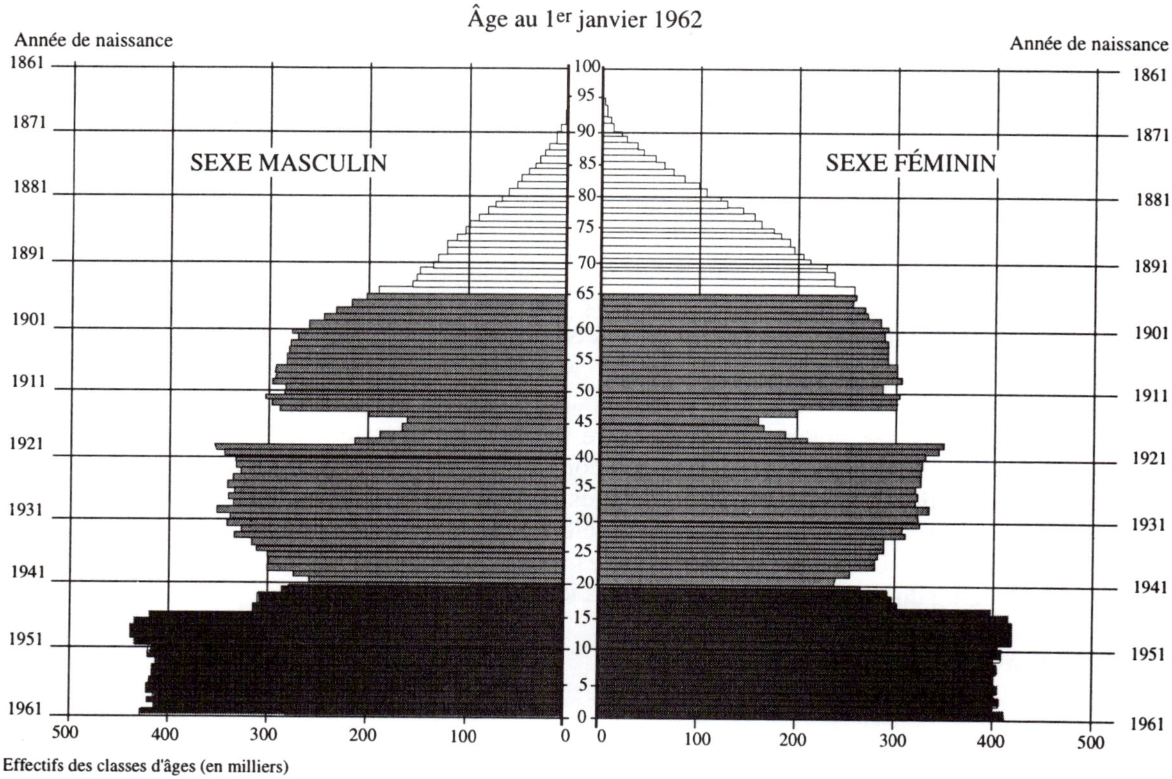

Données extraites de l'*Annuaire statistique de la France*, édition rétrospective, INSEE, 1966, p. 56-57.

CONSEILS DE MÉTHODE

Construites par les démographes à intervalles réguliers (en principe, en France, lors de chaque recensement, avec actualisation annuelle durant la période intercensitaire), *les pyramides des âges* sont des histogrammes de type particulier. Il suffit, pour s'en apercevoir, de les faire pivoter d'un angle droit. On retrouve alors les rectangles accolés « en marches d'escalier » utilisés pour représenter un phénomène continu, à la superficie proportionnelle à l'effectif de chaque classe. Les classes dont il s'agit ici sont les différents âges de la vie et les effectifs le nombre d'individus de chaque sexe les ayant atteint. Pour donner au graphique plus d'expressivité, on a pris l'habitude d'inverser le mode de présentation et d'accoler les deux histogrammes autour de leur axe vertical. Celui-ci est donc utilisé pour les classes d'âge. Quant aux deux demi-axes horizontaux, on y reporte les effectifs, du côté gauche pour les hommes, du côté droit pour les femmes. Chaque classe d'âge ayant la même amplitude, l'interprétation de la pyramide n'est pas compliquée par la nécessité de tenir compte d'une correction éventuelle.

Les pyramides des âges sont toujours fournies sans tableaux de chiffres complémentaires qui auraient d'ailleurs peu d'intérêt. Leur observation doit être *la plus minutieuse possible*. Il faut repérer avec précision les âges significatifs, calculer, lorsqu'elles ne sont pas fournies comme ici, les années de naissance correspondantes, avant de chercher à expliquer les phénomènes constatés. Il faut aussi mesurer les effectifs de chaque sexe ou replier la pyramide autour de son axe pour, en l'examinant en transparence, repérer l'âge à partir duquel une dissymétrie entre hommes et femmes se manifeste.

Il faut enfin prendre garde *aux confusions*. Des « trous » dans la pyramide ne correspondent pas toujours aux guerres. Il peut s'agir aussi d'autres cataclysmes tels que les famines ou les épidémies. Surtout, ces échancrures, limitées à quelques classes d'âge, n'ont rien à voir avec les soldats morts au combat ou les civils tués lors des bombardements. Il s'agit du déficit de naissances lié à la séparation des couples pendant les conflits. Enfin, un peu de bon sens évite souvent des erreurs caricaturales : il serait vain de rechercher, sur la pyramide des âges actuelle de la France, la trace des combats de la Première Guerre mondiale. Leurs survivants ont aujourd'hui plus de 97 ans… On l'observait encore, par contre, sur celle de 1962, à travers la disproportion entre hommes et femmes âgés de plus de 62 ans. Mais cet écart entre les effectifs des deux sexes était déjà beaucoup plus lié à d'autres phénomènes qu'il ne résultait de la guerre elle-même.

COMMENTAIRE

INTRODUCTION

Au 1er janvier 1962, la guerre d'Algérie approche de sa fin : pour la première fois depuis vingt-trois ans, la France va connaître une longue période de paix. Au même moment, la croissance économique est vive : les Trente Glorieuses rentrent dans leur phase la plus brillante, permettant à la société d'accéder pleinement à l'ère de la consommation de masse. Le moment, qui coïncide avec un recensement, semble bien choisi pour dresser un état de la population.

C'est ce que fait la pyramide des âges. Celle qui est reproduite ici figure dans l'*Annuaire statistique de la France* publié par l'INSEE. *La source* est donc déjà élaborée. On peut étudier cette pyramide en s'attachant d'abord à sa forme générale, puis à ses échancrures, enfin à la dissymétrie entre les sexes qui la caractérise.

I. LA FORME GÉNÉRALE DE LA PYRAMIDE

– *la base*, de 0 à 16 ans, est large : les naissances ont été nombreuses de 1946 à 1962. Chaque année, elles sont comprises entre 800 et 860 000 individus, contrastant fortement avec l'avant-guerre (612 000 en 1938). Le phénomène est commun à la France et aux autres pays développés : c'est le *baby-boom*, redressement inattendu de la fécondité des ménages qui, loin d'être une récupération passagère après le conflit, s'est manifesté dès 1942 et poursuivi jusqu'au milieu des années 1960. La quasi-verticalité des flancs de la pyramide pour les enfants âgés de moins de 11 ans, ceux qui sont nés après 1950, traduit bien cette prolongation du *baby-boom*. Il en résulte une pyramide « en as de pique » : tandis que les générations d'adultes sont peu nombreuses, l'effectif des enfants est pléthorique. La base de la pyramide semble solidement établie.

– *la partie médiane*, entre 17 et 51 ans, est étroite : outre les profondes échancrures qui l'entaillent, on y constate des effectifs anormalement faibles, les effets de la mortalité n'étant guère encore susceptibles de s'exercer à ces âges. De plus, un net contraste s'observe entre les effectifs des 23-31 ans, qui ont tendance à décroître, et ceux des 32-42 ans, qui paraissent plus stables. Le calcul des dates de naissance respectives fournit l'explication. Les Français âgés de 23 à 31 ans en 1962 sont nés entre 1931 et 1939, au plus fort de la crise démographique française : non seulement arrivaient à l'âge d'avoir des enfants des couples peu nombreux, car eux-mêmes issus des « classes creuses » de la Première Guerre mondiale, mais, de plus, la fécondité de ces couples était peu élevée. Ainsi, de 1935 à 1939, chaque année, le nombre des naissances était inférieur à celui des décès. Par contre, les Français âgés de 32 à 42 ans en 1962 sont nés entre 1920 et 1930, moment où l'on assiste temporairement à un redressement de la natalité après les hécatombes de la Grande Guerre.

– *la partie supérieure*, au-dessus de 52 ans, se caractérise par une diminution assez régulière, jusqu'à atteindre une pointe effilée autour de 90-95 ans. On retrouve ici, de manière dissemblable entre hommes et femmes, les effets de la mortalité frappant chaque classe d'âge. La concavité des flancs, dans cette partie supérieure, traduit bien la régularité du phénomène.

II. LES ÉCHANCRURES SYMÉTRIQUES DE LA PYRAMIDE

Affectant de la même manière les hommes et les femmes, elles sont liées, non pas aux pertes directes des guerres, mais au déficit des naissances et aux « classes creuses » qui en résultent.

– *de 43 à 47 ans*, l'échancrure la plus profonde, se traduisant par des classes d'âge moitié moins nombreuses que la normale, correspond à la Première Guerre mondiale. Il s'agit du déficit de naissances des années 1915-1919. L'année 1914, étant donné le mois du début de la guerre, n'est pas concernée. Par contre, les « classes creuses » se sont prolongées au-delà de l'armistice, jusqu'en 1919. C'est qu'à la séparation des couples liée à la guerre a succédé la terrible épidémie dite de « grippe espagnole », responsable d'environ 400 000 décès en France, et évidemment peu propice à la reprise des conceptions. On remarque que le creux le plus profond de cette première échancrure correspond à l'âge de 46 ans, donc à l'année de naissance 1916, celle de Verdun et de la Somme.

– *de 17 à 22 ans*, une deuxième échancrure, moins marquée, affecte les deux côtés de la pyramide. Sans doute une partie de son aspect est-elle due au fait que, comme on l'a vu, les Français âgés de 23 à 31 ans en 1962 sont déjà peu nombreux, faisant d'autant moins ressortir le creux des 17-22 ans. Il s'agit ici du déficit de naissances des années 1940-1945. Les couples ont été souvent séparés durant ces six années : deux millions de Français sont alors retenus prisonniers en Allemagne. Il faut aussi tenir compte des déportations, des départs vers la clandestinité ou l'étranger, des multiples bouleversements de ces années tragiques. Pourtant, on le sait, dès 1942, au moment le plus noir du conflit, on enregistre un redressement de la fécondité : le *baby-boom* a commencé en pleine guerre. Mais, comme il n'a concerné que des effectifs réduits, il n'a pu avoir que des effets quantitativement limités.

III. LA DISSYMÉTRIE DE LA PYRAMIDE

– *à partir de l'âge de 50 ans*, on constate que, pour chaque classe d'âge, les effectifs du sexe féminin l'emportent nettement sur ceux du sexe masculin. Le phénomène est surtout apparent entre 62 et 68 ans. Il est de grande ampleur : par exemple, les Français âgés de 67 ans en 1962 sont presque deux fois moins nombreux que les Françaises du même âge. Cette dissymétrie a d'importantes conséquences pour le sommet de la pyramide : mince et effilé du côté des hommes, il est plus épais de celui des femmes.

– *la surmortalité masculine* fournit la principale explication. Présente dans tous les pays industrialisés, elle est davantage marquée en France qu'ailleurs. Un écart de sept années en 1962 sépare l'espérance de vie des deux sexes : 67 ans seulement pour les hommes, 74 ans pour les femmes. L'écart n'était que de cinq ans en 1945. Il passe à six dès 1952, à sept en 1960. On le sait : il est aujourd'hui de huit ans. Les spécialistes hésitent sur ses causes : effet différentiel des principales maladies ? taux d'activité plus élevés chez les hommes que chez les femmes ? Pourtant, les progrès récents de l'activité professionnelle de ces dernières ne semblent pas avoir affecté le phénomène.

– *les pertes directes de la Première Guerre mondiale* ajoutent leurs effets à ceux de la surmortalité : elles concernent les Français âgés de plus de 62 ans, ceux qui, ayant atteint l'âge d'être mobilisés en 1918, ont pu encore partir au combat. Ce sont ces pertes directes qui creusent l'écart entre hommes et femmes entre 62 et 68 ans (hommes âgés de 18 à 24 ans en 1918). Quant aux *pertes directes de la Seconde Guerre mondiale*, elles devraient se trouver autour de 35 ans et plus (Français âgés de 18 ans au moins à la fin de la Seconde Guerre mondiale). On constate qu'elles sont indécelables et n'entraînent pratiquement aucune dissymétrie entre les sexes : non seulement ces pertes ont été bien moindres qu'en 1914-1918, mais de plus elles confondent leurs effets avec ceux de la dénatalité de la France des années 1930.

CONCLUSION

La pyramide des âges de la population française en 1962 permet de retrouver une bonne part de l'histoire démographique du pays depuis le début du XXe siècle. Instantané pour le présent, elle est en même temps un témoignage du passé. C'est à ce titre qu'elle représente un document précieux pour l'historien, soit qu'il limite son étude, comme ici, à une date déterminée, soit qu'il l'étende en comparant les aspects successifs de la pyramide des âges au fil du temps.

Indications bibliographiques

A. ARMENGAUD et A. FINE, *La population française au XXe siècle*, Paris, P.U.F. (coll. « Que sais-je ? » n° 1167), 1965. (Multiples rééditions)

J. DUPÂQUIER (coord.), *Histoire de la population française*, Paris, P.U.F., 1988, t. 4 : *De 1914 à nos jours*. (Beaucoup plus fouillé. À consulter sur certains points seulement)

Document 16

LA CONSOMMATION DES MÉNAGES FRANÇAIS PAR FONCTIONS EN 1949, 1969 ET 1989

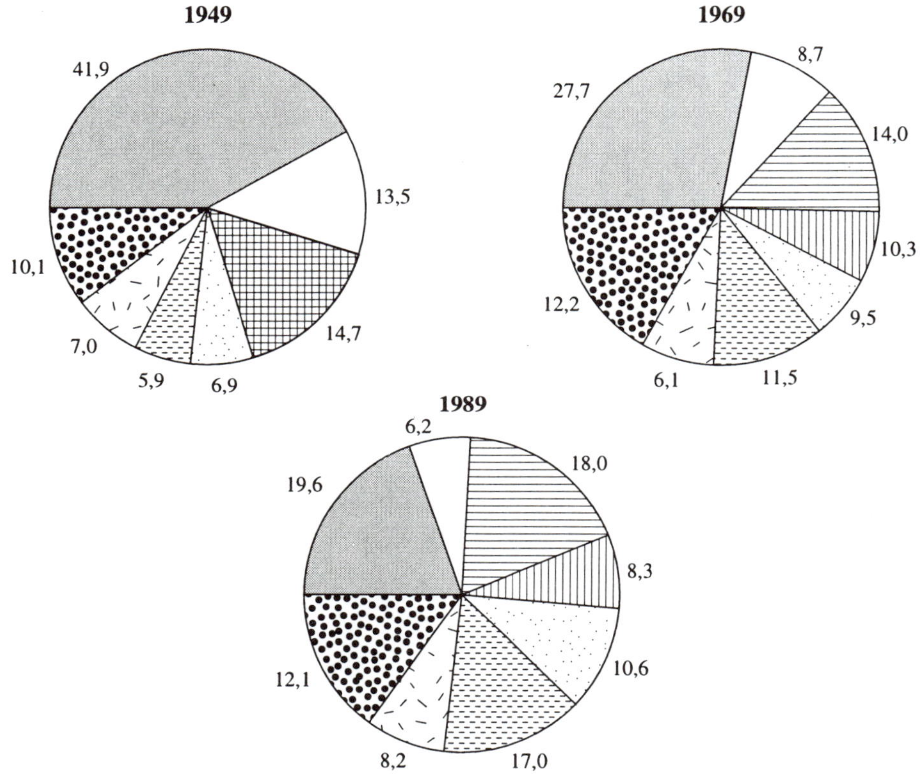

Les chiffres présentent les % des différentes catégories de dépenses dans les budgets annuels des ménages.

- Alimentation
- Habillement
- Habitation (1949)
- Logement (en 1969 et 1989)
- Equipement du logement (en 1969 et 1989)
- Santé
- Transports et télécommunications
- Culture et loisirs
- Divers

Données extraites de : *Annuaire statistique de la France*, édition rétrospective 1948-1988, INSEE, 1990, p. 270-272.

CONSEILS DE MÉTHODE

Les documents reproduits ici sont des *graphiques en cercles*, élaborés à partir de chiffres fournis par les annuaires statistiques de l'INSEE. Ils permettent de représenter des proportions entre plusieurs grandeurs, chacune d'entre elles correspondant sur le cercle à un secteur angulaire et étant reportée, après application d'une règle de trois pour convertir en degrés les pourcentages. Les grandeurs dont il s'agit correspondent à la consommation des ménages en France à différentes dates et, plus précisément, à *la consommation par fonctions*. Que désigne ce dernier terme ?

Lorsque l'on veut recenser les postes entre lesquels se ventile la consommation à une date déterminée, plusieurs types de classification sont envisageables. On peut, par exemple, répartir les biens consommés *selon leur nature* : biens de consommation courante, à la durée de vie réduite, comme les produits alimentaires, les vêtements, les chaussures, les articles de toilette, les médicaments, les combustibles, le tabac ; biens de consommation durables, tels que les articles électroménagers, les meubles, les appareils audiovisuels, les automobiles ; biens immatériels tels que les dépenses médicales et hospitalières, les frais d'hygiène, l'enseignement, les transports collectifs, les loyers, les services de banque et d'assurance, les loisirs...

On peut aussi considérer l'origine des biens *selon le secteur* dont ils proviennent : biens originaires du secteur primaire comme les produits agricoles non transformés, le bois, le poisson, l'énergie ; biens manufacturés fournis par le secteur secondaire dans ses différentes branches ; services enfin, fournis par le secteur tertiaire, soit à des conditions de marché, c'est-à-dire à des prix correspondant à leur valeur économique réelle (services marchands), soit à des conditions forfaitaires, souvent fort inférieures à leur valeur réelle (services non marchands, fournis notamment par les administrations).

On peut enfin raisonner à partir de *la destination faite aux biens* par les ménages. C'est le mode de classement adopté ici. On donne à cette destination le nom de fonction budgétaire. Six ont été distinguées, l'habitation, vu sa lourdeur croissante, ayant été elle-même subdivisée en 1969 et 1989 entre les dépenses engagées pour le logement proprement dit et celles entraînées par son équipement. Enfin une dernière catégorie « fourre-tout » regroupe les dépenses dispersées ou impossibles à ventiler en un poste « Divers ».

Les coefficients budgétaires sont les parts prises dans les budgets familiaux par chacune de ces fonctions. Précisons enfin que, pour résoudre les problèmes posés par l'évolution des prix relatifs, ceux de certains biens, comme les appareils électroniques et audiovisuels, progressant plus lentement que ceux d'autres biens, comme les services, on doit revoir périodiquement les modes d'évaluation. C'est ce qui explique que les coefficients budgétaires, aux dates considérées, espacées sur une période relativement longue, aient été calculés selon des prix différents, respectivement ceux en vigueur en 1956, 1970 et 1980, années utilisées comme base par les services de l'INSEE pour les décennies correspondantes.

COMMENTAIRE

INTRODUCTION

Les enquêtes sur les budgets familiaux sont anciennes. Dès le milieu du XIXe siècle, elles furent employées par l'école de Le Play, souvent considéré comme le père de la sociologie moderne. La tradition s'en est poursuivie ensuite, d'autant plus que la consommation, dans l'optique inaugurée par le keynésianisme, est l'une des clés de l'expansion, donc du maintien de la prospérité et de la défense du plein emploi. L'INSEE examine ainsi régulièrement l'évolution des différents postes de la consommation des ménages.

À partir des chiffres relevés et reproduits dans les *Annuaires statistiques* annuels, on a tracé des cercles sur lesquels figurent les pourcentages des principaux postes de consommation en 1949, 1969 et 1989. Le mérite de cette représentation est de faire immédiatement ressortir la profonde recomposition des dépenses de consommation qui a eu lieu durant ces quarante ans. Il s'agit, après en avoir montré l'ampleur, de tenter de l'expliquer, puis d'en indiquer certaines conséquences.

I. UNE PROFONDE RECOMPOSITION DES DÉPENSES DE CONSOMMATION

1 • Les postes en déclin relatif

– *la part de l'alimentation*, encore prépondérante en 1949 avec 42 % du total, est successivement réduite à 28 % en 1969, puis à 20 % vingt ans plus tard. On passe donc d'une valeur proche de la moitié, situation qui existait traditionnellement avant la guerre, à une valeur à peine égale au cinquième.

– *l'habillement* connaît le même sort, avec une part divisée par deux environ de 1949 (13,5 %) à 1989 (6 %). Au lendemain de la guerre, il représentait, derrière l'alimentation et l'habitation, le troisième poste de consommation des ménages. Il se classe à l'avant-dernière place dès 1969, puis à la dernière en 1989. Les ménages français dépensent aujourd'hui proportionnellement moins pour s'habiller que pour se cultiver et se distraire.

2 • Les postes en progrès relatif

– *les transports et télécommunications* ont une part relative qui triple presque en quarante ans, de 6 à 17 %. Cette progression s'est essentiellement faite de 1949 à 1969, puis s'est poursuivie ensuite, mais à un rythme moins rapide.

– *les dépenses en faveur de l'habitation* ont enregistré une multiplication de leur part relative par 1,8 de 1949 à 1989. Leur décomposition en deux catégories, en 1969 et 1989, montre que la progression, durant ces vingt dernières années, est uniquement due aux frais de loyer, de chauffage et d'éclairage. L'équipement du logement, de manière apparemment paradoxale, pèse dans la consommation des ménages moins lourd en 1989 qu'en 1969.

– *la santé* voit sa part relative multipliée par 1,5 de 1949 à 1989, progression relative modeste, surtout si on la compare à celle des transports et télécommunications (multiplication par 2,9).

3 • Les postes en stagnation

Les parts relatives de la culture et des loisirs d'une part, des dépenses diverses de l'autre, n'évoluent guère en quarante ans : leurs coefficients de multiplication respectifs (1,1 et 1,2) sont proches, leur importance relative faible et parfois déclinante. Ainsi le poste « Culture et loisirs », déjà au dernier rang en 1969, reste avant-dernier en 1989, date à laquelle il ne gagne en importance relative qu'à cause du déclin rapide des dépenses d'habillement.

II. DES EXPLICATIONS MULTIPLES

1 • La croissance des revenus

De 1949 à 1989, le revenu individuel des Français a quadruplé en francs constants : formidable augmentation, pour l'essentiel réalisée entre 1949 et 1969 (multiplication par 2,5), puis ralentie, mais persistante malgré la « crise » durant les vingt années suivantes (multiplication par 1,7). Cela a permis aux ménages de consommer de plus en plus de biens non strictement nécessaires à leur existence quotidienne, tandis que la consommation de produits alimentaires et, dans une moindre mesure, de vêtements n'a guère progressé, restreinte qu'elle est par les possibilités physiques de chacun. On a ici l'application de *la loi d'Engel*, du nom d'un statisticien allemand du XIXe siècle, selon laquelle plus le revenu des ménages augmente, plus les coefficients budgétaires des dépenses vitales, l'alimentation et l'habillement, diminuent. Il faut éviter de croire que chaque ménage dépense moins pour se nourrir et s'habiller en 1989 qu'en 1949 : il dépense en réalité bien davantage en valeur absolue, mais relativement aux autres catégories de dépenses, l'effort qu'il consent pour les deux premières fonctions a fortement régressé.

2 • L'évolution des prix relatifs

Comme l'a montré Jean Fourastié, sur longue période, la structure des prix relatifs évolue en fonction des gains de productivité réalisés par les différents secteurs. L'industrie, surtout dans ses branches modernes, peut ainsi offrir aux consommateurs des produits qui, comparés à ceux des services et du secteur primaire, ont des prix relatifs orientés à la baisse. Les automobiles, postes de télévision, lave-vaisselle, calculettes de poche, mini-ordinateurs sont proposés à des prix qui, déduction faite de l'inflation, sont de plus en plus bas au fil des ans. D'où un essor massif des taux d'équipement correspondants : 21 % des ménages possédaient une automobile en 1953, 55 % en 1969, 75 % en 1989. Mais cependant, étant donnée l'évolution à la baisse relative des prix, la part de certains postes dans la consommation décline, celle de l'équipement du logement par exemple. Au contraire, d'autres prix relatifs augmentent : outre ceux des services, c'est le cas, lors des chocs pétroliers de 1973-1974 et de 1979-1980, de l'énergie, d'où sans doute la progression du chauffage et de l'éclairage et, en partie, celle des transports de 1969 à 1989.

3 • Le progrès technique et le mode de vie

En un demi-siècle, les conditions d'existence des Français ont changé de fond en comble. En 1949, la misère était extrême, au lendemain des ravages de la guerre et de l'Occupation. En 1989, l'existence quotidienne se déroule dans un monde plus éloigné de celui de 1949 que celui-ci ne l'était du siècle précédent : un monde où l'on se déplace beaucoup, d'un point à l'autre du pays et à l'étranger, pour ses loisirs et, parfois, son travail quotidien ; où l'on habite dans des agglomérations urbaines étendues imposant l'usage de l'automobile ; où l'on communique sans cesse, par lettre, téléphone, fax ou ordinateur... De multiples produits jugés aujourd'hui nécessaires n'existaient pas encore il y a quarante ans. Pourtant la place faite à la culture et aux loisirs reste modeste, peut-être en partie parce que certains loisirs ont connu une régression du fait de l'équipement croissant des foyers : téléviseurs et magnétoscopes font concurrence aux salles de cinéma.

III. DE NOMBREUSES CONSÉQUENCES

1 • Pour les branches d'activité

La recomposition des dépenses des ménages affecte négativement certaines branches industrielles comme le textile et l'habillement, la chaussure et la maroquinerie qui, de plus, sont confrontées à la concurrence venant d'Europe méditerranéenne (Italie, Espagne) ou d'outre-mer (Afrique du Nord, Extrême-Orient). Inversement, la montée relative des dépenses de transports et télécommunications soutient l'activité de la construction automobile et de la construction électrique, en ce qui concerne la fabrication d'appareils comme les téléphones, fixes ou portables, et les télécopieurs.

Quant aux activités non industrielles, l'évolution des coefficients budgétaires les place dans des positions fort dissemblables. L'agriculture et les industries agro-alimentaires doivent chercher à l'étranger des débouchés pour des produits qui, en France même, ne sont plus guère « porteurs », même s'agissant d'articles comme la viande, les jus de fruits, les laitages, à plus forte raison pour des produits de base comme le pain, les pommes de terre ou le sucre. Inversement, certaines catégories de services, la santé notamment, progressent, à la fois parce que leurs prix relatifs augmentent, parce que leur demande est soutenue par différents mécanismes institutionnels (remboursement des dépenses médicales et hospitalières) et parce que la population vieillit.

2 • Pour la démographie

La recomposition des dépenses des ménages stimule les progrès de l'espérance de vie. Rappelons qu'en 1949, année de misère, il est vrai, celle-ci n'atteignait que 62 ans pour les hommes, 67 ans pour les femmes, alors qu'en 1989, les chiffres correspondants sont 72 et 81 ans. Par un choc en retour, ce vieillissement accentue la montée relative de certains postes de dépenses dans les budgets familiaux (loisirs et santé), tandis qu'il en fait reculer d'autres (habillement, du fait de la disparition des familles nombreuses).

3 • Pour la croissance économique

L'évolution décrite par ces chiffres est celle d'une société aisée, urbanisée, dotée d'un degré de confort qui, malgré la « crise » actuelle, aurait semblé inimaginable aux générations précédentes. Elle ne garantit pourtant ni la prospérité, ni le plein emploi. Les cycles conjoncturels, atténués jusqu'en 1975, sont réapparus depuis. Peut-être cela suggère-t-il que, malgré l'importance que lui accorde la théorie keynésienne, la consommation n'est pas seule à soutenir la croissance. Il peut donc y avoir décalage entre les progrès du niveau de vie et l'évolution globale de l'économie.

CONCLUSION

La consommation des ménages français, de 1949 à 1989, a connu de très profondes transformations, de portée historique. Elles ont enfin permis à la France d'accéder à l'ère de la consommation de masse qu'avaient déjà connue, à beaucoup d'égards, les États-Unis durant les années 1920. Elles correspondent à de nombreux phénomènes, tant économiques que sociaux ou démographiques. Tout comme au siècle passé, l'étude des budgets familiaux fournit ainsi aux observateurs un bon témoignage des réalités du monde d'aujourd'hui.

Indications bibliographiques

P. GUILLAUME, *Histoire sociale de la France au XXe siècle*, Paris, Masson, 1993.

J. FOURASTIÉ, *Les Trente Glorieuses ou la révolution invisible de 1946 à 1975*, Paris, Hachette (coll. « Pluriel »), 1982. (Multiples rééditions)

Document 17

LE COMMERCE IMPÉRIAL BRITANNIQUE EN 1929 ET EN 1938

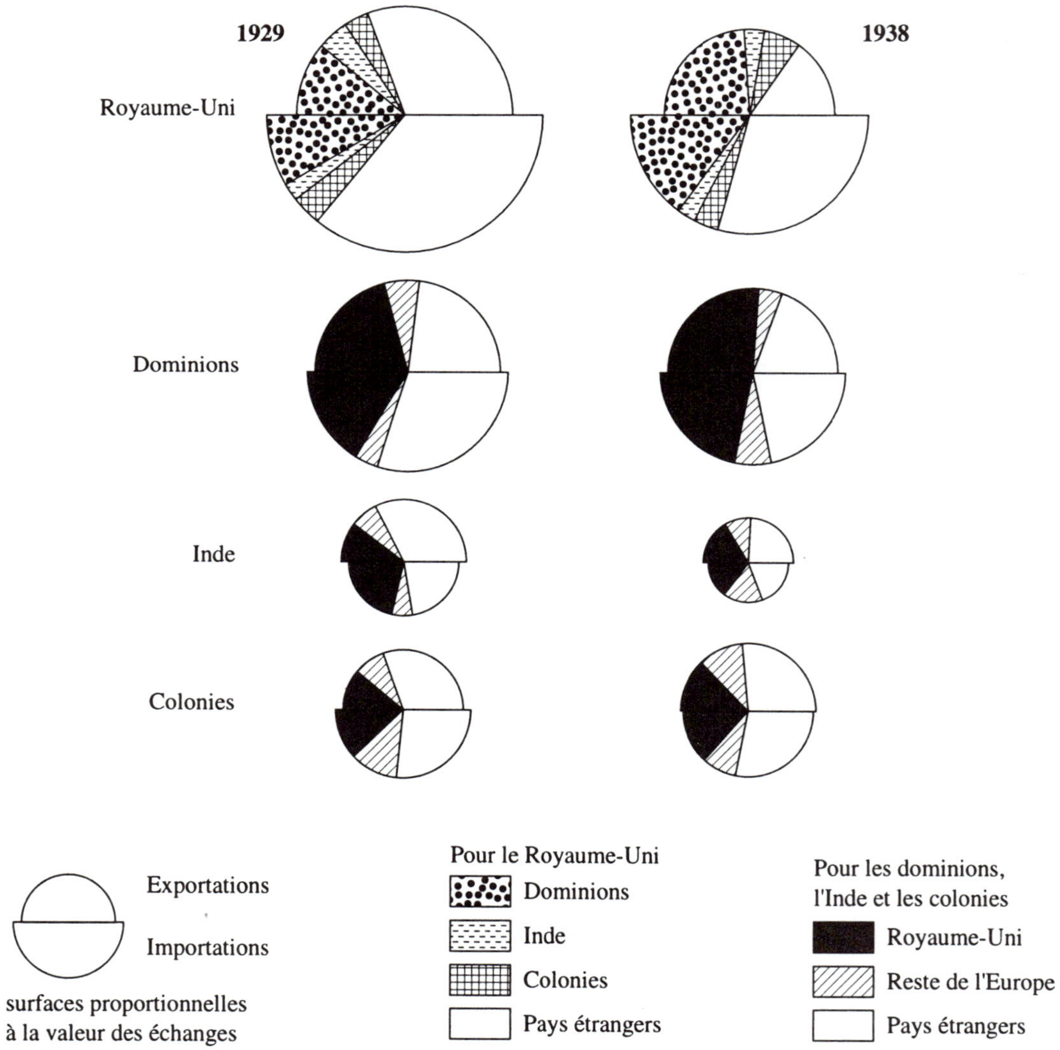

		1929		1938	
		Millions de £	% du total	Millions de £	% du total
I – Royaume-Uni					
Exportations :	Dominions	205	24,4	257	49,7
	Inde	77	9,2	35	6,7
	Colonies	66	7,8	69	13,4
	Pays étrangers	492	58,6	156	30,2
	Total	840		517	
Importations :	Dominions	222	18,2	278	30,2
	Inde	50	4,1	42	4,5
	Colonies	86	7,1	73	8,0
	Étranger	862	70,6	527	57,3
	Total	1220		920	
II – Dominions					
Exportations :	Royaume-Uni	263	44,2	278	53,0
	Reste de l'Empire	62	10,4	47	9,0
	Étranger	270	45,4	199	38,0
	Total	595		524	
Importations :	Royaume-Uni	205	34,2	257	45,1
	Reste de l'Empire	46	7,7	69	12,1
	Étranger	347	58,1	244	42,8
	Total	598		570	
III – Inde					
Exportations :	Royaume-Uni	50	21,7	42	34,1
	Reste de l'Empire	33	14,1	22	18,3
	Étranger	150	64,2	58	47,6
	Total	233		122	
Importations :	Royaume-Uni	77	42,8	35	30,5
	Reste de l'Empire	17	9,5	32	27,6
	Étranger	86	47,7	48	41,9
	Total	180		115	
IV – Colonies					
Exportations :	Royaume-Uni	57	22,5	70	26,3
	Reste de l'Empire	40	15,9	43	16,2
	Étranger	155	61,6	154	57,5
	Total	252		267	
Importations :	Royaume-Uni	64	24,5	74	28,3
	Reste de l'Empire	59	22,3	45	17,1
	Étranger	140	53,2	143	54,6
	Total	263		262	

Données extraites de : François CROUZET, *L'économie du Commonwealth*, P.U.F. (Coll. « Que sais-je »), 1950.

CONSEILS DE MÉTHODE

Les diagrammes semi-circulaires utilisés ici pour représenter l'évolution du commerce impérial britannique durant les années 1930 ne posent pas de problèmes d'interprétation différents de ceux des diagrammes circulaires. Tout comme sur ces derniers, on reporte sur des demi-circonférences des données chiffrées après les avoir converties en mesures angulaires. On remarque que, puisque l'on dispose des chiffres bruts, exprimés en livres sterling, du commerce extérieur des différentes parties de l'Empire, il est possible d'en montrer l'évolution générale et le poids occupé par chacune de ces parties en proportionnant les superficies des demi-cercles aux valeurs réelles. Le mode de disposition graphique permet d'apprécier immédiatement si le commerce extérieur de telle ou telle partie de l'Empire est équilibré, excédentaire ou déficitaire, puisque l'on a superposé demi-cercles supérieurs, utilisés pour les exportations, et demi-cercles inférieurs, utilisés pour les importations.

On peut s'interroger enfin sur l'identité des *ensembles géographiques concernés*. Rappelons que, depuis le Statut de Westminster de 1931, l'Empire britannique a reçu le titre de *British Commonwealth of nations*. Cet ensemble regroupe autour du Royaume-Uni et de ses colonies l'Inde et les dominions, c'est-à-dire tous les territoires qui reconnaissent leur commune allégeance à la couronne britannique. Le Royaume-Uni, composé de la Grande-Bretagne et de l'Irlande, réduite à sa partie nord depuis 1921, conserve sous sa domination directe les *colonies de la Couronne*, elles-mêmes de statuts variés. Celles-ci sont réparties dans les cinq parties du monde. On en trouve en Afrique (Nigeria, Gold Coast, Sierra Leone, Kenya, Ouganda...), en Asie (Hong Kong, Singapour, Aden), en Amérique (Jamaïque, Bermudes, Guyana), en Océanie (îles Fidji, Gilbert, Salomon), et même en Europe (Gibraltar, Malte, Chypre). *L'Empire des Indes*, composé d'une mosaïque de territoires divers, réunit sous l'autorité du vice-roi cinq futurs États indépendants : Union indienne, Pakistan, Bangladesh, Sri-Lanka, Birmanie. *Les dominions* sont des pays de peuplement blanc, en majorité d'origine anglo-saxonne, qui ont le statut d'États souverains, possèdent leurs propres institutions, gèrent leurs affaires comme ils l'entendent, y compris en politique étrangère, même s'ils ont pour commun souverain le roi d'Angleterre. Ils ont été progressivement constitués sous cette forme depuis la fin du XIXe siècle et sont au nombre de cinq : Canada, Terre-Neuve (rattachée au Canada après 1949), Australie, Nouvelle-Zélande, Union sud-africaine.

COMMENTAIRE

INTRODUCTION

En août 1932, un an après la débâcle monétaire qui l'a obligé à renoncer à l'étalon-or et à laisser la livre flotter sur le marché des changes, le Royaume-Uni signe avec les représentants des cinq dominions et de l'Inde un ensemble de traités de commerce connus sous le nom d'accords d'Ottawa. Moyen essentiel de lutte contre la crise, ces accords provoquent d'importantes mutations dans le commerce extérieur des pays concernés.

On peut les mesurer à travers les chiffres établis par François Crouzet, grand spécialiste de l'histoire économique britannique, dans un ouvrage consacré à *L'économie du Commonwealth*. Le tableau ci-joint en est extrait. Pour le rendre plus expressif encore, on a fait figurer ces chiffres sur des diagrammes semi-circulaires. À travers eux, s'observent les mutations du commerce impérial britannique au cours des années 1930. Elles procurent aux différents partenaires des bénéfices inégaux. Elles n'en renforcent pas moins considérablement la cohésion de cet ensemble qui s'est appelé longtemps l'Empire et est alors devenu le *British Commonwealth of nations*.

I. UNE TRIPLE MUTATION

– *le volume des échanges* : la crise frappe le monde entier durant les années 1930, des vieux pays industrialisés comme le Royaume-Uni aux puissances émergentes comme les dominions et aux futurs pays du tiers monde comme l'Inde et les colonies de la Couronne. Elle entraîne une contraction globale des échanges commerciaux, à cause de la montée du protectionnisme et du manque de débouchés. Les accords d'Ottawa limitent, voire même inversent la tendance. En les signant, le Royaume-Uni accepte de ne pas soumettre les importations en provenance du Commonwealth à son nouveau tarif douanier. Réciproquement, les dominions et l'Inde accordent aux produits britanniques des droits de douane réduits. Il en résulte une évolution du volume des échanges à l'intérieur du Commonwealth qui contraste avec ceux entre le Commonwealth et le reste du monde. De 1929 à 1938, les exportations britanniques vers le reste du monde s'effondrent (- 68 %) ; elles se maintiennent vers le Commonwealth (+ 4 %). Durant la même période, les importations britanniques en provenance du reste du monde reculent de 39 % ; celles en provenance du Commonwealth augmentent de 10 %.

– *la direction des échanges* : la part du Commonwealth augmente dans les échanges de tous ses membres, à de rares exceptions près. À la veille de la crise, l'Empire représentait une part comprise entre 36 % (Inde) et 55 % (dominions) des exportations de ses membres. En 1938, le Commonwealth absorbe 70 % des exportations britanniques, 62 % de celles des dominions, 52 % de celles de l'Inde. Seules les colonies de la Couronne, avec 42 %, restent en dessous de la barre des 50 %. On pourrait faire le même raisonnement pour les importations.

– *l'équilibre des échanges* : les accords d'Ottawa ont ici des conséquences *a priori* négatives. Le déficit commercial britannique progresse de 5 % entre 1929 et 1938. Celui des dominions est décuplé. L'Inde, largement excédentaire en 1929, ne l'est plus que très modestement en 1938. Les colonies de la Couronne sont les seules à équilibrer leurs échanges en 1938, contrairement à leur situation en 1929. En fait, loin de conclure ici à un échec, il faut parler de résultat positif car, à l'intérieur de la zone sterling, les déficits commerciaux se règlent en livres, et donc n'entraînent aucune ponction sur les réserves en or ou en devises fortes.

II. DES BÉNÉFICES INÉGALEMENT PARTAGÉS

– *le Royaume-Uni* : l'intérêt principal des accords d'Ottawa réside pour lui dans les prix auxquels il peut se procurer des produits de base, alimentaires, énergétiques, miniers, etc., auprès du Commonwealth. Au lieu de les acheter au cours mondial, à des prix encore augmentés par ses propres tarifs douaniers, il les paye à bas prix, à la fois du fait des franchises douanières et de la présence de firmes britanniques dans tous ces territoires. Le pouvoir d'achat des masses britanniques est préservé grâce au blé canadien, au thé indien, au sucre jamaïcain, à la viande de mouton néo-zélandaise, et les prix de revient industriels restent faibles. De plus, grâce aux exportations vers le Commonwealth, de nombreuses branches d'activité retrouvent des débouchés qu'elles ont perdu vers le reste du monde. C'est en partie grâce aux accords d'Ottawa que l'économie britannique parvient à surmonter la crise et que la production industrielle, en 1938, est de 16 % supérieure à celle de 1929.

– *les dominions* : pour eux, les accords d'Ottawa ont un intérêt surtout quantitatif. Ils leur permettent de vendre sur le marché britannique et dans l'ensemble du Commonwealth des contingents accrus de leurs grands produits d'exportation. Les prix unitaires en sont bas, mais l'essor des quantités rend l'opération profitable. De plus, en maintenant de faibles barrières douanières à l'égard des produits britanniques, les dominions préservent leurs chances d'industrialisation. À long terme cependant, les accords d'Ottawa entraînent la persistance de dépendances qui peuvent s'avérer dangereuses, notamment en cas de conflit.

– *l'Inde et les colonies de la Couronne* : ces deux ensembles ne bénéficient pas au même degré que les dominions des accords d'Ottawa. Ils vendent en effet des produits de base aux débouchés peu susceptibles d'extension et aux cours éminemment instables : cacao de Gold Coast, arachides du Nigeria, caoutchouc de Malaisie, coton et jute de l'Inde. Leur balance commerciale est fragile, en particulier celle de l'Inde qui demeure déficitaire dans ses rapports avec l'ensemble du Commonwealth, en 1938 comme en 1929. Pour le monde dominé, les accords d'Ottawa semblent beaucoup moins intéressants que pour les pays à peuplement blanc que sont les dominions.

III. UN ENSEMBLE DAVANTAGE SOLIDAIRE

– *l'économie impériale britannique* : déjà puissante avant la crise, elle s'est encore renforcée grâce aux accords d'Ottawa. En 1929, l'Empire fournissait au Royaume-Uni 29 % de ses importations et absorbait 41 % de ses exportations. Neuf ans plus tard, les parts respectives atteignent 43 et 70 %. Le contraste est saisissant avec l'autre grande tentative d'économie impériale née de la crise, celle de la France. En 1938, malgré les efforts gouvernementaux, la part de l'Empire dans le commerce extérieur français n'est encore que de 26 % aux importations et 31 % aux exportations : la France n'atteint pas même le niveau qui était déjà celui du Royaume-Uni à la veille de la crise. Sans doute faut-il incriminer, outre l'absence de dispositions analogues aux accords d'Ottawa, la médiocrité des ressources naturelles et du pouvoir d'achat, incomparablement plus réduits dans l'Empire colonial français que dans le Commonwealth britannique.

– *la présence d'autres mécanismes d'intégration* : aux relations commerciales, viennent s'ajouter les mouvements monétaires et financiers. La zone sterling, même si elle ne sera institutionnalisée qu'en 1940, existe déjà dans les faits, centralisant les mouvements de devises, développant les réserves en livres des instituts d'émission. Les mouvements de capitaux en profitent, d'autant plus que le gouvernement britannique a interdit l'accès du marché financier londonien aux emprunts émis par des collectivités ou des entreprises extérieures au Commonwealth. Les grandes firmes multinationales britanniques développent donc massivement leurs activités, contribuant à la mise en valeur des richesses naturelles (Unilever, Shell, Tate and Lyle…).

– *des exceptions cependant* : l'Inde, qui n'a que médiocrement profité des accords d'Ottawa, tend à se détacher de l'emprise économique britannique durant les années 1930, en un mouvement que les campagnes nationalistes de boycott des produits anglais ne peuvent qu'encourager. Un rival apparaît en effet : le Japon qui développe rapidement ses exportations d'articles manufacturés sur tous les marchés asiatiques. Dès 1934, il conclut, avec l'administration du vice-roi, un accord commercial lui permettant d'accroître ses ventes de cotonnades, en échange de livraisons massives de coton brut indien.

CONCLUSION

L'évolution du commerce impérial britannique de 1929 à 1938 montre comment le Royaume-Uni a su mobiliser les atouts de son domaine colonial pour lutter contre la crise. À la veille de la guerre, le Commonwealth représente un grand pôle de richesses et d'échanges, contrôlant une part appréciable des ressources mondiales en produits de base. Cette situation ne pouvait que susciter l'envie des « nations prolétaires » (Allemagne, Italie, Japon) dépourvues d'une telle chance. Ce n'est que beaucoup plus tard, vers 1960, que l'héritage impérial s'avérera un handicap pour une économie britannique désormais désireuse de se reconvertir vers le continent européen.

Indications bibliographiques

P. GRIMAL, *De l'Empire au Commonwealth*, Paris, A. Colin (coll. « U2 »), 1971. (Davantage institutionnel et politique qu'économique)

E. HOBSBAWM, *Histoire économique et sociale de la Grande-Bretagne*, t. 2 : *De la révolution industrielle à nos jours*, Paris, Le Seuil, 1977.

J. MARSEILLE, *Empire colonial et capitalisme français. Histoire d'un divorce*, Paris, Albin Michel, 1984. (À titre de comparaison)

C• Réseaux et cartes

LE DOCUMENT ET LA DÉMARCHE

1 • Les représentations graphiques de réseaux

Éléments d'analyse des graphes de réseaux

Le schéma constitué par un ensemble de points (appelés sommets) et un ensemble de lignes reliant chacune deux points est un graphe. Ces lignes formant liaison peuvent être :

- orientées : représentées par des flèches (documents 18 et 19)
- pondérées : leur épaisseur indiquant la fréquence des échanges ou les quantités échangées (document 19) ;
- transitives (si X est lié à Y et Y à Z, alors X est lié à Z : document 20), ou non.

La forme des lignes (droites : document 20, ligne brisées : document 22, courbes : document 19) n'a pas de signification, pas plus que leur longueur (document 21) — sauf dans le cas de réseaux implantés sur un fond de carte géographique (documents 19 et 20). La distance d'un point à un autre est mesurable par le nombre de liaisons (de chaînons) sur la chaîne qui unit ces deux points. De même, les points peuvent être indifféremment de grosseur égale (document 20), inégale (cas d'un organigramme : document 22) ou virtuelle (les lignes seules étant représentées). Dans certains schémas cependant, la surface des sommets peut être proportionnelle à une quantité et donc être signifiante (document 21).

Être attentif aux choix de l'enquête et du concepteur du graphe.

• *réseau complet ou personnel*

Tout dépend de la nature de l'enquête. Le réseau est dit complet lorsque ont été recherchées, dans une même zone, toutes les interrelations entre individus ou groupes concernés : c'est le cas du document 20 (les relations commerciales dans le département du Nord, 1811). L'analyse de la structure du réseau peut alors être abordée : densité, cohérence, analyse des groupes et de leurs articulations, place de chaque élément dans l'ensemble.

Selon la source utilisée, le réseau représenté peut au contraire résulter d'enquêtes (contemporaines, ou reconstituées par les historiens à partir d'archives) sur les relations d'un échantillon (un ou plusieurs individus, groupes...). Il s'agit alors d'un réseau « personnel» : sa forme est en étoile ou en constellation, le centre de chaque étoile étant l'élément enquêté. Il ne permet pas de connaître les relations entre les sommets de l'étoile (cf. document 18 : réseau de parrainages de quelques familles, Marseille, XVIe siècle).

• *les limites des représentations des réseaux*

En commentant un schéma de ce type, il convient d'avoir toujours présent à l'esprit les frontières définies par le concepteur du graphe. Ces limites sont relatives à la nature des relations étudiées (document 18 : le parrainage, document 20 : le roulage), mais aussi à la délimitation des échantillons enquêtés : individus, groupes, villes, zones géographiques (document 18 : 6 familles, document 20 : le département du Nord). Ces découpages comportent en effet une part d'arbitraire, spécialement dans le cas des réseaux de relations : le concepteur du schéma découpe un espace d'observation délimité par ses choix dans un réseau par définition illimité d'interrelations.

Faire jouer ces frontières d'observations (dans les exemples ci-dessus, choisir un plus grand nombre de familles, ou deux départements) changerait la forme du réseau et l'optique de l'analyse. L'historien se trouve là devant un document éminemment « élaboré », une information déjà traitée.

2 • Les cartes

Les informations fournies par une source historique, lorsqu'elles comportent une répartition dans l'espace, sont souvent transcrites sur un fond de carte : ainsi la géographie électorale est-elle tributaire d'une trame des circonscriptions administratives (cf. document 23 : l'implantation électorale de la SFIO de 1914 à 1956). Selon le thème représenté et les contraintes plus ou moins fortes de sa transcription graphique, il peut y avoir « dématérialisation » de la géographie réelle. Pour des raisons de visibilité, ce fond de carte peut par exemple sous-tendre la répartition spatiale des données sans être lui-même représenté (cf. document 20 : les liaisons commerciales dans le Nord, 1811) ou être réduit à un simple schéma spatial (cf. document 21 : les placements de capitaux à l'étranger en 1914).

Lorsque des réseaux sont représentés sur un fond de carte géographique, la longueur des lignes de liaison et leur orientation prennent un sens, celui de la géographie. Deux exemples de représentation des relations commerciales sont ici proposés : une carte des itinéraires parcourus (document 19 : le commerce des épices au XVIe siècle) et une carte des systèmes de relations (document 20 : les liaisons commerciales dans le Nord, 1811), où les liaisons sont figurées par des droites montrant la diversité, l'importance et l'orientation des relations de chaque ville.

Dans le cas de représentations cartographiques thématiques complexes, les collections de cartes permettent de comparer la répartition spatiale de plusieurs caractères, ou du même caractère à des dates différentes (cf. document 23 : l'implantation électorale de la SFIO de 1914 à 1956).

3 • Grille d'analyse

Introduction

- présentation de la **source** historique (document d'archives, relevé de fouille archéologique, etc.)
- analyse de la **construction** du document figuré (les choix du concepteur du schéma) :
  - à partir de la source, quelle question a été ici isolée, à laquelle le schéma répond ?
  - pour un graphe : définition et limites du réseau représenté (complet ? personnel ?), choix de la représentation des liaisons (pondérées ? orientées ?) et des sommets ;
  - pour une carte : nature du fond de carte (relief ? circonscriptions administratives ?), choix des légendes.
- **contexte** historique (de la source)
- **analyse :** dégager, d'après la nature du schéma choisi et ses caractères, les éléments qui sont ici mis en valeur.
- **annonce du plan**

Commentaire : il doit allier la description précise du document et l'apport d'éléments d'explication qui permettent d'en dégager la signification.

Conclusion : comme pour tout autre document, dégager les apports du document, mais aussi ses limites, et le replacer dans une perspective plus large, thématique ou chronologique.

Document 18

Réseau de parrainages de quelques familles (Marseille, seconde moitié du XVIe siècle)

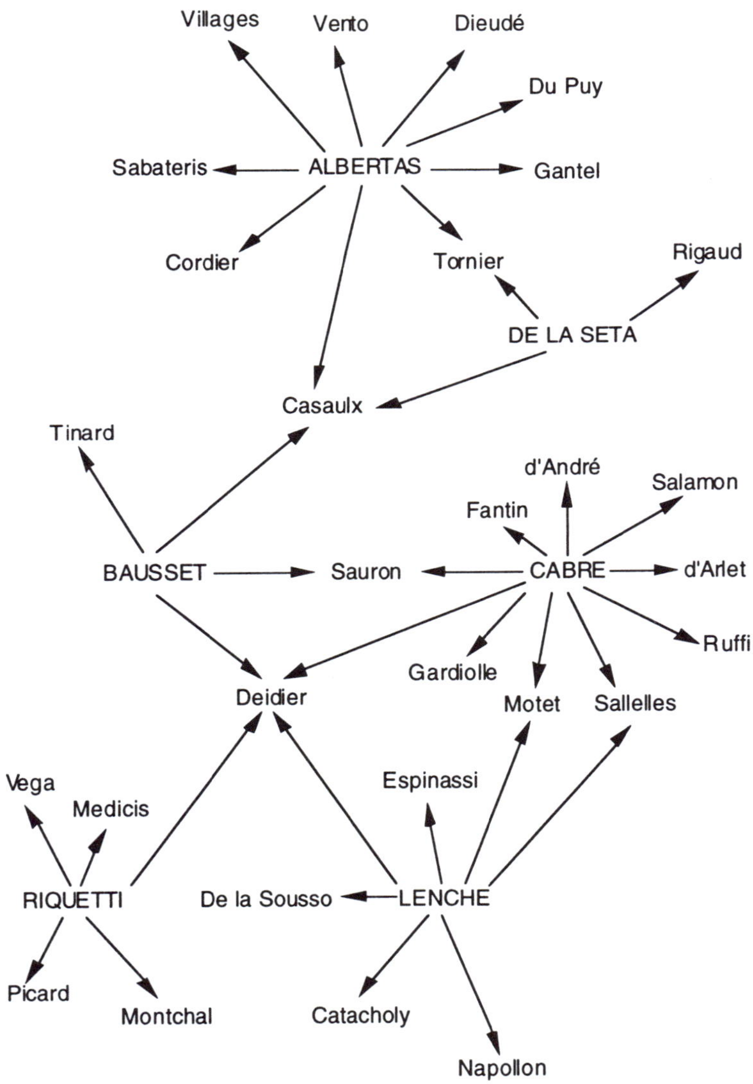

Données extraites de : W. KAISER, *Marseille au temps des troubles, 1559-1596 : morphologie sociale et lutte des factions*, éd. de l'E.H.E.S.S., Paris, 1992, p. 162.

COMMENTAIRE

INTRODUCTION

Source et choix de l'échantillon

Ce graphe a été construit à partir de recherches dans des archives familiales, qui ont conservé la mémoire des actes de baptême de leurs membres, et des noms des parrains et marraines. L'enquête a donc porté sur un échantillon très précis, sélectionné à dessein : six familles parmi les figures dominantes de Marseille, appartenant à la Compagnie du corail. Celle-ci est une société de négoce, dont le rôle économique considérable se double d'une influence politique : ses membres sont présents au conseil de ville. Les six familles choisies sont elles-mêmes le niveau supérieur de la Compagnie du corail : toutes eurent en leur sein un premier ou second consul de la ville. Elles représentent le sommet de la pyramide socio-économique de Marseille, l'aristocratie marchande qui domine la cité.

Sens de l'enquête

- *La question posée* : la relation indiquée par la flèche (x → y ; ex. : Albertas → Casaulx) signifie que le centre de l'étoile x a accordé au moins une fois un parrainage à y. Les sommets (y) forment donc l'ensemble des familles des filleuls de x — du moins l'ensemble fourni par les archives, sans doute non exhaustif, à cause des lacunes de la source.
- *Signification du lien de parrainage* : au-delà de sa valeur religieuse, le choix du parrain revêt un sens social. Car si le parrainage crée un lien entre parrain et filleul, le compérage qui en résulte — le père et le parrain de l'enfant deviennent compères — établit une solidarité entre deux parentèles. D'où des stratégies sociales de compérage, visant à élargir le réseau de relations de la famille. Le compérage vertical (dans lequel le parrain est d'un niveau social supérieur à celui du père) peut être, de la part des parents, recherche de la protection de personnalités bien placées ; de la part des parrains — c'est le point de vue adopté dans ce schéma — désir d'agrandir un cercle de fidèles ou d'obligés.

Caractéristiques du graphe

La relation de parrainage est orientée (x fournit un parrain à y) et donc asymétrique. Elle n'indique pas les éventuelles relations réciproques (y parrainant x), ni celles entre les sommets (familles des filleuls). Les liaisons indiquent seulement l'existence d'un lien, sans être pondérées : ainsi, le graphe ne montre pas que Gaspard Albertas est à deux reprises parrain d'un enfant de Charles de Casaulx.

Les étoiles représentent, non des réseaux individuels, mais des réseaux familiaux. L'enquête étant fondée sur les noms de famille, cette notion est ici comprise comme l'ensemble des individus du même nom. Les lettres en capitales désignent les familles dont on a recherché les parrainages, qui forment donc les centres des étoiles.

Contexte

La période de l'enquête (1559-1596) est celle des guerres de religion. Pendant quarante ans, mais surtout à partir de la Ligue en 1588, Marseille est déchirée par des luttes intestines dont un des enjeux est la conquête du pouvoir local. Toute référence événementielle précise est exclue par le caractère chronologiquement global du schéma, les dates des différents parrainages n'ayant pas été retenues dans le graphe. Il faut cependant souligner la présence de la famille de Charles de Casaulx, qui fut un acteur capital de la période de la Ligue. Premier consul de 1591 à 1596, il « tint » Marseille jusqu'à son assassinat en 1596.

Problématique

Ce graphe est un réseau de noms de familles. L'analyse doit replacer sous ces noms une appartenance sociale, professionnelle (telle que : membre ou non de la Compagnie du corail), religieuse (catholique ou protestant) et politique (comportement pendant les luttes de la Ligue).

Annonce du plan

On peut étudier séparément les étoiles (nombre et valeur des liens), les comparer entre elles ; puis analyser globalement la constellation formée (rapports entre les étoiles) ; enfin, s'interroger sur la place particulière de certaines familles, en particulier celle de Casaulx.

I. LE CAPITAL SOCIAL DE CHAQUE FAMILLE [étude des six « étoiles »]

1 • Nombre de liens de parrainage

La moyenne, pour chaque groupe familial, est de six. Trois sont au-dessus : Cabre (10), Albertas (9), Lenche (7) ; trois en dessous : Riquetti (5), Bausset (4), De la Seta (3). La densité du réseau de parrainages n'est ici qu'approximativement approchée, car les relations ne sont pas pondérées. Elles indiquent seulement le nombre de familles de filleuls, non le nombre de filleuls lui-même.

On peut cependant la mettre en relation avec la réussite économique et le prestige des familles. Les Cabre et les Albertas comptent dans leurs membres un premier consul ; les Albertas et les Lenche sont, d'après un document fiscal (les Estimes) de 1595, parmi les plus riches familles de la ville, ainsi que les Riquetti (qui sont juste au-dessous de la moyenne).

2 • « Valeur » sociale des familles des filleuls

C'est la grande variété des filleuls de ces six membres de l'élite dominante qui est remarquable. Au point de vue social, l'écart va des familles dirigeantes traditionnelles (« nobles » au sens local, celui des villes marchandes italiennes, tels les Villages) à des familles de pêcheurs (Napollon), alors qu'on compte peu de membres de la Compagnie du corail elle-même (Deidier, d'André). Au point de vue des convictions politico-religieuses, la diversité est la même. Tout l'éventail est présent : protestants (Montchal, Vega), royalistes (d'André), ligueurs (Villages, De la Sousso, Ruffi).

Cette hétérogénéité se retrouve à l'intérieur de chacun des réseaux familiaux, dans lesquels coexistent égaux et clients (ainsi, pour les Albertas, Villages et Casaulx), ligueurs et royalistes (Cabre et Lenche, royalistes, ont des filleuls chez les ligueurs Ruffi et De la Sousso).

Si l'on considère qu'un parrainage est un investissement social, on peut remarquer l'importance du capital social des Albertas, exprimé par le nombre aussi bien que la variété des parentèles qui leur sont liées : clans dominants (Villages, Sabateris), familles de second rang — et Casaulx.

II. LES SOLIDARITÉS SOCIALES VERTICALES [caractères de la constellation]

1 • Les six étoiles n'ont aucun lien direct entre elles

Schéma 1

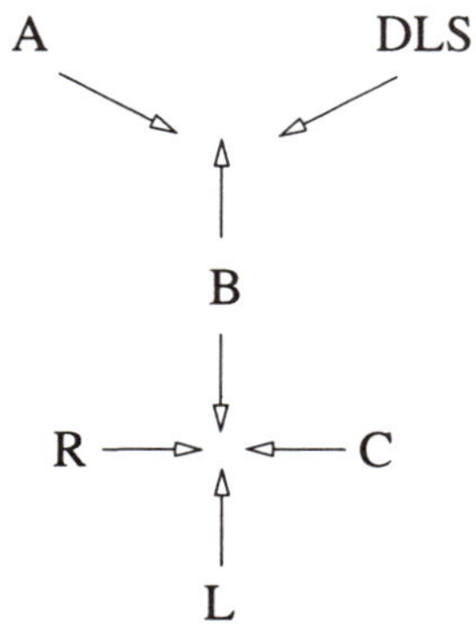

Les six réseaux familiaux ne sont reliés entre eux que par des tiers : ces six familles ne choisissaient pas leurs parrains à l'intérieur de leur groupe. Ce schéma ne met donc pas en valeur les relations horizontales entre familles de niveau économique et social équivalent : les notables de la Compagnie du corail. Les solidarités induites par les compérages sont différentes des alliances résultant d'unions matrimoniales (nombreuses à l'intérieur de la Compagnie du corail) qui sont, elles, utilisées pour renforcer la cohésion interne du groupe.

2 • Les parrainages rendent compte des autres solidarités

Le compérage est utilisé, au contraire, pour élargir les possibilités du groupe. Il montre la recherche de relations extérieures, au point de vue politique ou religieux comme au point de vue social.

Il éclaire ainsi une réalité des rapports sociaux de l'époque : la structuration « verticale » de la société, qui lie des groupes familiaux à leur cercle de clients, les notables à des catégories sociales inférieures, tissant des liens de fidélité au-delà des oppositions économiques et religieuses. L'enjeu était, entre autres, le maintien de la classe dominante à la tête de la municipalité. Les solidarités verticales ainsi établies servaient, par exemple, à contrôler les élections des membres du conseil de ville.

III. LES LUTTES DE FACTION [sous-groupes et positions clés]

La structure du réseau proposé peut être schématisée ainsi :

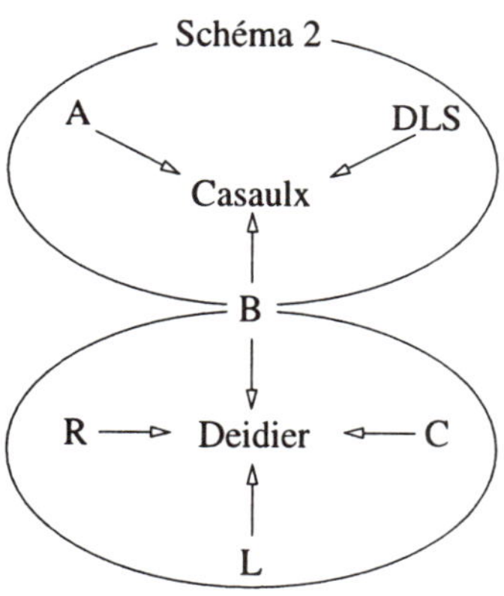

Apparaissent :

- la formation de deux sous-groupes, l'un lié à Casaulx, l'autre à Deidier, Bausset formant un pont entre eux ;
- la situation particulière des Casaulx, seule famille du schéma ci-dessus à ne pas appartenir à la Compagnie du corail.

1 • Les divisions internes du milieu dirigeant

Avec le sous-groupe organisé autour de Casaulx (c'est-à-dire les parrains — dans l'échantillon — des enfants Casaulx) apparaît le milieu de la Ligue. Les Albertas et De la Seta ont en commun d'être ligueurs, les Albertas étant parmi les chefs de la Ligue.

Le second sous-groupe au contraire, resserré sur la Compagnie du corail (Deidier), a une dominante royaliste (Cabre et Lenche) et se montre ouvert en matière religieuse : les Vega et Montchal, liés aux Riquetti, sont protestants. Il représente le milieu des négociants (Lenche est la famille fondatrice et dirigeante de la Compagnie du corail), dont les intérêts économiques sont favorables à la tolérance confessionnelle.

La famille Bausset a une position intermédiaire : fournissant un parrain au ligueur Casaulx, au négociant du Corail Deidier et au crypto-protestant Tinard, elle est placée, dans ce schéma, dans une position d'articulation entre ces différents milieux.

2 • La situation originale de Casaulx

Charles de Casaulx est capitaine de la milice bourgeoise, et issu d'une famille aisée mais de second plan. Il appartient donc à un milieu très différent des six groupes familiaux de l'échantillon : avec lui, ce sont des hommes nouveaux qui se hissent parmi les cercles dirigeants.

C'est d'abord en tant qu'élément de la clientèle des Albertas qu'il est présent dans le graphe : plusieurs membres de sa famille ont été au service des Albertas au XVIe siècle. Mais le caractère original de sa place vient de ce qu'il a tissé des liens de compérage avec deux autres familles dirigeantes du Corail. Il incarne en effet des attitudes religieuses (catholique militant) et politiques (ligueur, opposé à l'absolutisme royal centralisateur) qui expliquent ses liaisons avec une partie des élites traditionnelles, dans la situation de Marseille déchirée par la guerre civile. Le schéma ne permet pas de voir l'évolution chronologique de ces relations au long des années de troubles — mais les Albertas finiront par rompre avec lui, reconstituant le front de classe de l'aristocratie marchande.

CONCLUSION

Ce document montre le large réseau de relations sur lequel s'appuyaient les groupes dominants, et l'éventail de leurs alliances sociales, politiques et religieuses. Il révèle aussi le caractère exceptionnel, dérangeant, de la position de Casaulx par rapport aux notables traditionnels. N'appartenant pas aux élites dirigeantes, se dégageant de la clientèle d'un seul clan familial, il a su créer d'autres solidarités, même si celles-ci n'ont été que temporaires.

Les limites de l'enquête ici proposée sont cependant claires. Les six réseaux familiaux sont isolés de l'ensemble complexe des relations à l'échelle de la ville. Ils ne permettent, en outre, d'analyser la situation de Casaulx que de façon indirecte. Ils ne constituent donc que des indices du fonctionnement des relations qui forment la trame du tissu social urbain, ainsi que du mode de formation, au niveau local, des factions politiques.

Indications bibliographiques

Ouvrages spécialisés

W. KAISER, *Marseille au temps des troubles, 1559-1596 : morphologie sociale et luttes de factions*, Paris, Ed. de l'E.H.E.S.S., 1992.

A. DEGENNE, M. FORSÉ, *Les réseaux sociaux*, Paris, A. Colin (coll. « U »), 1994. (pour l'analyse des réseaux)

A. FINE, *Parrains, marraines : la parenté spirituelle en Europe*, Paris, Fayard, 1994. (pour approfondir la signification du parrainage)

Document 19

Le marché lyonnais des épices au XVIe siècle

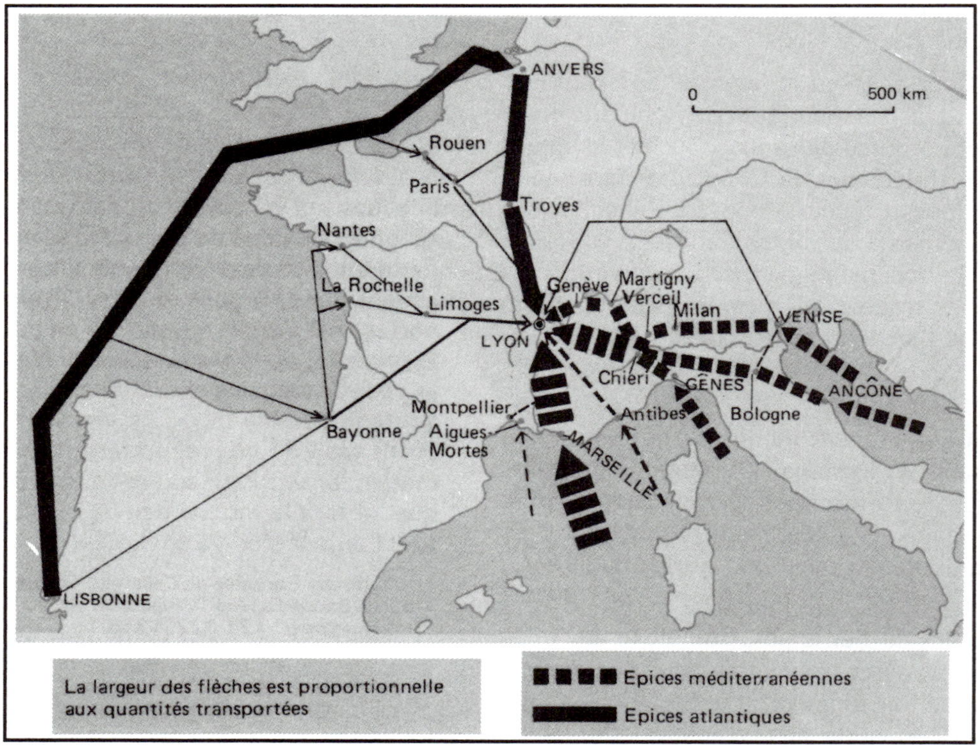

Données extraites des travaux de F. BRAUDEL et R. GASCON, dans « Les grandes découvertes », *La Documentation photographique*, 1985, n° 6075, pl. 21.

CONSEILS DE MÉTHODE

Quel que soit le type de carte proposé, l'utilisation d'un atlas historique est nécessaire. Ici, l'analyse purement géographique des courants commerciaux (route des Alpes / voie atlantique) ne suffirait pas. L'analyse spatiale doit être géopolitique, pour comprendre les implications diplomatiques de ces flux transfrontaliers. Il faut donc avoir présentes à l'esprit les divisions politiques de la période : il est important de noter qu'Anvers était une possession des Habsbourg d'Espagne.

Les flux s'analysent en termes d'itinéraires (l'organisation spatiale du marché) ; ils sont aussi pondérés : les liaisons ont une épaisseur inégale et leur contenu est différencié.

Lorsque la carte est, comme ici, la représentation d'une situation à une date ou une période donnée, le plan thématique s'impose. Mais l'analyse ne doit pas oublier la dimension chronologique : quels sont les éléments nouveaux ? Traditionnels ? Appelés à disparaître ?

Ne pas oublier enfin qu'« épice » est du genre féminin.

COMMENTAIRE

INTRODUCTION

• *Source* : cette carte a été établie à partir de registres des droits d'entrée sur les marchandises dans la ville de Lyon. Comme toutes les sources fiscales, elle a l'avantage d'être objective et détaillée (fournissant la nature, le volume — en balles — et la provenance des marchandises taxées).

Le terme d'« épices » recouvre de nombreux produits : le poivre bien sûr, le gingembre, le clou de girofle, la muscade, le cumin, la coriandre, la cannelle — mais aussi d'autres produits exotiques tels que le camphre et l'encens. Tous ont en commun de provenir de l'Extrême-Orient : Inde, Indonésie, Moluques.

• *Contexte* : un XVIe siècle « global », à cause des lacunes des sources. Bien que les courants commerciaux soient en constante reconfiguration, les archives qui subsistent ne permettent pas une périodisation plus précise.

• *Analyse de la construction du document* à partir de cette source : la carte montre la fin des différents itinéraires des épices qui entrent à Lyon, à partir de leur point d'arrivée en Europe. Elle est donc géographiquement centrée sur la France et les pays voisins : péninsule ibérique et péninsule italienne. Un réseau de flèches orientées sur Lyon indique les flux d'importation dans la ville selon leur importance respective. L'épaisseur de la flèche représente les volumes transportés en proportion du total — et non en quantité — ce qui permet d'éliminer l'effet de fraudes éventuelles. La légende met en valeur deux itinéraires différents : venues d'Orient, certaines épices arrivent par la Méditerranée, d'autres par l'Atlantique.

I. LES PRINCIPAUX FLUX

1 • Les épices méditerranéennes

Par la route des Alpes, les marchands italiens contrôlent trois voies d'accès, par Venise, Ancône et Bologne, Gênes. Ces trois courants, à peu près égaux en importance, se rejoignent près de Turin (à Chieri et Verceil) : ils soulignent le rôle capital du duché de Savoie comme gardien du passage des Alpes. Au-delà, le flux se divise à nouveau, l'un des chemins bifurquant sur Genève. Ces différents courants forment environ 35 % du total.

Un flux légèrement supérieur (environ 40 % du total) entre par les ports français de la Méditerranée, principalement Marseille ; Antibes est très loin derrière et par Aigues-Mortes et Montpellier, qui s'ensablent, ne passe plus qu'un pourcentage résiduel.

Ces divers courants d'épices « méditerranéennes » groupent la majeure partie (les trois quarts) des importations de Lyon. Elles sont passées dans les mains de toute une chaîne d'intermédiaires : marchands italiens qui se fournissent dans les grands ports de la Méditerranée orientale relevant de l'Empire ottoman, et marchands arabes qui les ont apportées dans ces « Échelles du Levant ».

2 • Les épices atlantiques

Elles forment un flux unique, dont le point d'arrivée en Europe est Lisbonne. Ce courant est la grande nouveauté du XVIe siècle, conséquence des grandes découvertes : les Portugais ont trouvé la route des Indes en contournant l'Afrique à la fin du XVe siècle. Ils ont progressivement installé des comptoirs le long des côtes africaines, puis, dans le premier tiers du XVIe siècle, le long des côtes de l'Inde et de l'Insulinde. Ils prennent ainsi les épices directement dans les régions productrices. Le poivre portugais, qui ne passe pas par les intermédiaires traditionnels, est donc meilleur marché.

De Lisbonne, le flux de ces épices va à Anvers. Les Portugais n'assurent pas eux-mêmes la redistribution de leur poivre : ils en ont, dès 1502, fixé l'« étape » à Anvers, aux Pays-Bas. Le poivre portugais gagne ensuite Lyon par voie terrestre, par Troyes et les foires de Champagne. Très peu de marchandises s'écartent de ce flux principal qui relie Lisbonne à Anvers. Seul un pourcentage minime de balles d'épices entre par les ports français de l'Atlantique.

Ce nouveau courant atlantique représente environ 25 % des importations lyonnaises.

La nouvelle route des épices ouverte par les Portugais, en contournant le cap de Bonne-Espérance, a donc détruit le traditionnel monopole italo-arabe. Cependant, globalement, les Méditerranéens ont gardé la plus grande part (les trois quarts) de ce commerce. Les grandes découvertes, si elles ont entraîné une promotion de la façade atlantique de l'Europe, n'ont donc pas ruiné le commerce méditerranéen. Enfin, la manne se répartit de façon inégale entre les ports atlantiques : dans cet exemple des épices, le nouveau courant profite essentiellement à la grande métropole commerciale qu'est Anvers.

II. LE COMMERCE EUROPÉEN À TRAVERS CE DOCUMENT

Quelques caractères des échanges peuvent être ici saisis à travers trois prismes : un produit phare, les épices ; une grande capitale commerciale : Lyon ; enfin, des stratégies internationales pour la maîtrise des espaces commerciaux.

1 • L'importance des épices

Les populations faisaient une grande consommation d'épices, essentiellement pour la cuisine et la pharmacopée. Les plats cuisinés étaient en effet beaucoup plus relevés que de nos jours, par goût, parce que l'alimentation était plus monotone, et pour aromatiser les viandes conservées en salaison. Certaines épices étaient utilisées pour leurs vertus médicinales, réelles ou supposées : le camphre comme antispasmodique, la muscade comme digestif, la cannelle comme tonique, par exemple. La parfumerie et même la liturgie (pour l'encens) en faisaient aussi grand usage.

La demande de ces produits augmente constamment au cours du siècle, d'autant plus que, leurs prix baissant, ils se démocratisent (très relativement). Pour les marchands, leur intérêt est grand, car ils possèdent une grand valeur sous un faible volume et permettent de gros profits.

2 • Le rôle de Lyon

Cette carte montre Lyon au sein d'un réseau de courants internationaux d'importations. Cette image est induite par la nature de la source (les droits d'entrée dans la cité), mais elle peut être considérée aussi comme représentative du rôle national de cette ville : Lyon est un relais du grand commerce international, un centre de redistribution pour tout le royaume. Elle est en effet la première place commerciale de France, avec ses quatre foires franches qui drainent entre un tiers et la moitié des importations françaises globales.

Le schéma éclaire aussi un aspect de la structure du commerce lyonnais : la primauté des grands marchands italiens. L'importance des courants commerciaux venus d'Italie explique que les gros importateurs vénitiens, génois, florentins ou lucquois (tels les Bonvisi) assurent les trois quarts du marché des épices lyonnais, laissant à peine 20 % aux commerçants français, et fort peu aux autres étrangers. L'exemple des épices, ici choisi, n'est cependant pas celui du premier produit du commerce lyonnais. Il ne représente que 12 % de la valeur des importations de la ville, cinq fois moins que les soieries.

3 • Les liens entre luttes politiques et rivalités commerciales

Ces réseaux de grand commerce international, en particulier la route des épices, sont un instrument et un enjeu de la politique internationale des États. Chacun des deux itinéraires d'arrivée en France illustre un exemple d'intervention de cette volonté politique sur les courants commerciaux.

Le flux atlantique contourne la France, de Lisbonne à Anvers, sans irriguer les ports français. François Ier, dans le cadre de sa lutte contre Charles Quint auquel Anvers appartenait, cherche à détourner ce courant au profit de son royaume. Il s'engage dans une guerre douanière, instaurant une taxe sur les épices entrées par un port étranger, puis, en 1540, interdit toute entrée d'épices en France en dehors des ports maritimes. Cette volonté royale ne fut que partiellement couronnée de succès : la route lyonnaise des épices par Anvers ne fut pas totalement abandonnée, mais son trafic baissa fortement pendant plusieurs années — ce qui explique qu'il reste globalement, sur l'ensemble du siècle, limité à un quart du total.

Le flux méditerranéen est tributaire des relations avec l'Empire ottoman. Or, les relations entre Venise et les Turcs se dégradent à plusieurs reprises, et particulièrement lors de la guerre de 1570. Les marchands français bénéficient alors de la diplomatie du royaume qui consiste à signer avec les Ottomans des traités d'alliance comprenant des clauses commerciales (telles les « capitulations » de 1536 et 1569). L'essor du courant marseillais en découle : les bateaux français vont chercher eux-mêmes les épices aux Échelles du Levant.

CONCLUSION

À travers le cas type des épices apparaissent les grandes places du commerce européen (Anvers, Lyon) et les principaux courants d'échanges. Le document ne permet pas une chronologie fine des déplacements de ceux-ci. Il souligne, au contraire, les tendances de longue durée. Ainsi, il illustre l'ouverture de la façade atlantique de l'Europe au grand commerce, fait majeur du XVIe siècle consécutif aux grandes découvertes, et dont Portugais et Espagnols furent les principaux bénéficiaires. Mais il montre aussi le maintien du vieux monde méditerranéen : les circuits commerciaux traditionnels sont reconfigurés mais non totalement bouleversés.

Sous-jacentes, des rivalités politiques pour la maîtrise de ces routes commerciales se jouent entre les grandes puissances de l'époque : les Habsbourg, le royaume de France, l'Empire ottoman. Géographiquement, les nouveaux circuits sont en place dès le début du XVIe siècle. Les fluctuations ensuite sont de nature politique. La route atlantique des épices, ouverte par les Portugais, est confisquée au XVIIe siècle par les Hollandais, comme en témoigne la création en 1602 de la compagnie des Indes orientales.

Indications bibliographiques

Ouvrage général :

F. BAYARD, P. GUIGNET, *L'économie française aux XVIe, XVIIe et XVIIIe siècles*, Paris, Ophrys, 1991.

Instrument de travail :

G. CABOURDIN, G. VIARD, *Lexique historique de la France d'Ancien Régime*, Paris, A. Colin, 1re édition 1978 (pour l'article « épices »).

Ouvrages spécialisés

F. BRAUDEL, *La Méditerranée et le monde méditerranéen à l'époque de Philippe II*, Paris, A. Colin, 1966.

R. GASCON, *Grand commerce et vie urbaine au XVIe siècle : Lyon et ses marchands*, Paris, SEVPEN, 1971.

Document 20

Les liaisons commerciales des villes du Nord (1811)

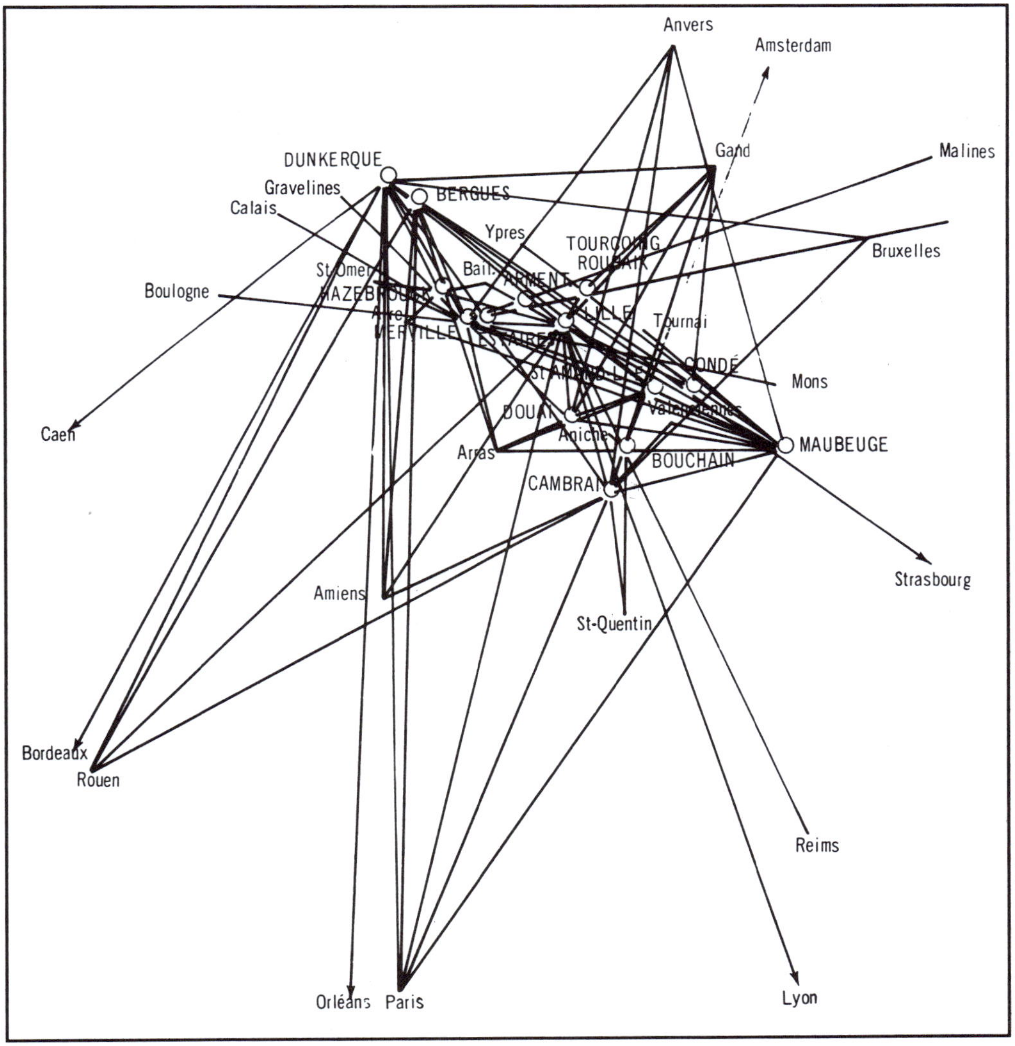

Source : G. ARBELLOT, B. LEPETIT, J. BERTRAND, *Atlas de la Révolution française*, t. 1, *Routes et communica tions*, éd. de l'E.H.E.S.S., 1987, p. 52.

CONSEILS DE MÉTHODE

Bien que la représentation de la relation entre deux villes soit conventionnelle (une droite, non le tracé de l'itinéraire réellement parcouru) et que le fond de carte ait été allégé pour permettre la lecture d'un graphe très dense, cette carte des systèmes de relations doit absolument être mise en rapport avec la géographie :

• administrative (carte du département du Nord)

• politique (frontières de la France napoléonienne)

• physique (faire apparaître la côte de la mer du Nord, qui bloque les relations terrestres du nord-ouest du département). Le plus pratique est de superposer des transparents portant ces différentes données.

COMMENTAIRE

INTRODUCTION

La source

Une enquête du ministère de l'Intérieur auprès des administrations communales des villes et gros bourgs, dans le cadre départemental, portant sur le commerce par terre et par eau.

Construction du graphe

• *la question isolée*, à l'intérieur de l'enquête, est celle des lieux avec lesquels les agglomérations sont en relation par des voituriers. Elle ne retient donc que le roulage, c'est-à-dire le voiturage par terre de marchandises, excluant ainsi le trafic de marchandises sur courtes distances fait par colportage (à dos d'hommes) ou par portage (avec des animaux de bât), ainsi que le commerce par eau.

• *élaboration du graphe*. Dans le département du Nord, 14 villes et gros bourgs ont été retenus : ils forment les sommets matérialisés en O et leurs noms sont en capitales. Les arêtes ne sont pas orientées ; les flèches (ex. : Dunkerque → Bordeaux) indiquent la direction d'une relation dont l'extrémité, étant lointaine donc située hors du cadre géographique du schéma, n'est pas cartographiée. Les relations ne sont pas valuées : ni leur fréquence, ni la valeur des marchandises échangées ne sont indiquées.

Contexte

Les réponses à l'enquête lancée en 1811 se firent au long de l'année 1812. À cette date le département du Nord n'était plus frontalier, depuis 1795 : lui étaient adjacents, au nord, les départements de la Lys et celui de Jemmapes, et le Grand Empire s'était étendu récemment jusqu'à la Hollande.

Analyse

Le document montre :

• un système de relations : à partir de chaque ville, le faisceau traduit l'orientation des relations commerciales et leur importance statistique ;

• une représentation cartographique : celle de l'espace économique des villes.

I. LA HIÉRARCHIE DES PLACES DE COMMERCE DU DÉPARTEMENT DU NORD [les faisceaux de chaque ville]

On peut compter (approximativement) le nombre de liaisons de chaque ville. Les principales sont :

	Nombre de liaisons		
	Dans le Nord	Hors département	Total
Lille	11	7	18
Maubeuge	8	6	14
Dunkerque	6	8	14
Cambrai	4	7	11

Les liaisons à l'intérieur du département permettent d'analyser la place de chaque ville au sein de la zone ; les relations hors département mesurent l'ouverture économique. Il faudrait distinguer les liaisons à courte distance (majoritaires pour Maubeuge et Cambrai) de celles à longue distance (importantes pour Lille et Dunkerque) et tenir compte aussi, dans le total, de la taille des agglomérations : relier des bourgades n'a pas le même sens qu'établir un lien direct avec une métropole.

II. LES ORIENTATIONS COMMERCIALES RÉGIONALES [la structure du réseau]

1 • Densité des échanges intradépartementaux

Elle signifie la primauté des échanges à courte distance. La densité des échanges le long de l'axe Dunkerque - Lille - Maubeuge est certes à mettre en rapport avec la forme allongée du département, mais elle renvoie également à l'histoire. L'espace économique s'est organisé, depuis Louis XIV, en fonction de la frontière, et les bouleversements politiques récents n'ont pas encore modifié les anciens réseaux.

2 • L'ouverture sur l'extérieur

On peut noter :

• l'importance attendue de la capitale (5 liens avec les principales villes) ;

• globalement, le poids de la France de l'Ouest (9 liaisons avec la Normandie, Rouen, Bordeaux) par rapport à celle de l'Est et du Sud-Est (3 liens) ;

• une attirance plus grande vers le sud que vers le nord, non tant en nombre de relations qu'en termes d'espace économique. La source accentue sans doute cet aspect, le roulage étant, au nord, moins représentatif des échanges commerciaux, à cause de la part plus importante des voies navigables.

III. LA PLACE CENTRALE DE LILLE

1 • À l'intérieur du département, la centralité de Lille est très forte, aussi bien en termes de degrés (c'est elle qui a le plus grand nombre de connexions — 11 — avec les autres) que de proximité (la longueur du chemin qui la relie aux autres agglomérations du réseau est très courte, qu'elle soit évaluée en nombre de chaînons ou en distance géographique).

Cette position privilégiée est due, autant qu'à son rôle économique,

• à la géographie (situation au centre du département) ;

• à l'histoire (rôle historique de capitale régionale) ;

• à la démographie (ville la plus peuplée du département, avec plus de 60 000 habitants, trois fois plus que la suivante, Dunkerque).

2 • Les relations à longue distance confirment son importance nationale : Lille est en relation avec les grandes métropoles régionales (Rouen, Lyon, Strasbourg) et avec la capitale. Le poids de l'histoire est ici aussi sensible : la suppression récente de la frontière n'a pas (encore ?) été l'occasion d'ouvrir son réseau d'échanges vers le nord. Au sein des nouveaux départements napoléoniens, elle n'a de relations qu'avec la proche ville de Gand, alors que d'autres centres du département ont des liens plus lointains.

Indications bibliographiques

Ouvrage de base (outre un atlas historique) :

Atlas de la Révolution française, t. 1, *Routes et communications*, Paris, éd. de l'E.H.E.S.S., 1987.

Ouvrage spécialisé :

B. LEPETIT, *Les villes dans la France moderne (1740-1840)*, Paris, Albin Michel, 1988.

Document 21

LES PLACEMENTS DE CAPITAUX À L'ÉTRANGER EN 1914

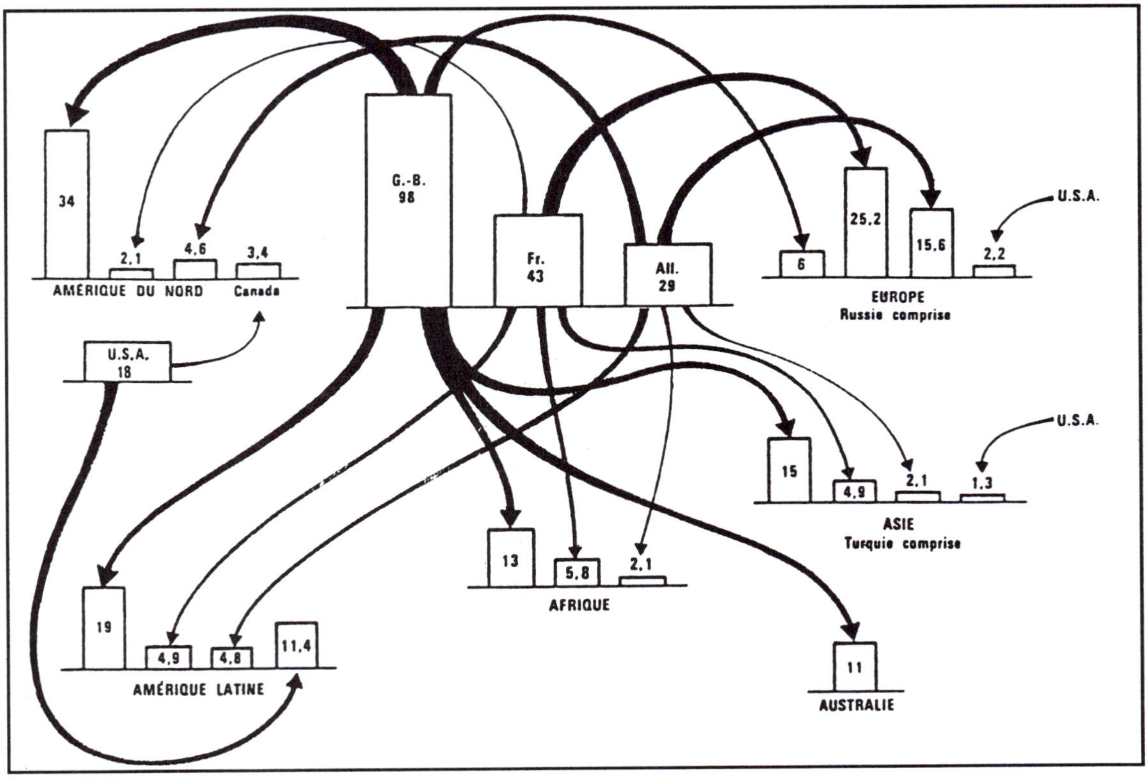

Source : R. GIRAULT, *Diplomatie européenne et impérialismes 1871-1914*, Masson (coll. « Relations internationales contemporaines »), 1979, p. 42, 3e éd., © Armand Colin, paris, 1997.

CONSEILS DE MÉTHODE

Pour figurer le réseau de capitaux placés à l'étranger à la veille de la Première Guerre mondiale, leurs pays d'origine et leurs destinations, le schéma reproduit ici a adopté une disposition géographique. Les différents continents y sont placés à peu près comme ils le seraient sur un planisphère. On s'est limité aux principaux pays d'origine : Grande-Bretagne, France, Allemagne, États-Unis. Les placements faits par chacun d'eux sont figurés par des rectangles de surface proportionnelle à leur montant. Des flèches relient pays d'origine et pays de destination, d'épaisseur variable afin de suggérer l'importance du phénomène.

Le commentaire d'un tel schéma ne pose pas de problème particulier, pourvu du moins que l'on connaisse le contenu des définitions correspondantes. Rappelons que les capitaux placés à l'étranger sont mesurés, soit en terme de flux, soit en termes de stocks. *Les flux* sont le montant annuel de capitaux placés par un pays dans le reste du monde. *Les stocks* résultent de l'addition de tous les flux placés au cours des années précédentes. Ils représentent donc l'ensemble des avoirs possédés à une certaine date par un pays dans le reste du monde. Ce sont eux qui sont représentés ici. Enfin, précisons que les capitaux recensés ici sont tous ceux qui ont quitté le pays d'origine pour l'extérieur : investissements directs, destinés au contrôle d'une activité et effectués en général par les entreprises ; placements de portefeuille, c'est-à-dire achats de titres émis par des entreprises, des collectivités publiques, des États, effectués en général par des particuliers dans le but d'en tirer profit, mais sans chercher à peser sur la marche des affaires concernées ; prêts bancaires à des entreprises, soit pour commercer avec le pays d'origine, soit pour financer leurs activités ou leurs investissements ; acquisitions immobilières ou foncières faites à l'étranger ; prêts publics enfin, encore peu développés en ce début du XXe siècle resté fidèle au capitalisme libéral.

COMMENTAIRE

INTRODUCTION

La veille de la Première Guerre mondiale représente l'apogée du grand mouvement d'expansion des investissements internationaux qui a caractérisé la seconde moitié du XIXe siècle et procuré aux grandes puissances européennes des moyens d'influence non négligeables sur l'ensemble de la planète. Le phénomène a suscité l'intérêt des contemporains. Rappelons que Lénine, à la suite de l'économiste allemand Rudolf Hilferding, lui consacrait son fameux ouvrage, paru en 1916, *L'impérialisme, stade suprême du capitalisme*.

Le schéma reproduit ici a été tracé par l'auteur d'un ouvrage récent sur l'histoire des relations internationales, René Girault, à partir de chiffres connus pour l'essentiel grâce à une étude faite dès 1930 par un historien anglo-saxon, Herbert Feis, et intitulée *Europe, the world's banker*. *La source* est donc doublement secondaire, puisque les chiffres bruts ont été déjà travaillés par un historien, puis exprimés par un autre sous forme de schéma. Le document fait ressortir plusieurs caractéristiques du réseau des placements de capitaux à la veille de la Première Guerre mondiale. Celles-ci suggèrent plusieurs explications. Il n'en a pas moins de nombreuses limites.

I. LES CARACTÉRISTIQUES DU RÉSEAU DES PLACEMENTS DE CAPITAUX

– *des puissances financières de poids inégal* : sur les quatre pays recensés, on constate que la Grande-Bretagne, à elle seule, représente plus de la moitié du total (52 %). La France vient ensuite, avec près du quart (23 %). Puis, loin derrière, apparaissent l'Allemagne (15 %) et les États-Unis (10 %). Cette hiérarchie ne correspond pas à celle des grandes puissances économiques du moment. D'ores et déjà, l'importance de leur production donne aux États-Unis le premier rang mondial. L'Allemagne se situe au deuxième rang, reléguant les deux pays qui ont démarré les premiers leur industrialisation, la Grande-Bretagne et la France, aux troisième et quatrième rangs, la France étant d'ailleurs, pour certains productions alors décisives telles que l'acier, dépassée à son tour par la Russie.

– *des destinations d'importance dissemblable* : sur les 188 milliards de francs-or possédés à l'étranger par les quatre pays ci-dessus en 1914, plus du quart (26 %) est placé en Europe. Si l'on y joint l'Amérique du Nord (23 %) et l'Australie (6 %), ce sont au moins 55 % du total qui sont placés dans les pays développés, davantage en fait puisqu'il faudrait aussi faire rentrer dans cette catégorie l'Afrique du Sud, non distinguée ici du reste du continent africain, et le Japon qui, n'accueillant pratiquement pas d'investissements extérieurs, n'intervient pas ici. Au contraire, les régions du futur tiers monde n'accueillent que moins de la moitié (45 %) du total. L'Amérique latine, avec 21 %, est privilégiée au détriment de l'Asie (13 %) et surtout de l'Afrique (11 %). Là encore, le décalage est flagrant avec d'autres indicateurs, ceux de la répartition de la population par exemple.

– *une composition des investissements* différente selon les pays : la Grande-Bretagne répartit de manière assez équilibrée ses placements dans le monde entier, avec cependant une préférence pour le continent américain qui en recueille un peu plus de la moitié. La France et, dans une moindre mesure, l'Allemagne sont surtout tournées vers l'Europe : 58 % des investissements de la France, 54 % de ceux de l'Allemagne vont vers cette partie du monde, alors que la Grande-Bretagne n'y affecte que 6 % des siens. Enfin, les États-Unis occupent une position particulière : recevant eux-mêmes des capitaux, surtout d'origine britannique, ils en dirigent déjà vers le reste du monde. Mais Canada et pays d'Amérique latine en représentent la quasi-totalité (82 %).

II. LES EXPLICATIONS

– *l'ancienneté de la puissance financière et bancaire* : la Grande-Bretagne dispose d'une nette avance à cet égard, ayant commencé à placer des capitaux à l'étranger dès le début du XIXe siècle. Elle a pu ainsi accumuler un énorme stock d'avoirs dans le monde entier, d'autant plus que, chaque année, les revenus de ses investissements alimentent de nouvelles occasions d'investir. Le phénomène fait « boule de neige ». La puissance financière de la France, déjà importante sous le Second Empire, a subi un coup d'arrêt passager, lors du paiement de l'indemnité de guerre à l'Allemagne après la défaite de 1870 et durant les années de la Grande Dépression. Mais elle s'est enflée à nouveau vers 1890 environ, fortement stimulée par la politique des grandes banques de dépôts (Crédit lyonnais, Société générale, Comptoir d'escompte) qui incitent leur clientèle à placer leur épargne en valeurs mobilières étrangères. Par contre, la puissance financière de l'Allemagne et des États-Unis est encore trop récente pour qu'ils aient beaucoup pu développer leurs avoirs à l'étranger, d'autant plus que leurs banques, malgré leur taille, sont fragiles, ayant adopté une politique de non-différenciation de leurs activités.

– *les occasions de placements* : nombreuses dans les régions aux ressources abondantes et facilement accessibles et dans celles ayant des foyers de peuplement à haut pouvoir d'achat, elles sont jugées au contraire par les investisseurs peu intéressantes ailleurs. D'où la place privilégiée accordée à l'Europe et aux pays de peuplement européen, surtout quand une communauté d'origine et, parfois, des liens politiques les attirent. Il faut d'ailleurs ajouter que, si l'on tenait compte de l'hétérogénéité de certains continents, le phénomène serait plus apparent encore. En Amérique latine par exemple, les investissements internationaux privilégient l'Argentine, l'Uruguay, le Chili, pays tempérés aux vastes ressources, promis par tous les observateurs à un bel avenir et délaissent au contraire les pays tropicaux et de peuplement indien.

– le poids des facteurs politiques : il est, à tout prendre, moins important que les facteurs précédents. Certes les grandes puissances coloniales que sont la Grande-Bretagne et la France disposent d'occasions d'investir que n'ont ni l'Allemagne, ni les États-Unis, venus trop tard dans la course. Mais on constate que la France ne possède en Afrique, où se trouve l'essentiel de ses possessions, que 13 % seulement de ses investissements à l'étranger en 1914, nettement moins qu'en Amérique (16 %). Quant à la part énorme qu'elle accorde à l'Europe, elle résulte certes de la Russie, mais celle-ci est au moins autant privilégiée pour des raisons économiques que politiques et elle ne doit pas faire oublier les très importants capitaux possédés par la France dans la péninsule ibérique, l'Italie, l'Autriche-Hongrie, les Balkans, pour des raisons surtout dictées par la recherche du profit.

III. LES LIMITES DU DOCUMENT

– l'absence de certains pays européens comme la Belgique, les Pays-Bas, la Suisse, la Suède : elle est gênante, car ces « petits » pays représentent ensemble un pourcentage non négligeable du total des investissements dans le monde en 1914 (12,5 %). Il faut rappeler que les deux premiers sont de grandes puissances coloniales (Congo belge, Indes néerlandaises) et investissent aussi dans d'autres parties du monde, en Russie notamment où la Belgique est, avec la France et l'Allemagne, parmi les trois premiers investisseurs. Quant à la Suisse, si l'on raisonne, non pas en chiffres bruts, mais en montants rapportés à la population, elle se situe, avant même le Royaume-Uni, au premier rang mondial par la valeur de ses avoirs étrangers en 1914. En les omettant, le schéma pèche donc par simplification excessive.

– la nature des investissements : ne pouvant être prise en compte, sauf à compliquer excessivement le schéma, elle ne figure pas non plus ici. Il serait pourtant intéressant de connaître, par exemple, la part du total correspondant à des investissements directs, ceux notamment qui sont faits par les premières firmes multinationales, et celle qui revient aux simples placements en valeurs mobilières (actions, obligations, emprunts d'État) sans autre motif que le profit immédiat. On pourrait aussi s'intéresser aux secteurs dans lesquels sont investis ces capitaux : beaucoup sont immobilisés dans le secteur des transports (réseaux ferroviaires, tramways, équipements portuaires). D'autres se trouvent dans les mines, les plantations, un petit nombre dans les grands secteurs industriels, mais rien dans le schéma ne permet de savoir dans quelles proportions.

– la position des États-Unis : elle n'apparaît que partiellement. Ayant accueilli des capitaux européens, mais possédant aussi des capitaux à l'étranger, les États-Unis ont, en fait, une position débitrice nette. Malheureusement, il faut recourir à d'autres sources pour en apprendre le montant. Le phénomène, il est vrai, importe surtout pour les années postérieures à la Première Guerre mondiale qui sera, pour les États-Unis, l'occasion de renverser totalement leur position à l'égard de l'Europe et d'en devenir en 1919 créanciers nets.

CONCLUSION

Le réseau des placements de capitaux à l'étranger en 1914 illustre bien la prédominance européenne. À cette date, on peut vraiment parler d'une domination financière, déjà décalée par rapport à d'autres indicateurs de puissance, tels que la capacité productive, mais représentative d'une situation qui faisait alors des premiers investisseurs mondiaux, le Royaume-Uni et la France, des pays rentiers, où chaque année, le revenu procuré par les placements extérieurs, non seulement comblait aisément le déficit de la balance commerciale, mais procurait de quoi développer de nouveaux placements, eux-mêmes générateurs de futurs profits. La surabondance de l'épargne européenne plaçait certes le reste du monde dans une situation de subordination. Il reste que l'investissement de cette épargne lui procurait, au moins pour ses parties jugées les plus intéressantes par les investisseurs, des chances sérieuses de développement.

Indications bibliographiques

P. BAIROCH, *Victoires et déboires. Histoire économique et sociale du monde du XVIe siècle à nos jours*, Paris, Gallimard (coll. « Folio-Histoire »), t. II, 1997.

J.-A. LESOURD et Cl. GERARD, *Nouvelle histoire économique*, Paris, A. Colin (coll. « U »), t. 1 : *Le XIXe siècle*, 1976.

R. POIDEVIN, *Finances et relations internationales 1887-1914*, Paris, A. Colin (coll. « U2 »), *1970*. (Recueil de textes commentés, très précieux)

Document 22

ORGANIGRAMME DE LA COMPAGNIE DU PONT DE NEMOURS APRÈS LA RÉORGANISATION DE 1921

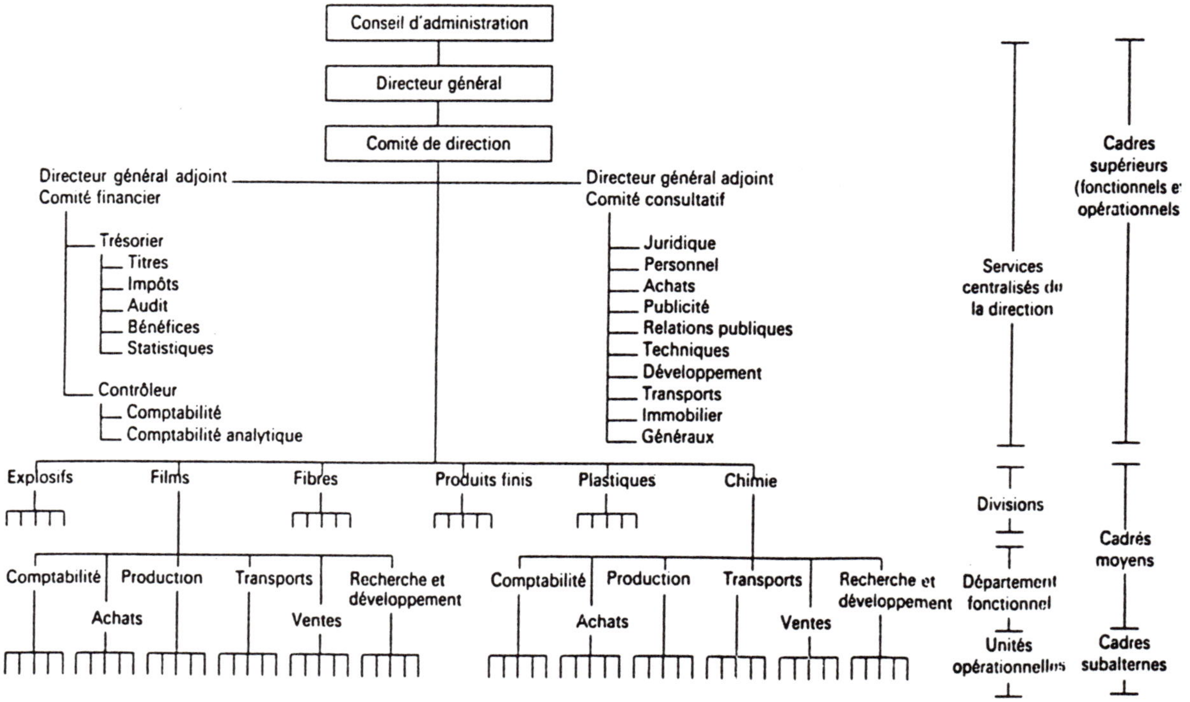

Source : A. CHANDLER, *Organisation et performances des entreprises*, t. 1, *Les USA (1880-1940)*, Les Éditions d'Organisation, 1992, p. 85.

CONSEILS DE MÉTHODE

Un organigramme est un schéma représentant la structure d'une organisation, qu'il s'agisse d'une entreprise, d'une institution ou d'une administration. Il permet d'en identifier les rouages et de connaître les rapports qui s'établissent entre eux. Puisqu'il relie, par un ensemble de traits, orientés ou non, plusieurs pôles, il s'agit bien d'un type particulier de graphe qui, comme les autres, est susceptible d'un commentaire historique.

Même si, implicitement du moins, toute entreprise fonctionne selon un organigramme, ce n'est qu'assez tardivement, en France notamment, que l'on voit s'en répandre la notion, essentiellement durant les années 1960, lorsque les grandes entreprises se sont mises à imiter les modes de gestion en vigueur aux États-Unis. Il n'est donc pas surprenant que le document présenté ici soit l'œuvre d'un historien américain, Alfred Chandler, qui a multiplié les études sur les grandes entreprises, aux États-Unis, puis en Europe, et montré la place qu'elles occupent dans la croissance économique. Pour étudier l'organigramme de Du Pont de Nemours en 1921, on s'inspirera donc pour l'essentiel de son ouvrage.

COMMENTAIRE

INTRODUCTION

Dès la fin du XIXe siècle, les grandes entreprises occupent une place déterminante aux États-Unis. Les processus qu'elles adoptent pour se constituer, les méthodes qu'elles inventent pour fabriquer et pour vendre, le prestige qu'elles confèrent à leurs dirigeants, tout contribue à faire d'elles de puissants agents de transformations économiques et sociales. On peut en donner une illustration à travers le cas de Du Pont de Nemours, première entreprise d'industrie chimique des États-Unis, puis du monde.

Son organigramme simplifié à la date de 1921 a été établi à partir des archives de la firme par Alfred Chandler, historien américain qui a consacré de nombreuses études aux grandes entreprises et à leur place dans la croissance économique des XIXe et XXe siècles. Il s'en dégage une nouvelle structure, dite multidivisionnelle, qui sera ultérieurement adoptée par d'autres grandes entreprises. Les raisons de son adoption, ainsi que sa portée, seront retracées en s'appuyant pour l'essentiel sur l'œuvre d'Alfred Chandler.

I. UNE STRUCTURE MULTIDIVISIONNELLE DÉCENTRALISÉE

On distingue sur l'organigramme :

– *les organes de direction* : le Conseil d'administration rassemble, pour des réunions périodiques, les principaux actionnaires qui détiennent la majorité du capital social. C'est lui qui choisit le directeur général chargé de la marche quotidienne de l'entreprise. Dans sa tâche, celui-ci est assisté par un Comité de direction qui regroupe les principaux chefs de services et de divisions.

– *six divisions autonomes* : placées sous l'autorité immédiate du directeur général et du Comité de direction, elles correspondent aux grandes productions de l'entreprise. Fondée en 1802, Du Pont de Nemours a, pendant un siècle, fabriqué exclusivement des explosifs : poudre noire, poudre sans fumée (servant de propulseur dans les cartouches), explosifs brisants parmi lesquels, à partir des années 1880, de la dynamite. Puis la firme est aussi devenue productrice de films (pellicules photographiques et cinématographiques), de fibres (viscose), de matières plastiques (caoutchouc et cuir artificiels, celluloïd), de produits chimiques (peintures et vernis, pigments et colorants), de produits finis (articles en pyralin, toile caoutchoutée, produits pharmaceutiques). Chacune de ces catégories de produits est gérée par une division, de la fabrication à la commercialisation, des achats aux transports, de la recherche à la comptabilité. Les différentes usines dépendent donc de ces divisions : ce sont les « unités opérationnelles » qui apparaissent sur le schéma.

– *dix services centralisés* : formant le Comité consultatif et placés sous l'autorité d'un directeur général adjoint, ils n'ont aucun rapport hiérarchique avec les divisions. Leur rôle est seulement de les conseiller sur les affaires dont la solution exige le recours à des cadres spécialisés de haut niveau : problèmes juridiques, gestion du personnel, politique d'approvisionnement, marketing, etc. Ces services fournissent aussi au Comité de direction les éléments d'appréciation dont il a besoin pour coordonner et planifier à long terme le développement de l'entreprise.

– *deux services financiers* : relevant également d'un directeur général adjoint, ils gèrent pour l'ensemble du groupe la trésorerie (affectation des bénéfices, paiement des impôts, gestion du portefeuille…) et contrôlent la comptabilité, à partir des éléments fournis par les divisions.

II. Les raisons de l'adoption de cette structure

– *l'inadaptation de la structure précédente* : comme beaucoup d'autres grands groupes industriels américains, Du Pont de Nemours possédait depuis le début du siècle une structure très hiérarchisée fondée selon le principe fonctionnel. On distinguait strictement les différentes fonctions assurées par l'entreprise : production, vente, achat, transport, recherche, finances… Chacune était placée sous l'autorité d'un directeur de département subordonné au directeur général. Une même usine relevait donc de plusieurs départements à la fois, selon les opérations qu'elle effectuait. Cette structure, bien adaptée à une entreprise fabriquant des produits homogènes, ne l'était plus guère à Du Pont de Nemours qui, à partir de 1914, s'était lancé dans une politique de diversification systématique, à la fois pour utiliser la nitrocellulose excédentaire dont il disposait et pour aménager sa reconversion vers des fabrications civiles pour le temps de paix. Les tâches des départements fonctionnels devenaient d'une complexité insurmontable : par exemple, comment concevoir une politique commerciale pour des produits aussi différents que la poudre à canon et les manchettes en celluloïd, la rayonne et les médicaments ?

– *la présence au sommet de l'entreprise d'une équipe dynamique* : elle s'est formée en 1902 autour de trois cousins qui reprirent alors l'affaire après le décès de son président. Prestigieuse, fière d'origines centenaires, la firme s'était enfermée dans une gestion routinière que les nouveaux dirigeants, et en particulier Pierre Du Pont, bouleversèrent de fond en comble, faisant appel à des collaborateurs issus des grandes écoles de gestion, et non plus seulement appartenant à la dynastie familiale, restant attentifs aux expériences de gestion alors menées par les autres grandes entreprises du pays.

– *le rôle de la crise de 1920-1921* : brève, mais violente, celle-ci fait sombrer Du Pont de Nemours dans le déficit, essentiellement à cause des médiocres résultats obtenus dans les nouvelles fabrications. Alarmés, les dirigeants adoptent, après de longs atermoiements, un plan de réorganisation radical, rompant complètement avec le passé, mais tirant aussi profit des tentatives faites dans les grandes entreprises avec lesquelles ils sont en rapports étroits.

III. LA PORTÉE DE LA RÉORGANISATION

– *pour Du Pont de Nemours* : dans une situation critique en 1920-1921, Du Pont de Nemours renoue ensuite avec les bénéfices. À la veille de la crise de 1929, qui d'ailleurs l'affectera moins que d'autres grandes firmes, le groupe emploie 14 000 salariés, fabrique des milliers d'articles différents, joue un rôle éminent dans le progrès technique, mettant au point dans ses laboratoires des produits nouveaux qu'il commercialisera ensuite (caoutchouc synthétique, nylon, téflon), se lance dans la recherche pharmaceutique et l'ingénierie médicale. Jusqu'au début des années 1960, il reste fidèle aux principes d'organisation posés quarante ans plus tôt, se bornant, au fil des ans, à créer de nouvelles divisions par produits et quelques services consultatifs supplémentaires.

– *pour les autres grandes entreprises* : la réorganisation de Du Pont de Nemours fait figure de modèle, progressivement imité par d'autres firmes, aux États-Unis, puis dans le monde. La General Motors est l'une des premières à s'inspirer de principes semblables. La rencontre n'est pas fortuite : depuis fin 1917, elle appartient en effet à Du Pont de Nemours qui, en acquérant 27 % de son capital, a réinvesti une partie de ses bénéfices de guerre. Pierre Du Pont provoque alors l'éviction du fondateur, William Durant, qui avait racheté, sans grand souci de cohérence interne, de multiples marques de véhicules automobiles, puis son remplacement par un nouveau dirigeant, Alfred Sloan, qui en fera le premier constructeur mondial.

– *pour la société* : au cours de telles opérations, le groupe des cadres supérieurs, les *managers*, renforce son autorité, souvent au détriment des héritiers des firmes fondatrices. On parlera bientôt de « l'ère des organisateurs », expression lancée par James Burnham, dans un ouvrage paru en 1940, qui y voit un nouveau stade de l'évolution du capitalisme. Qu'ils travaillent au sein des divisions autonomes ou, plus prestigieux encore, dans les services consultatifs de l'état-major des grandes firmes, ces hommes proviennent des mêmes écoles de gestion, telles que le MIT (Massachussetts Institute of Technology) ou la Harvard business school. Ils font carrière au sein des mêmes entreprises. Ils partagent des valeurs, ont des comportements souvent identiques. Point d'étonnement si leurs succès suscitent des émules dans le reste du monde. En France notamment, c'est au cours des années 1960 que l'on assistera à l'émergence de ce nouveau groupe social, en un phénomène où l'effet de mode a sa part.

CONCLUSION

L'organigramme de Du Pont de Nemours, tel qu'il résulte de la réorganisation de 1921, est un bon exemple de l'intérêt des schémas organisationnels pour l'histoire contemporaine. L'établissement d'un tel document, il est vrai, n'est pas toujours possible. Pour y parvenir, il faut pouvoir procéder, comme l'a fait Alfred Chandler, à une longue étude à partir des archives de l'entreprise. Lorsque c'est le cas, on voit tout l'intérêt qui en résulte, non seulement pour la connaissance de l'entreprise concernée, mais aussi pour celle des mutations économiques et sociales qui caractérisent encore les pays industrialisés d'aujourd'hui.

Indications bibliographiques

P. VERLEY, *Entreprises et entrepreneurs du XVIIIe siècle au début du XXe siècle*, Paris, Hachette (coll. « Carré-Histoire »), 1994. (Un chapitre très clair sur les grandes entreprises américaines au début du siècle)

A. CHANDLER, *Stratégies et structures de l'entreprise*, Paris, Les Éditions d'organisation, 1972. (Traduction française de l'ouvrage fondamental sur le sujet, paru en 1962)

Document 23

L'IMPLANTATION ÉLECTORALE DE LA SFIO DE 1914 À 1956

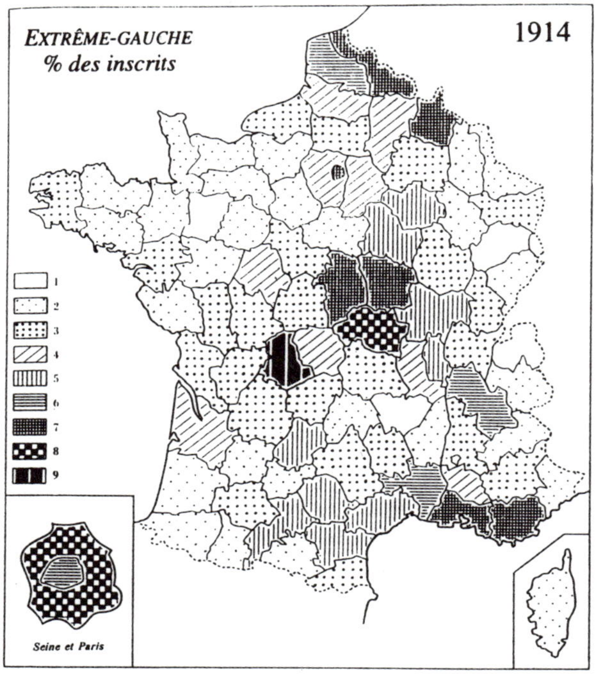

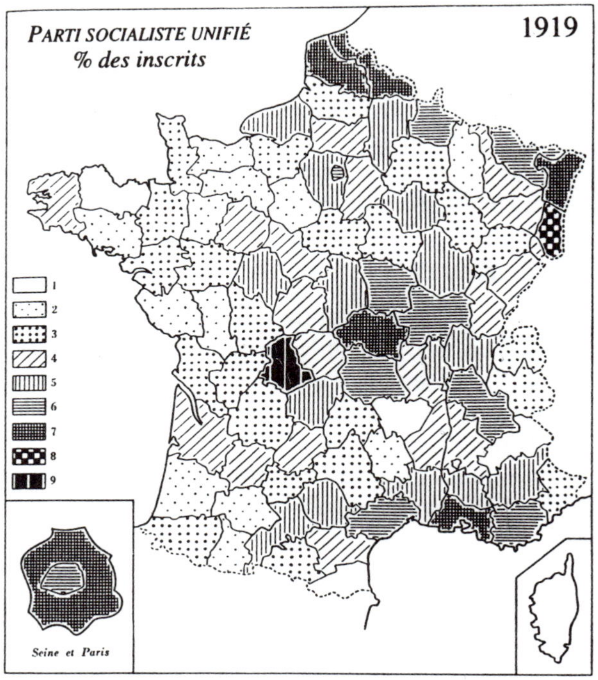

L'extrême-gauche comprend le Parti socialiste unifié et le Parti ouvrier

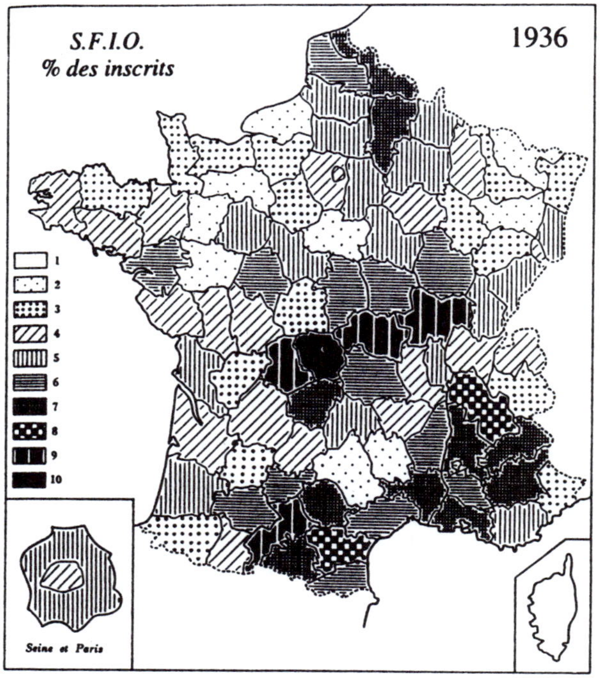

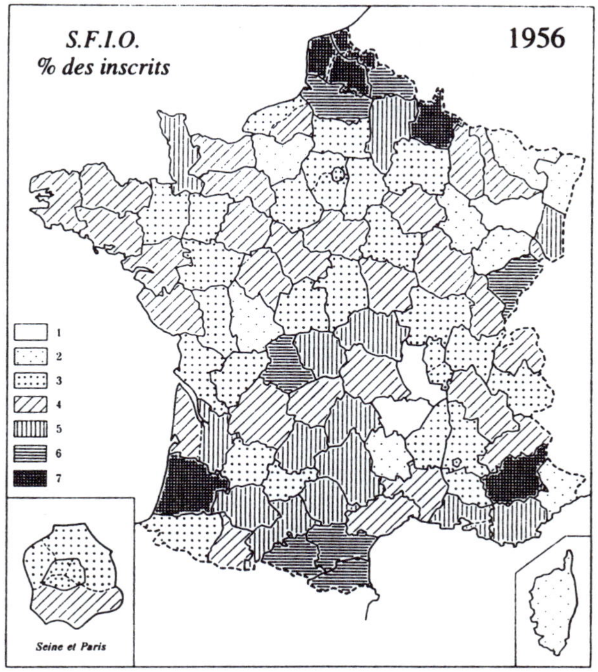

1. Néant.
2. Moins de 5 % des inscrits.
3. De 5 à 10 % —
4. De 10 à 15 % —
5. De 15 à 20 % —
6. De 20 à 25 % des inscrits.
7. De 25 à 30 % —
8. De 30 à 35 % —
9. De 35 à 40 % —
10. Plus de 40 % —

Source : F. GOGUEL, *Géographie des élections françaises sous la IIIe République et la IVe République*, Presses de la FNSP, 1970, p. 73, 77, 93 et 153.

CONSEILS DE MÉTHODE

Le commentaire de cartes électorales est un exercice classique, fréquemment proposé aux étudiants en histoire contemporaine. Il obéit à un certain nombre de règles, valables quels que soient les pays, les dates ou les tendances politiques considérés. En voici les principales :

– *prêter la plus grande attention à la base qui a servi à l'établissement des cartes* : s'agit-il d'élections générales ou partielles ? législatives ou présidentielles ? Les voix obtenues sont-elles calculées par rapport à l'ensemble des électeurs inscrits ou seulement par rapport aux suffrages exprimés ? S'agit-il du premier ou du second tour de scrutin ? En règle générale, pour la France tout au moins, l'habitude s'est prise, pour mesurer l'audience électorale d'un parti, de raisonner sur le premier tour de scrutin et sur les électeurs inscrits. Mais cette façon de faire n'a rien d'un impératif absolu. La légende accompagnant les cartes doit donc être examinée avec soin.

– *en cas de pluralité de cartes, s'interroger sur la validité de la comparaison* : il est en effet souvent délicat de rapprocher l'une de l'autre des cartes électorales éloignées dans le temps. En France par exemple, le mode de scrutin et le découpage des circonscriptions ont changé fréquemment. Jusqu'en 1945, on le sait, les femmes ne votaient pas. En 1974, l'âge de la majorité électorale est passé de 21 à 18 ans. Sous la Troisième République, ont alterné scrutin uninominal dans le cadre de l'arrondissement et scrutin de liste dans le cadre départemental. Sous la Quatrième République, le système des apparentements, appliqué lors des élections législatives de 1951 et de 1956, a affecté dans une large mesure les résultats obtenus par les différents partis, selon qu'ils pouvaient ou non conclure des apparentements avec d'autres formations. Enfin, l'organisation même des forces politiques s'est transformée : si des partis politiques véritables naissent en France à partir de 1900, ils concernent d'abord essentiellement la gauche, l'éparpillement des forces et le manque de structures fermes caractérisant longtemps la droite.

– *rechercher les éléments d'explication dans plusieurs directions* : non seulement il faut prendre en compte la vie politique proprement dite, dans ses diverses péripéties, mais il faut aussi penser à la pratique religieuse. En Allemagne, l'opposition entre protestants et catholiques a influencé profondément la géographie électorale. En France, l'identification de la gauche à la défense de la laïcité et de la droite à celle de l'Église est un trait fondamental, qui rend indispensable, pour expliquer tel ou tel résultat, de recourir à la carte de la pratique religieuse dans la France rurale publiée par le chanoine Boulard en 1950. Bien entendu, les facteurs démographiques, économiques, sociaux, culturels ont aussi leur importance : le comportement électoral n'est pas le même dans les villes et dans les campagnes, dans les régions agricoles et dans les foyers industriels, dans les zones prospères et dans celles en difficulté, dans les parties jeunes et dynamiques du territoire et dans celles qui connaissent un vieillissement démographique. Enfin, l'influence des individus reste souvent déterminante : tel ou tel *leader*, par son prestige national ou, au contraire, sa forte implantation locale, peut procurer à son parti des succès qui contrastent fortement avec les résultats que celui-ci obtient par ailleurs dans le reste du pays.

COMMENTAIRE

INTRODUCTION

En 1914, la SFIO est un parti jeune : elle résulte de la fusion opérée en 1905 entre les différentes tendances du socialisme français, sous le nom de Parti socialiste unifié SFIO (Section française de l'Internationale ouvrière). En 1956, elle est devenue un parti vieilli, déchiré par la guerre d'Algérie et la politique de force qu'y adopte son chef, Guy Mollet, lorsqu'il devient président du Conseil. Le temps n'est plus très éloigné de sa disparition et de sa mue, au Congrès d'Issy en 1969, en un nouveau Parti socialiste, bientôt conduit par François Mitterrand. Comment son audience électorale s'est-elle transformée en ces quelque quarante années ?

À partir des statistiques des voix recueillies lors des différents scrutins, les spécialistes de la géographie électorale élaborent des cartes rétrospectives. Celles qui sont reproduites ici sont extraites d'un recueil publié par l'un des fondateurs de cette discipline, François Goguel. Elles font ressortir, pour la SFIO de 1914 à 1956, à la fois des permanences et une évolution.

I. LES PERMANENCES

1 • les zones de force

Trois bastions apparaissent où la SFIO obtient toujours au moins le cinquième et parfois plus du quart des suffrages des électeurs inscrits :

– *le bastion du Nord* comprend, autour du Nord et du Pas-de-Calais, les Ardennes, la Somme, parfois l'Aisne : ce sont de vieilles régions industrielles, marquées par la présence des charbonnages, de l'industrie textile, de la métallurgie. Les masses ouvrières y sont réceptives au programme d'un parti qui se réfère explicitement au marxisme et à la lutte des classes. La tradition guesdiste s'y maintient, de Jules Guesde lui-même, élu à Roubaix, jusqu'à Guy Mollet, le député-maire d'Arras.

– *le bastion du Centre* comprend constamment la Haute-Vienne. S'y adjoignent la Creuse, la Corrèze, l'Allier, parfois la Saône-et-Loire. L'industrie est présente dans ces régions, de Limoges au Creusot. Mais l'électorat du parti est surtout rural : paysans pauvres, longtemps soumis à des modes d'exploitation archaïques (métayers du Bourbonnais), bûcherons, petits artisans de village. De plus, du Limousin jusqu'en Bourgogne, la déchristianisation est poussée, drainant ainsi vers le vote socialiste tous ceux qui veulent affirmer leurs convictions laïques.

– *le bastion du Midi méditerranéen* est plutôt provençal en 1914 et 1919, plutôt languedocien en 1936 et 1956. L'orientation à gauche dans ces régions remonte au moins au temps de la Seconde République et l'électorat y est passé du républicanisme avancé au radicalisme, puis au socialisme. Malgré quelques bases ouvrières, à Marseille et Toulon notamment, il s'agit de vignerons, de maraîchers, de petits fonctionnaires. Ce sont des terres d'élection pour les dirigeants du parti, dans tous les sens du terme : Léon Blum, battu à Paris, a représenté à la Chambre la circonscription de Narbonne, dans l'Aude, à partir de 1929.

2 • les zones de faiblesse

Elles sont surtout localisées au nord de la Loire. Tout le quart nord-ouest du pays, notamment la Normandie, le Maine, l'Anjou, ne donne guère à la SFIO plus de 10 % des suffrages des électeurs inscrits. Le parti est un peu mieux représenté en Bretagne et dans l'estuaire de la Loire, à cause de l'agglomération industrielle de Nantes Saint-Nazaire. Les régions de l'Est, la Lorraine notamment, votent peu socialiste. C'est aussi le cas de la bordure sud-est du Massif central : Loire, Haute-Loire, Lozère, Aveyron semblent peu réceptifs. Dans le massif alpin, les deux Savoies se distinguent par des scores très médiocres, ainsi que, dans le massif pyrénéen, les Basses-Pyrénées. Enfin la Corse et, dans une moindre mesure, les Alpes-Maritimes constituent aussi des départements où la SFIO est en position de faiblesse.

Ces médiocres scores s'expliquent parfois par le conservatisme social et l'aisance matérielle : en Normandie par exemple, les électeurs ruraux acceptent volontiers le poids des hiérarchies. Ailleurs le facteur religieux est prépondérant : le Velay, le Rouergue, le Pays basque, la Savoie sont des terres de chrétienté tout comme, en France du Nord, la Lorraine, l'Anjou et la Bretagne. Les électeurs s'y détournent d'un parti qui leur apparaît comme celui des « sans Dieu ». Enfin le clientélisme, en Corse et dans le comté de Nice, freine la pénétration des idéologies : le socialisme en pâtit.

II. L'ÉVOLUTION

1 • les victoires et échecs successifs

– *les élections législatives d'avril-mai 1914* sont une victoire pour la gauche, regroupée derrière le refus de la loi de trois ans de service militaire. La SFIO, alliée aux radicaux, y participe. On lui a adjoint les voix, peu nombreuses, recueillies par le Parti ouvrier socialiste-révolutionnaire fondé par Jean Allemane qui, en 1905, a refusé l'unité et dont les positions sont très proches de l'anarcho-syndicalisme, alors triomphant à la C.G.T.

– *les élections législatives de novembre 1919* sont un échec pour la SFIO, dont les voix stagnent, même si elle est présente dans davantage de départements. Le parti souffre des tensions nées durant la guerre entre partisans et adversaires de l'Union sacrée, tensions qui, jointes aux répercussions de la révolution russe, entraînent son éclatement au congrès de Tours de décembre 1920. On remarque pourtant la présence de très bons scores dans les trois départements d'Alsace-Lorraine où, sous le régime allemand, la classe ouvrière votait volontiers pour la social-démocratie. Mais, dès les années suivantes, cette conquête sera perdue, les élus de ces départements ayant rejoint le Parti communiste.

– *les élections législatives d'avril-mai 1936* sont le point culminant de l'audience électorale de la SFIO. Portée par la dynamique du Front populaire, elle élargit partout ses bases traditionnelles : dans le Nord, vers l'Aisne et la Marne ; dans le Centre, où un bloc massif de quatre départements lui procure plus de 35 % des suffrages des électeurs inscrits ; dans le Sud-Est où elle atteint le Dauphiné ; dans le Sud-Ouest enfin où, au Tarn de Jean Jaurès, s'adjoignent la Haute-Garonne de Vincent Auriol et d'autres départements. À cette date, il n'y a plus que 10 départements à donner à la SFIO moins de 5 % des suffrages des électeurs inscrits. Ils étaient 17 en 1919, 32 en 1914.

– *les élections législatives de janvier 1956*, faites sous le système des apparentements, qui a conduit à sectionner les départements les plus peuplés, sont pour la SFIO un semi-échec. Certes elle progresse par rapport à ses scores d'après 1945, mais elle ne parvient pas à retrouver sa force de 1936. Quelques bons résultats sont venus s'ajouter aux bases ouvrières du Nord-Pas-de-Calais : dans le Doubs, le Haut-Rhin, la Meurthe-et-Moselle. Mais l'ancien bastion du Centre est bien érodé et celui du Midi méditerranéen a perdu son homogénéité, malgré l'influence de Gaston Defferre à Marseille. C'est un parti en difficulté qui, ayant le plus grand nombre de députés au sein de la coalition victorieuse, celle du Front républicain, se trouve propulsé au pouvoir, à travers son secrétaire général Guy Mollet.

2 • la ruralisation progressive du parti

Les bases électorales de la SFIO, en quarante ans, tendent à délaisser les villes pour se situer de plus en plus dans les campagnes. Le phénomène est inquiétant pour un parti qui a conservé son programme marxiste et dont les militants ont une mentalité ouvriériste qui contraste avec celle des simples électeurs, petits paysans, fonctionnaires, membres des classes moyennes. À partir de 1936, la SFIO devient l'héritière du radicalisme dans toute une partie de la France méridionale : en 1956, ses meilleurs scores, outre les Ardennes et le Nord-Pas-de-Calais, sont réalisés dans les Landes et les Basses-Alpes. Symétriquement, au fil des ans, malgré une action souvent remarquable à la tête de nombreuses municipalités, l'électorat des très grandes agglomérations tend à échapper à la SFIO. Sur chaque carte, Paris et sa banlieue sont isolés dans un cartouche : celui-ci ne cesse de pâlir d'une élection à l'autre, traduisant l'érosion progressive des positions socialistes. Le fait se produit aussi, à quelques nuances près, dans le Rhône pour Lyon, en Gironde pour Bordeaux et même dans les Bouches-du-Rhône pour Marseille.

Les raisons de ce glissement vers des bases rurales sont multiples et complémentaires l'une de l'autre : concurrence du Parti communiste auprès de l'électorat ouvrier, incompréhension des électeurs face aux positions prises par les dirigeants, manque de renouvellement doctrinal, surtout après la disparition de Léon Blum en 1950. Les conséquences en sont dramatiques, car le parti est menacé d'une sclérose progressive.

CONCLUSION

À la fin de la Quatrième République, la SFIO, vue à travers son implantation électorale, semble indéniablement en perte de vitesse. À la veille de la Première Guerre mondiale au contraire, elle pouvait légitimement incarner l'avenir aux yeux de beaucoup d'observateurs. L'étude de géographie électorale a ainsi le mérite de renvoyer constamment, non seulement à l'histoire politique, mais aussi à toutes les transformations économiques, sociales et culturelles qui ont jalonné la période.

Indications bibliographiques

La carte du chanoine Boulard, fondamentale pour tout étude de géographie électorale en France, est reproduite dans de nombreux ouvrages, comme :

R. REMOND, *Les droites en France*, Paris, Aubier, 1982.

F. GOGUEL, *Géographie des élections françaises sous la Troisième et la Quatrième République*, Paris, Presses de la Fondation nationale des sciences politiques, 1970.

G. CHOLVY, *La religion en France de la fin du XVIIIe siècle à nos jours*, Paris, Hachette (coll. « Carré-Histoire »), 1991.

Pour le sujet :

J.-M. MAYEUR, *La vie politique en France sous la Troisième République 1870-1940*, Paris, Le Seuil (coll. « Points »), 1984.

J.-J. BECKER, *Histoire politique de la France depuis 1945*, Paris, A. Colin (coll. « Cursus »), 1988.

J. TOUCHARD, *La gauche en France depuis 1900*, Paris, Le Seuil (coll. « Points »), 1977.

A. BERGOUNIOUX et G. GRUNBERG, *Le long remords du pouvoir*, Paris, Fayard, 1992.

TROISIÈME PARTIE

DOSSIERS DE DOCUMENTS

LA DÉMARCHE

Fréquemment proposés aux étudiants, les dossiers sont généralement constitués de trois à cinq documents, retenus pour leur diversité. Les quatre exemples proposés ici, pour chacune des grandes périodes de l'histoire, rassemblent ainsi tous les types de documents étudiés dans ce recueil : tableaux de chiffres (dossiers 1, 3 et 4), courbes (dossiers 2 et 4), diagrammes (dossier 2), schémas (dossier 3), cartes (dossiers 1, 3 et 4), enfin brefs extraits de documents littéraires (dossier 1) ou figurés (dossier 3).

On ne reviendra pas sur la démarche à suivre pour en analyser les contenus respectifs, ni sur l'introduction qui doit, bien entendu, présenter succinctement les différents documents du dossier, en indiquer la nature et en rappeler le contexte. La difficulté principale de l'exercice consiste à trouver *un plan* qui rende compte de la totalité du dossier, sans pour autant négliger la spécificité de chaque document.

L'erreur majeure serait de commenter chaque document séparément du reste du dossier et d'adopter comme plan l'ordre même dans lequel les documents sont présentés. Outre que l'on aurait ainsi des plans comportant parfois quatre ou cinq parties, le commentaire serait totalement manqué, car ce que veut suggérer le dossier, c'est justement les liens qui existent entre ces divers documents. Il faut donc, après avoir analysé chacun d'eux le plus complètement possible, bâtir le plan à partir des caractéristiques communes et des contrastes qui ressortent des documents.

Le titre donné au dossier a ici une importance essentielle. Quels aspects des aqueducs à Rome sous le Haut-Empire, du commerce français à la fin du Moyen Âge, de la situation des protestants après la révocation de l'édit de Nantes, de l'agriculture française au XIXe siècle les documents fournis permettent-ils de dégager ? Il convient d'articuler le propos autour de deux ou trois aspects principaux et de montrer comment chacun d'eux ressort des documents du dossier, qui doivent donc être cités à plusieurs reprises.

Lorsque des oppositions apparaissent entre les documents, l'un permettant de dégager un point, tandis que l'autre suggère le contraire, c'est vraisemblablement cette opposition elle-même qui peut servir de fil directeur pour l'une des grandes parties ou pour la totalité du plan.

Enfin, comme toujours, il convient de ne pas oublier de *critiquer* les documents. Leur portée doit être appréciée et leur représentativité mesurée. C'est la tâche de la conclusion qui peut, éventuellement, se référer à l'historiographie du sujet pour mieux montrer l'intérêt du dossier proposé.

Dossier 1

Les aqueducs de Rome au Haut-Empire

Doc. A : Le premier, M. Agrippa, après l'édilité qu'il géra postérieurement à son consulat, fut une sorte de curateur à vie de ses propres adductions et de ses fontaines monumentales. Comme l'abondance de l'eau le permettait désormais, il répartit les quantités à fournir aux services publics, aux fontaines et aux particuliers. Il eut aussi un personnel d'esclaves spéciaux pour les eaux, chargés d'entretenir les aqueducs, les réservoirs et les fontaines. C'est ce personnel qu'Auguste hérita et qu'il donna à l'État... [en 11 av. J.-C]. Auguste [pour gérer l'administration des eaux] nomma curateur Messala Corvinus avec comme seconds Postumus Sulpicius, un ancien préteur, et L. Cominius qui n'avait pas encore exercé de magistrature. On leur accorda des insignes comme à des magistrats et au sujet de leurs fonctions fut voté un sénatus-consulte [octroi de personnel administratif à ceux qui ont été nommés curateurs des eaux publiques par César Auguste en accord avec le sénat].

Frontin, *Les aqueducs de la ville de Rome*, 98-99, C.U.F., trad. P. Grimal.

Doc. B : [Claude] fit amener, à ses frais, « l'eau Claudia », depuis les sources qu'on appelle Caerulea et Curtia, à compter du milliaire 45, ainsi que l'eau du « Nouvel Anio » à compter du milliaire 62 [en 52].

[Vespasien] rétablit pour la Ville, à ses frais, les eaux Curtia et Caerulea, amenées par le divin Claude, et qui, par la suite, pendant neuf ans, avaient été interrompues et dispersées [en 71].

[Titus] fit rénover à ses frais les eaux Curtia et Caerulea, amenées par le divin Claude et rétablies ensuite par le divin Vespasien son père, alors que la vieillesse des ouvrages, atteints à partir de leur base, laissait les eaux se dissiper depuis leurs sources [en 80/81].

[*ILS* 218 = *CIL* VI 1256/8, Inscriptions sur la section de l'aqueduc claudien enjambant les voies Labicana et Praenestina].

Doc. C : Les aqueducs de Rome

	Date		Longueur	Débit	
Appia	312	av. J.-C.	16 km	73 000	m³/jour
Anio vetus	272		64	175 000	
Marcia	144		91	187 000	
Tepula	125		2	17 000	
Julia	33		22	48 000	
Virgo	19		22	100 000	
Alsietina	2	ap. J.-C.	33	15 000	
Claudia	52		47	184 000	
Anio Novus	52		53	189 000	
TOTAL				988 000	

Coût des aqueducs de Claude : 350 millions de sesterces.

Données extraites de : L. HOMO, *Rome impériale et l'urbanisme dans l'Antiquité*, Paris, Albin Michel, 1967.

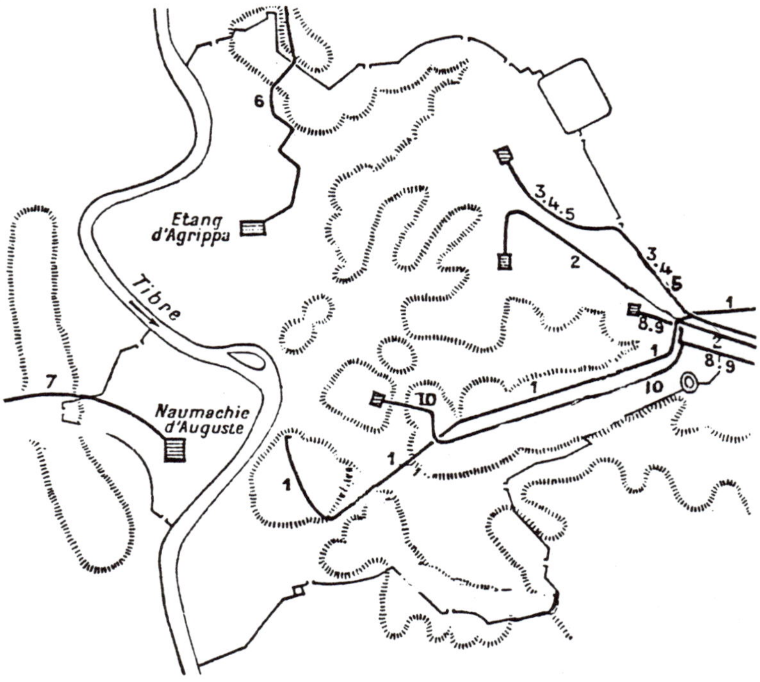

1. — Aq. Appia. — 2. Anio vetus. — 3. Aq. Marcia. — 4. Aq. Tepula. — 5. Aq. Julia. — 6. Aq. Virgo. — 7. Aq. Alsietina. — 8. Aq. Claudia. — 9. Anio Novus. — 10. Arcus Neroniani Caelimontani (aq. Claudiae). —

Doc. D :

L. HOMO, *Rome impériale et l'urbanisme dans l'Antiquité*, Albin Michel, 1967.

COMMENTAIRE

INTRODUCTION

En 97, Frontin après une belle carrière (consulat en 73, gouvernement de la Bretagne, proconsulat en Asie) est nommé par Nerva curateur des eaux. Il rédige un rapport sur l'état des lieux et les réformes à effectuer. Les « *Aqueducs de la ville de Rome* » constituent un dossier nourri des archives du service et de la compétence de son auteur. À cette documentation s'ajoutent les inscriptions de la section des aqueducs claudien et Anio novus franchissant les voies Labicana et Praenestina, inscriptions par lesquelles les empereurs Claude pour la construction, Vespasien et Titus pour les réparations des aqueducs proclament qu'ils ont agi à leurs frais. À partir de cette riche documentation, le commentaire portera sur trois points : le réseau des aqueducs, la gestion de l'eau, l'évergétisme impérial.

I. LE RÉSEAU DES AQUEDUCS

La mise en place est marquée par deux temps forts : les trois premiers aqueducs assurent 42 % du débit, les deux aqueducs de Claude 36 %. L'histoire des aqueducs est celle de Rome, l'Aqua Appia est réalisée en 312 après la victoire sur les Samnites et la conquête de l'Italie centrale, l'Anio vetus en 272 après celle de l'Italie méridionale, l'Aqua Marcia en 144 deux ans après la fin des guerres puniques. Les aqueducs les plus longs et les plus abondants impliquent une maîtrise du territoire. Rome par sa puissance permet ces constructions, la croissance de sa population l'exige : sous le principat un million d'habitants disposent d'un million de mètres cubes par jour.

À l'exception des aqueducs Virgo et Alsietina alimentant Rome par l'ouest et par le nord, l'essentiel de l'eau puisée aux monts Albains est acheminé à la Ville par des conduites qui presque toutes convergent vers le point le plus oriental et un des plus élevés du site romain. Parallèles ou superposés (aqueduc claudien et Anio novus) et par leur poids affaiblissant les arcs de support, ces aqueducs sont mis en interconnexion pour assurer une alimentation de la ville. La desserte limitée avec l'Aqua Appia au Forum et au Champ de Mars profite à l'ensemble de la ville avec les constructions suivantes dont celles d'Agrippa. Frontin le constate : « Comme l'abondance de l'eau le permettait [Agrippa] répartit les quantités à fournir aux services publics, aux fontaines et aux particuliers ». Il évoque aussi l'ensemble du circuit avec les « esclaves chargés d'entretenir les aqueducs, les réservoirs et les fontaines ». La construction des deux aqueducs par Claude parachève cette organisation.

II. LA GESTION DE L'EAU

Frontin souligne les modalités particulières de la gestion des eaux par Agrippa de 33 à 12. L'édilité qu'il exerce après le consulat est exceptionnelle mais aussi confortée par le prestige de la magistrature principale. La gestion qu'il assure à titre privé sa vie durant est après sa mort étatisée, Auguste donne à l'État les esclaves que lui a légués Agrippa. Frontin parle de ce dernier comme d'une sorte de curateur à vie, on pourrait parler d'un curateur avant la lettre, tout se passant comme si, à la mort d'Agrippa, il fallait mettre en forme institutionnelle sa longue pratique privée. Les curateurs des eaux publiques, anciens magistrats, portent des insignes et ont des moyens administratifs comme des magistrats, ils sont nommés par Auguste avec l'accord du sénat. Recrutés après le consulat, ils bénéficient moins du prestige de cette magistrature qu'ils n'attestent son instrumentalisation, le consulat étant un préalable à l'exercice de fonctions dans la main du prince. Nommé selon une procédure établie, Frontin peut référer l'œuvre d'Agrippa à deux logiques, celle de la République où la fonction n'est pas individualisée dans la compétence d'une magistrature, celle du principat où elle est définie aux dépens des anciennes magistratures et au service du prince.

III. L'ÉVERGÉTISME IMPÉRIAL

Sous la République, les censeurs par leurs constructions, les édiles par leurs travaux cherchent à tirer gloire de leurs actions. Avec les grandes conquêtes, les *imperatores* reviennent de l'Orient hellénistique avec du butin et des modèles d'évergétisme leur permettant de construire et de se poser en bienfaiteurs du peuple romain. Ce n'est pas pur hasard si nombre d'aqueducs portent le nom de leur constructeur. Agrippa, collaborateur dévoué d'Auguste, laisse à ce dernier le prestige de la réalisation de l'Aqua Julia ; c'est que le prince revendique le monopole de l'évergétisme au profit de Rome et qu'il est le seul à en avoir les moyens : les deux aqueducs de Claude ont coûté 350 millions de sesterces à comparer avec les 445 millions à payer chaque année pour les carrières et les soldes de l'armée impériale. Les *Res Gestae* explicitent cette démarche, Auguste rappelle qu'il a restauré le théâtre de Pompée sans y mettre son nom mais énumère ses bienfaits, leur montant et leurs bénéficiaires : « j'ai refait les aqueducs qui en plusieurs points tombaient en ruines de vétusté, j'ai doublé le volume de l'Aqua Marcia ».

Gravées en caractères gigantesques sur la section des aqueducs claudiens, les inscriptions disent les bienfaits de trois empereurs. Comme constructeur Claude, comme réparateurs de ces deux ouvrages, Vespasien et Titus proclament en termes identiques qu'ils ont assumé les dépenses (*sua impensa*) pour la Ville. La nécessité de procéder à des réparations fréquentes qu'explique en partie la double charge des aqueducs superposés pesant sur les arcs et qui pourrait nourrir des doutes sur la solidité initiale est transmuée doublement : Titus évoque comme Auguste la vétusté, la répétition des travaux exprime la constance de l'évergétisme impérial efficace contre l'usure du temps.

CONCLUSION

« Du pain et des jeux », la formule signifie moins la dépravation de la plèbe que sa vocation politique à bénéficier de la puissance de Rome, le prince étant tenu de répondre à cette demande. Utile et agréable, l'eau est également due au peuple : au prince d'y pourvoir. Dans l'empire, nombre de cités s'emploient à se transformer en petites Romes : décurions et évergètes dépensent pour doter leurs concitoyens des agréments de la vie, ils construisent non sans déboires (cf. les lettres de Pline sur les cités de Bithynie), les empereurs contribuent à l'édification des aqueducs. Ces derniers attestent la force de Rome, de son affaiblissement témoignent leur incorporation dans l'enceinte d'Aurélien et la transformation des deux arcs enjambant les voies en Porte Préneste appelée plus tard Porte Majeure.

Indications bibliographiques

FRONTIN, *Les aqueducs de la Ville de Rome*, Paris, Belles Lettres (CUF).

A. MALISSARD, *Les Romains et l'eau*, Paris, Belles Lettres, 1994.

J.-P. ADAM, *La construction romaine*, Paris, Picard, 1984.

L. HOMO, *Rome impériale et l'urbanisme dans l'Antiquité*, Paris, Albin Michel, 1967.

Dossier 2

ÉVOLUTION DU COMMERCE DE QUELQUES PORTS FRANÇAIS AUX XIVe ET XVe SIÈCLES

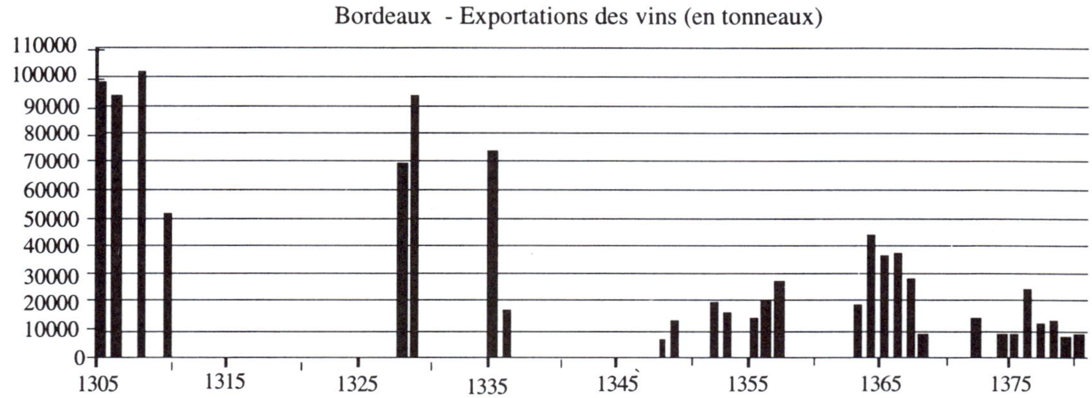

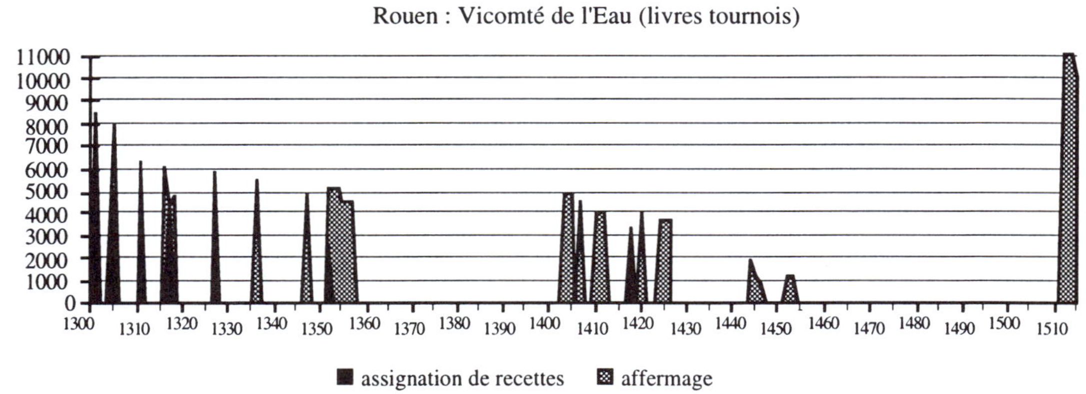

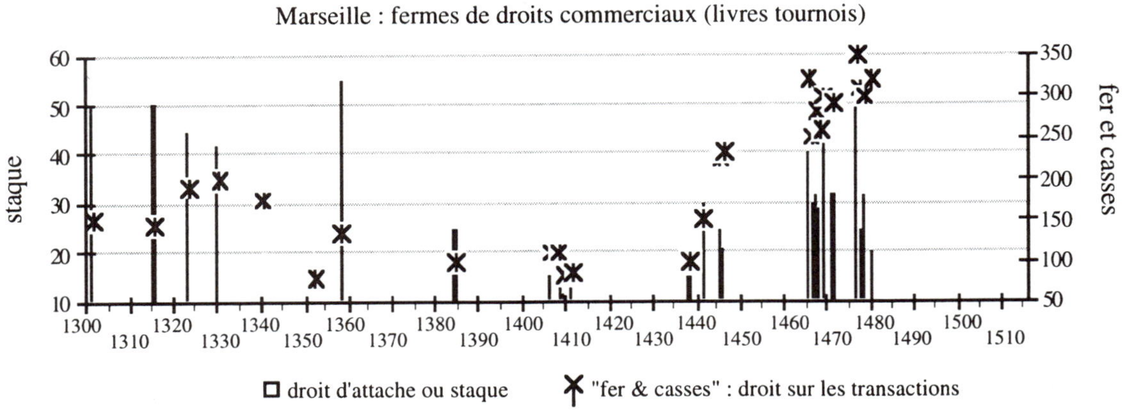

Les diagrammes ont été construits pour Bordeaux à partir des données de M. K. James, « The fluctuations of anglo-gascon wine trade during the fourteenth century », *The Economic History Review*, 1951, p. 192-193. Pour Rouen, d'après M. Mollat, *Le commerce maritime normand*, Paris, 1952, p. 606. Pour Marseille, d'après E. Baratier et F. Reynaud, *Histoire du commerce de Marseille*, t. II, Paris, 1951, p. 312 et 725.

COMMENTAIRE

INTRODUCTION

Entre le début du XIVe siècle et la fin du siècle suivant, le trafic commercial accuse une profonde récession dont témoigne l'activité des ports de Bordeaux, de Marseille et de Rouen. Les sources dont nous disposons sont toutes de nature indirecte et d'origine fiscale. À Bordeaux, où les échanges portaient presque exclusivement sur le commerce des vins, les tonnages sont connus grâce aux comptes de la « Grande Coutume » qui détaillent les droits perçus au profit du roi d'Angleterre, duc de Guyenne, sur chaque tonneau quittant la Gironde ; à Rouen, la documentation repose sur l'affermage ou à défaut sur l'assignation des recettes de la « Vicomté de l'Eau » qui frappait d'une taxe les marchandises circulant en Basse-Seine ; à Marseille, la principale source concerne le droit de staque ou d'attache des navires — principalement des caboteurs entrant dans le port —, et sur le « poids du fer et des casses » qui touchait l'ensemble des transactions commerciales, notamment celles ayant trait au commerce international. Bien qu'extrêmement discontinues, ces séries donnent des repères quantitatifs suffisamment concordants pour dégager les grandes phases de l'évolution : l'apogée commerciale des années 1300-1340, un déclin très marqué jusque vers 1440-1470 selon les lieux, suivi d'un redressement dans les dernières années du siècle.

I. L'APOGÉE ÉCONOMIQUE

Le tournant des années 1300 marque l'apogée du commerce maritime médiéval. Toutes les données chiffrées permettent de voir que le maximum d'activité fut atteint avant 1340. Cette prospérité tint à une demande intérieure et extérieure encore très soutenue, à une production encore en croissance, aux progrès des moyens de transport, et surtout à la paix et à la sécurité des grandes routes commerciales.

À Rouen, deuxième ville du royaume, qui bénéficiait des produits de l'arrière-pays de la Seine (vins de la Haute-Seine et de la Bourgogne, blés de la Beauce et de l'Île-de-France…) et dont le commerce s'orientait principalement vers l'Angleterre et vers les Pays-Bas, les guerres menées par Philippe le Bel contre Édouard Ier et le comte de Flandre entre 1294 et 1304 eurent très certainement pour effet de ralentir l'activité. Pour autant la ferme de la « Vicomté de l'Eau » se maintenait encore, vers 1305, au niveau très élevé de 6000 à 8000 livres, niveau très supérieur à tous ceux observés par la suite jusqu'au début du XVIe siècle.

De même à Bordeaux, la fin de l'occupation de la Guyenne par les Français (1294-1303) et l'arrêt des hostilités avec l'Angleterre ramenèrent rapidement la prospérité. Avec 102 724 tonneaux de 800 à 900 litres, le maximum des exportations fut atteint en 1308-1309. Ces vins provenaient non seulement du Bordelais, mais aussi, pour plus de la moitié, du Haut-Pays de la Garonne et de la Dordogne dépendant du roi de France. De 1305 à 1336, les sept comptes complets dont nous disposons donnent une moyenne de quelque 70 000 à 80 000 tonneaux et ne descendent jamais au-dessous de 50 000, chiffre qui ne sera jamais plus dépassé par la suite.

De même à Marseille, à partir de 1302, quinze années de paix relative favorisèrent à nouveau les échanges commerciaux fortement dégradés après les « Vêpres siciliennes » (1282) par les guerres qui s'ensuivirent entre la maison d'Anjou et celle d'Aragon à propos de la domination sur Naples. Sans remonter à son niveau d'antan, l'activité marseillaise, qui bientôt profita de la proximité de la cour pontificale établie d'abord à Carpentras puis à Avignon, reprit en direction de Chypre et de la Cilicie où les Marseillais s'étaient repliés après la chute des derniers comptoirs syro-palestiniens ; elle se développa modestement en direction de l'Afrique du Nord ; et surtout s'intensifia avec le Languedoc, les Baléares, Gênes et les ports de l'Italie du Sud.

II. LE DÉCLIN

Aux alentours des années 1340, la conjoncture se détériora et — en dépit de paliers et de légères remontées — un déclin général s'ensuivit qui dura plus d'un siècle.

L'analyse des données souligne immédiatement le poids des vicissitudes politiques. Les périodes de grande récession des échanges correspondent partout aux temps forts des hostilités continentales, de la course maritime et de la piraterie. La guerre agit en effet directement en coupant les voies commerciales, en provoquant des embargos, en instaurant des licences d'exportation, en diminuant le nombre des navires réquisitionnés à des fins militaires et en augmentant le coût des assurances et des transports effectués souvent sous escortes armées comme ce fut bientôt le cas pour la flotte des vins. Mais la guerre agit aussi indirectement en entraînant par ses ravages une chute des productions destinées à l'exportation, et en régionalisant les marchés repliés de plus en plus sur eux-mêmes.

À Bordeaux, les effets de la guerre de Cent Ans ne tardèrent pas à se faire sentir. La pénétration des troupes françaises en Bordelais au printemps 1338, occasionnant la destruction d'une partie du vignoble, fit chuter les exportations. Celles-ci pâtirent en outre dans les années suivantes de l'abolition des privilèges consentis au début du siècle aux marchands de vin de la moyenne Garonne, qui, résidant en territoire du roi de France, durent désormais acquitter complètement les taxes de la « Grande Coutume ». Ainsi, jusqu'en 1357-1358, les exportations ne dépassèrent-elles pas les 20 000 tonneaux. Au temps du Prince Noir, un léger redressement s'opéra durant la période de paix et d'extension de la principauté d'Aquitaine jusqu'au

Rouergue, au Quercy et à la Bigorre ; les sorties de vin atteignirent 30 000 à 40 000 tonneaux ; pour autant elles étaient encore loin de la moyenne annuelle du début du siècle dont elles représentaient à peine la moitié. Le redressement fut de courte durée ; dès 1369-1370 la reprise des guerres, interdisant l'arrivée des vins du haut pays français, fit chuter les exportations qui, sauf récoltes exceptionnelles et période de trêves (1376-1377), stagnèrent autour de 10 000 tonneaux.

À Rouen, la récession est également très marquée. Le trafic qui d'après certains indices complémentaires s'était affaissé dans la seconde moitié du XIVe siècle, avait tout juste retrouvé vers 1400 son niveau de 1356, lequel se situait un bon tiers en dessous de celui du début du siècle. Là encore le redressement fut de courte durée ; dès 1405-1410, la conjoncture politique redevint franchement mauvaise : la guerre de course, les coups d'audace des Anglais, les rivalités entre Armagnacs et Bourguignons commencèrent à paralyser la circulation. Les grandes difficultés débutèrent avec l'incendie de Fécamp en 1410, du Tréport en 1413, et surtout avec l'invasion anglaise de 1415. Le commerce normand, favorisé par l'union avec l'Angleterre se redressa un peu entre 1422 et 1436 ; mais dès 1438, avec la reprise des hostilités, la recette de la « Vicomté de l'Eau » était tellement diminuée qu'on dut renoncer à l'affermer ; en 1444 le soumissionnaire qui l'avait reprise à 5600 livres pour trois ans subit à deux reprises d'importantes pertes. Enfin, dès 1449, les opérations de la reconquête française achevèrent la déroute économique.

En Méditerranée, la conjoncture ne fut guère meilleure. Marseille pâtit de l'invasion de la Provence par des bandes de routiers qui ravagèrent les campagnes de 1357 à la fin du siècle et semèrent l'insécurité dans tout l'arrière-pays ; le commerce se ressentit de la disparition des foires de Chalon-sur-Saône, du déclin de la place d'Avignon et d'une perte de vitalité de l'axe rhodanien ; la navigation souffrit par ailleurs de la piraterie très active dans les parages d'Hyères et de Monaco ; mais le trafic maritime fut surtout affecté par l'interminable conflit qui opposa presque sans discontinuer, de 1343 à 1423, Angevins et Catalans, et aboutit en novembre de la dite année au sac de la ville par Alphonse V d'Aragon qui ainsi se vengea de son échec sur Naples. Dominant la Méditerranée occidentale, la flotte catalane réduisit bientôt toute tentative de reprise de l'économie marseillaise non seulement dans le domaine de la grande navigation, mais aussi dans celui du petit cabotage. La ville finalement fut sauvée par le renoncement des Angevins à la place de Naples qui, en 1443, passa pour longtemps sous le contrôle des Aragonais.

III. LA REPRISE COMMERCIALE

Le nadir fut partout atteint vers 1440-1460 ; la tendance alors s'inversa. Toutefois le redressement fut plus ou moins rapide selon les lieux et ne porta vraiment ses fruits que dans le dernier quart du XVe siècle.

La reprise correspond assurément au retour à la paix et à la sécurité des voies de communication, mais elle correspond surtout au retournement de conjoncture générale. Car si le déclin, examiné ci-dessus, résulte bien d'une recrudescence de la violence sous toutes ses formes et dans toute l'Europe, la récession séculaire fut aussi déterminée et entretenue par des facteurs démographiques et monétaires. La baisse de l'activité commerciale peut en effet résulter, sinon d'une diminution réelle de la masse monétaire en circulation, du moins d'une insuffisance de celle-ci due à la fois à la raréfaction du métal précieux par épuisement des mines européennes, à la rupture des routes africaines d'approvisionnement et à la thésaurisation accentuée par les désordres monétaires. Mais la contraction commerciale fut surtout la conséquence d'une diminution du nombre des hommes à la suite des pestes qui, de 1348 jusqu'au début du XVe siècle surtout, frappèrent de manière répétée tous les douze à quinze ans. Ainsi, entre 1350 et 1450, la population diminua-t-elle en moyenne dans des proportions allant du quart au tiers selon les pays ; il s'ensuivit une chute de la demande mais aussi une baisse des productions agricoles et industrielles, et donc un déficit de l'offre.

Or ces mouvements de fond ne commencèrent vraiment à s'inverser et à porter leurs fruits qu'au milieu du XVe siècle. Conjointement, à la faveur de la paix et du choix de Marseille par Jacques Cœur comme port d'attache de ses galées, dès 1445-1446 des progrès dans ces eaux se dessinent. Les affermages des « poids et casses » et du droit de « staque » augmentent respectivement de 56 et 70 %. À partir de 1470 l'industrie du drap et l'arrivée de nombreux étrangers accélérèrent le redressement. Après 1481 le rattachement à la France et le démarrage des foires de Lyon apportèrent à la ville une prospérité croissante.

À Rouen, le redressement ne fut pas aussi précoce. M. Mollat parle d'une « impossible reprise ». Celle-ci ne débute pas avant le traité de Picquigny de 1475 qui rétablit les liens avec l'Angleterre. Mais en dehors de la reprise des relations traditionnelles avec les îles Britanniques, les Pays-Bas et la Bretagne, l'essor normand tint principalement aux modifications des courants d'échanges notamment en direction de l'Espagne, du Portugal, voire du Maroc et des pays méditerranéens. Les dernières décennies du XVe siècle annoncent incontestablement un « âge nouveau ». Si l'on en juge par les affermages de la « Vicomté de l'Eau », le trafic s'était considérablement accru ; au début du XVIe siècle il avait presque doublé par rapport aux années 1310-1330, mais il s'était surtout diversifié grâce à l'installation à demeure d'importantes colonies étrangères et à l'élargissement géographique du champ des interventions commerciales.

CONCLUSION

Des divers facteurs de l'évolution du commerce, le politique semble *a priori* le plus important. De fait les grandes fluctuations apparaissent chronologiquement liées à l'état de sécurité ou d'insécurité de la région ou de la nation. Mais au-delà de ces considérations politico-militaires nécessairement différentes quant à leur nature, leur importance et leurs séquences temporelles, à Rouen, à Marseille, à Gênes, à Palerme ou ailleurs, le *trend* séculaire qui épouse partout le même schéma dépressif, laisse à penser que des facteurs plus profonds, comme par exemple la chute démographique, la famine monétaire ou les variations des balances commerciales, eurent certainement une action encore plus décisive.

Indications bibliographiques

Ouvrages généraux

Outre les ouvrages généraux déjà cités p. 43 et 48, on peut consulter :

The Cambridge Economic History of Europe, vol. II, *Trade and industry in the Middle Ages*, éd. M-M. Postan et E.E. Rich, Londres, 1952.

H. A. MISKIMIN, *The Economy of Early Renaissance Europe 1300-1460*, New Jersey, 1969.

Ouvrages spécialisés

Outre les travaux dont sont extraits ces documents on peut consulter :

Y. RENOUARD (coord.), *Bordeaux sous les rois d'Angleterre*, Bordeaux, 1965.

Y. RENOUARD, *Études d'histoire médiévale*, t. 1, Paris, 1968.

Dossier 3

LA RÉVOCATION DE L'ÉDIT DE NANTES ET LA RÉPRESSION DU PROTESTANTISME, 1685-1787

Doc. A

Doc. B

Assemblées surprises ou ayant donné lieu à des arrestations	Quelques catégories de victimes de la persécution religieuse (chiffres, la plupart, inférieurs à la réalité du fait de l'état fragmentaire de la documentation)												Évaluation approximative		
	Déportés		Expulsés		Exécutés		Tués	Prisonniers	Prisonnières	Galériens	Totaux		de la population réformée vers 1680	du nombre des réfugiés	de la population réformée vers 1807
	H.	F.	H.	F.	H.	F.									
327	295	161	183	265	185	30	583	3267	3250	1940	10168		878 000	200 000	429 200

Doc. C : Essai de bilan numérique partiel de la révocation de l'édit de Nantes (1685-1787)

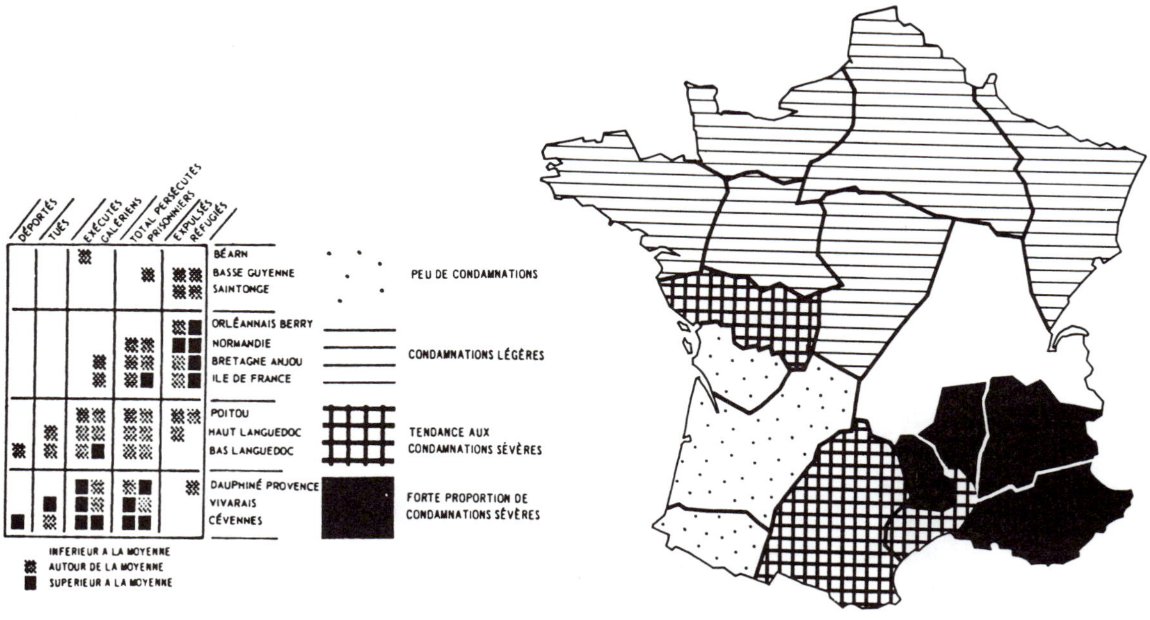

Doc. D : Typologie des persécutions (1685-1787)

Source : *Les Huguenots*, catalogue de l'exposition, Paris, A.N., 1985, p. 132.

COMMENTAIRE

INTRODUCTION

– *Présentation des documents :* les documents A et B sont des dessins faits en 1686 au lendemain de la Révocation et repris au XIXe siècle sous forme de lithographies en couleur. L'approche chiffrée et cartographiée des persécutions pendant le siècle suivant, de 1685 à 1787 (doc. C et D), a été élaborée à l'époque contemporaine, à partir d'une documentation dispersée et fragmentaire : relations et correspondances d'exilés et de pasteurs. Tous quatre proviennent de sources protestantes.

– *Contexte* : Depuis le début de son règne personnel, Louis XIV cherche à « réduire les huguenots ». La violence est utilisée à partir de 1681. En octobre 1685, l'édit de Fontainebleau révoque l'édit de Nantes. Le protestantisme est officiellement exclu du royaume, jusqu'en 1787, date à laquelle un édit de tolérance rend aux réformés une existence civile.

I. LES MOYENS DE PRESSION UTILISÉS POUR FORCER LES CONVERSIONS

1 • La position protestante *(lecture des deux représentations figurées)*

L'organisation commune des deux images exprime la situation des protestants à la Révocation : se convertir sous la menace ou subir des violences. Le rapport de forces est traduit par les attitudes : un homme agenouillé sous la pression d'un autre, la diagonale de la menace traversant l'image. Mais la violence est intellectualisée : symbolisme du face à face de deux êtres (dont l'un, le protestant, a un beau visage et l'autre un masque bestial) et de l'action (la croix au bout de l'arme).

Même utilisation commune des légendes. La seule « force » des protestants est l'ironie : utilisation à contre-emploi des termes religieux (« missionnaire », « appel évangélique »), jeu sur les mots « force » et « raison » (document A), dérision (« Louis le Grand », « hérétique »). L'auteur de cette protestation en images est vraisemblablement un membre de l'élite réformée urbaine, comme l'indique d'ailleurs le costume bourgeois du protestant du document A.

2 • La réalité des dragonnades *(doc. A : vérité de l'image, son rapport au réel)*

Sous la simplification de l'icône qui ne retient, comme une épure, que les grandes lignes de la situation et du rapport de forces, sont sous-jacentes des scènes de violence précises. Les dragonnades consistent à loger chez l'habitant (protestant obstiné) des soldats qui ont, par leurs brutalités, pour objectif d'obtenir la conversion du récalcitrant. Cette politique, utilisée déjà pour le recouvrement forcé de l'impôt, est reprise par l'intendant du Poitou Marillac (cité dans le document B), qui la met en œuvre en 1681 dans sa généralité. Les dragonnades sont étendues en 1684 à plusieurs provinces et après la Révocation à tout le Midi, du Béarn au Dauphiné. Elles ne cesseront qu'à la fin du siècle. Leur efficacité est grande : 300 000 à 400 000 conversions sont ainsi obtenues.

II. LA MESURE DE LA RÉPRESSION

Au-delà des images volontairement symboliques, qui refusent tout événementiel et toute différenciation catégorielle (sociale ou géographique) au profit d'un « homme protestant » unique, les statistiques (doc. C et D) permettent de restituer aux violences leur poids de réalité.

Il faut, pour les comprendre, rappeler les fondements légaux des persécutions et les différentes formes qu'a prises la répression selon les circonstances.

1 • Les différentes peines *(analyse de leur présentation et de leur hiérarchisation dans les doc. B et C, en rapport avec les textes royaux qui lès fondent)*

Le document B met sur le même plan les divers châtiments judiciaires auxquels s'exposaient les protestants récalcitrants après la Révocation : les châtiments corporels (verges), la prison et les galères, et les peines de mort. En fait le texte de l'édit de Fontainebleau ne prévoyait la peine de mort que pour les relaps, mais une déclaration de 1686 édicta des peines sévères contre les participants des assemblées clandestines (document C : 327 assemblées surprises), dont la mort pour les prédicants. Les hommes arrêtés lors de prêches « au Désert » ou pendant une tentative d'émigration étaient envoyés aux galères ; les femmes, en prison.

2 • Les victimes : une approche chiffrée *(Il s'agit ici d'évaluer les diverses formes de violences subies, d'expliquer certaines catégories de victimes non prévues par la loi (« tués ») et si possible d'introduire une nuance chronologique dans la période 1685-1787)*

– *La chronologie.* Elle est globale pour la période 1685-1787 : une communauté protestante importante existe toujours en France au XVIIIe siècle. Ainsi, les espoirs des autorités catholiques de voir les générations suivantes se convertir ont été vains. Cependant, l'essentiel des condamnations date du règne de Louis XIV : par exemple, sur les 1 940 galériens, 1 500 furent condamnés de 1685 à 1715.

– *Convertir les nombres absolus en pourcentages, pour rendre plus lisible la répartition entre les différentes catégories.* Les hommes furent à 80 % prisonniers ou galériens (ils formaient 4 % des galériens). Les déportés/expulsés (aux Antilles le plus souvent) et les morts forment chacun environ 10 % de l'ensemble. Peu de procès étaient suivis de condamnations à mort : les victimes furent tuées le plus souvent sur le coup, lors des heurts survenus lorsqu'une assemblée était surprise par les troupes, ou lors des révoltes, telle celle des Camisards (1702-1705). Les femmes ne forment qu'un tiers des victimes : parmi elles, 9 sur 10 étaient prisonnières.

3 • Les disparités régionales *(comprendre la construction graphique, analyser les variations géographiques et donner les éléments d'explication)*

Sur un fond de carte aux frontières de la France actuelle, le degré de sévérité des persécutions est traduit graphiquement dans le cadre des provinces synodales protestantes. La matrice qui a servi à l'élaboration de cette carte de synthèse permet d'analyser plus finement, pour chaque région, l'importance respective des diverses catégories de victimes.

Les régions les plus touchées par la répression sont celles du Poitou et du Midi : la forte proportion d'exécutions dans les Cévennes est liée à la révolte des Camisards. Dans le Nord et le Centre, les condamnations ont été moins sévères, et parallèlement l'émigration plus forte, ce qui s'explique par la proximité des pays de refuge : îles Britanniques, Provinces-Unies, Suisse et Allemagne.

CONCLUSION

Les derniers chiffres du document C proposent un bilan chiffré global de l'évolution du protestantisme français. L'importance numérique de la population réformée au moment de la Révocation a récemment été revue à la baisse : les protestants français étaient sans doute 750 000 vers 1680, alors que le document propose le chiffre de 878 000. C'est ici l'ordre de grandeur qui compte : le plus important est de souligner que, pour garder leur foi, 200 000 réformés émigrèrent vers un pays de refuge, soit un sur quatre.

À ceux qui sont restés en France, la Révolution accorde la liberté de conscience, puis la Constitution de 1791 la liberté de culte. Un siècle après la Révocation, la communauté protestante n'a pas disparu comme Louis XIV l'avait souhaité, mais elle ne représente plus que la moitié de ce qu'elle était au temps du Roi-Soleil.

Indications bibliographiques.

Les ouvrages généraux sont nombreux. Parmi eux, on peut proposer un petit manuel récent et précis :

D. POTON et P. CABANEL, *Les protestants français du XVIe au XXe siècle*, Paris, Nathan (coll. « 128 »), 1994.

Instrument de travail

F. BLUCHE (coord.), *Dictionnaire du Grand Siècle*, Paris, Fayard, 1990 (articles « dragonnades », « refuge huguenot », « révocation de l'édit de Nantes »).

Dossier 4

L'AGRICULTURE FRANÇAISE AU XIXe SIÈCLE

Doc. A : Superficies cultivées (en milliers d'hectares)

	1821	1852	1872	1892	1910
Terres labourables	25 500	26 139	nd	25 387	23 679
dont : jachères	6 763	5 148	nd	3 368	nd
prairies artificielles	nd	nd	nd	2 549	4 051
racines fourragères	nd	nd	nd	360	980
Blé	4 753	6 985	6 938	6 987	6 554
Avoine	2 498	3 263	3 397	3 813	3 991
Seigle	2 574	2 454	1 868	1 542	1 212
Orge	1 073	1 040	1 088	916	748
Maïs	566	602	698	559	482
Pomme de terre	564	829	1 151	1 512	1 547
Betteraves à sucre	nd	111	253	254	247
Lin	nd	80	83	27	22
Chanvre	nd	125	128	45	14
Oléagineux	nd	nd	226	90	42
Prés naturels	nd	nd	4 115	4 403	4 884
Herbages	5 159	5 057	1 422	1 517	1 568
Pâturages	nd	nd	nd	nd	3 610
Vignes	2 088	2 191	nd	1 800	1 600
Landes et incultes	7 138	6 580	nd	6 226	3 909
Forêts	7 688	nd	nd	9 522	9 329

Données extraites de : *Annuaire statistique de la France*, édition rétrospective, INSEE, 1951, p. 104 et suivantes.

Doc. B : Productions agricoles

	1815-24	1845-54	1865-74	1885-94	1905-14
Céréales (1)	86,44	126,08	140,89	147,39	154,92
Pomme de terre (1)	25,30	49,79	80,26	118,04	117,85
Vin (2)	37,24	47,92	60,44	30,70	52,79
Prés naturels et artificiels (1)	nd	268	360	418	604
Racines fourragères (1)	nd	50	90	143	370
Oléagineux (3)	nd	2590	2274	886	521
Lin et chanvre (3)	nd	978	1032	613	327
Betteraves (1)	nd	18	77	64	77
Viande (4)	548	823	1091	1374	1535
Lait (2)	43	63	74	87	109
Beurre et fromage (4)	113	167	200	269	344

(1) en millions de quintaux (2) en millions d'hectolitres (3) en milliers de quintaux (4) en milliers de tonnes

Données extraites de : J.C. TOUTAIN, « Le produit de l'agriculture française de 1700 à 1958 », *Cahiers de l'Institut de science économique appliquée*, supp. 115, juillet 1961.

Doc. C : Exploitations en 1892

EXPLOITATIONS EN 1892

CLASSEMENT PAR CONTENANCE (*Enquête décennale de 1892*, pp. 218-233)

	En nombre	En %		En superficie (sans les bois de l'Etat)		
Moins d'1 ha	2 235 405	39 %	—	1 327 253 ha	2,7 %	—
1 à 5 ha	1 829 259	32 %	53 %	5 489 200 ha	11 %	11 %
5 à 10 ha	788 299	14 %	23 %	5 755 500 ha	11,3 %	12 %
10 à 40 ha ..	711 118	12,5 %	20 %	14 313 417 ha	29 %	30 %
plus de 40 ha .	138 671	2,5 %	4 %	22 493 393 ha	46 %	47 %
Total	5 702 752	100 %	100 %	49 378 813 ha	100 %	100 %
(sans les exploitations inférieures à 1 ha) ..	3 467 347		100	48 051 560 ha		100

CLASSEMENT PAR MODE D'EXPLOITATION (*Enquête décennale de 1892*, pp. 234-237)

	En nombre	En superficie	Superficie moyenne
Faire-valoir direct	4 190 795 (75 %)	18 324 400 ha (53 %)	4,37 ha
dont	475 778 en même temps propriétaires et fermiers		
et	123 297 en même temps propriétaires et métayers		
Fermage	1 078 184 (19 %)	12 628 800 ha (36 %)	11,71 ha
Métayage	349 338 (6 %)	3 767 000 ha (11 %)	10,78 ha
Total	5 618 317	34 720 000 ha	

MAIN-D'ŒUVRE SALARIÉE (*Enquête décennale de 1892*, pp. 246-249)

Domestiques	1 832 714	
dont	461 910	servantes
Journaliers	1 210 081	
dont	588 950	en même temps journaliers et propriétaires
Total	3 042 795	

Source : P. BARRAL, *Les agrariens français de Méline à Pisani*, A. Colin, 1968, p. 26.

Doc. D : Exploitations en 1882

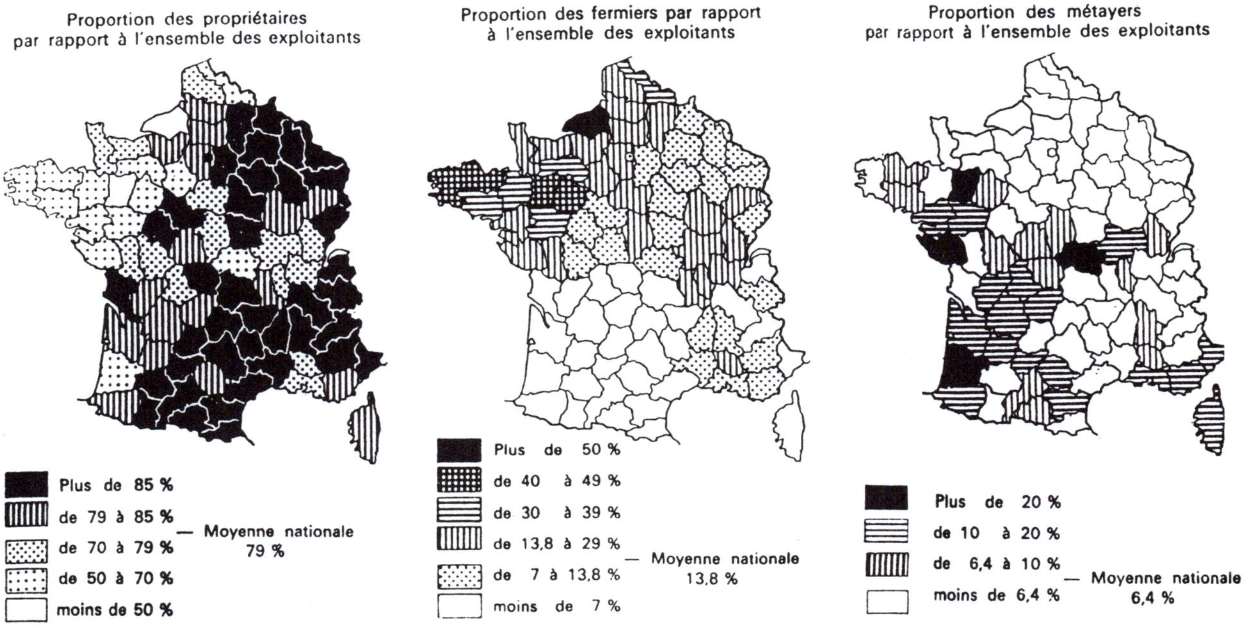

Source : F. BRAUDEL et E. LABROUSSE (coord.), *Histoire économique et sociale de la France*, t. III, vol. 2, PUF, 1976, p. 655-657.

Doc. E : Prix de l'hectolitre de blé (en moyennes mobiles sur 9 ans)

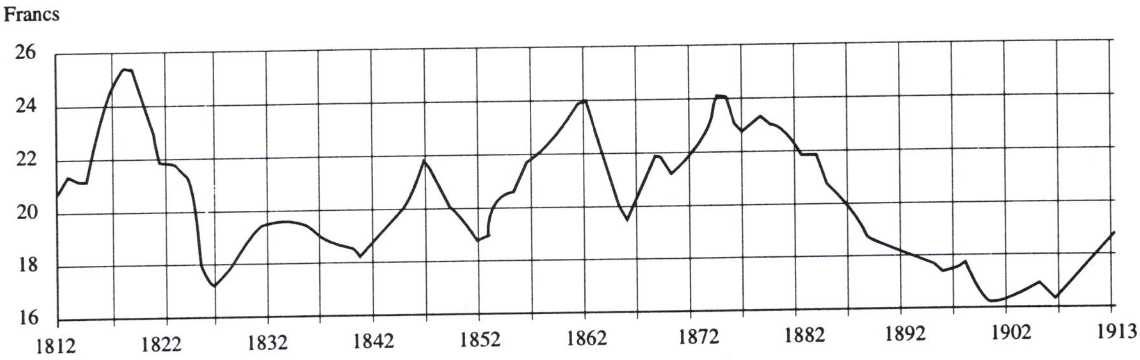

Prix de l'hectolitre de vin (en moyennes mobiles sur 5 ans)

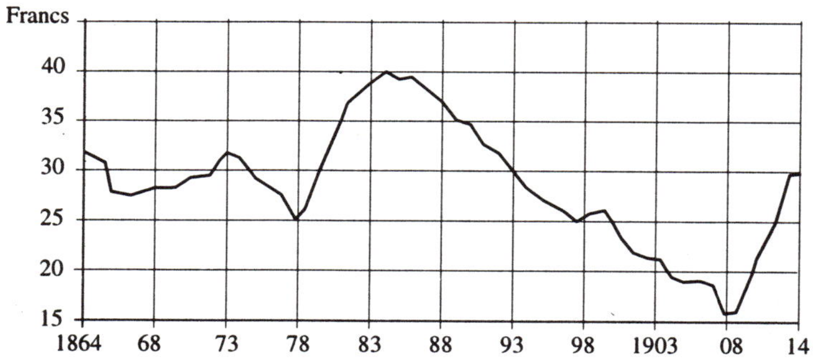

Prix du kilo de bœuf sur pied, marchés de Sceaux, Poissy et La Villette (en moyennes mobiles sur 9 ans)

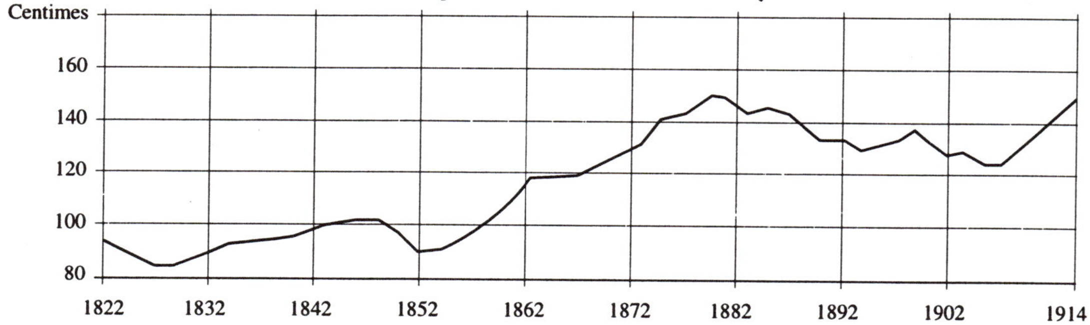

Source : G. DUBY (coord.), *Histoire de la France rurale*, t. III, Paris, Le Seuil, 1976, p. 396.

CONSEILS DE MÉTHODE

Davantage que pour des documents isolés, le commentaire d'un dossier passe d'abord par la recherche d'un plan évitant certains écueils et satisfaisant à plusieurs exigences. Le défaut essentiel à éviter est de commenter chacun des éléments du dossier indépendamment des autres. Il faut au contraire confronter les différents documents et les mettre en perspective pour en dégager l'intérêt. Par exemple, ici, il faut rapprocher les tableaux A et B, rapporter les productions aux superficies cultivées, et calculer ainsi, pour certains produits et certaines dates tout au moins, les rendements agricoles. De même, les courbes de prix (document E) peuvent expliquer certaines évolutions constatées dans les productions (document B).

Plusieurs définitions doivent être précisées. *Les superficies cultivées* se décomposent en trois grandes catégories (document A) : terres labourables, elles-mêmes consacrées aux différents types de culture ou laissées en jachère ; surfaces toujours en herbe, distinctes des terres labourables vouées aux cultures fourragères ; superficies destinées aux cultures arbustives enfin, comme les vignobles et les vergers. *Les modes de faire-valoir* (document C) précisent comment sont exploitées les terres cultivées. Dans le faire-valoir direct, l'exploitant est en même temps propriétaire de la terre qu'il cultive. Dans le faire-valoir indirect, il la loue à un propriétaire foncier, soit contre un loyer calculé en argent (fermage), soit contre une part de la récolte versée en nature (métayage). Un *prix en moyenne mobile* (document E) s'obtient, pour une année donnée, en faisant la moyenne des prix relevés durant une période de temps encadrant cette année. Par exemple, pour l'hectolitre de vin, en 1873, on remplace le prix constaté par la moyenne des prix de 1871, 1872, 1873, 1874 et 1875. Ce procédé statistique a l'avantage de « lisser la série » et, en gommant les pics et les creux, de mieux faire ressortir l'évolution sur moyenne ou sur longue période.

COMMENTAIRE

INTRODUCTION

Secteur le plus important de l'économie française au XIXe siècle, tant par ses productions que par le nombre d'actifs qu'elle emploie, l'agriculture n'en est pas moins peu à peu reléguée par l'industrialisation à une place, sinon subordonnée, du moins relativement secondaire dans l'évolution nationale. Il faut pourtant se garder, quand on l'examine, d'une impression trompeuse d'uniformité et d'archaïsme. Les documents présentés ici le montrent bien : croissance des productions et des superficies, état des structures agraires, répartition régionale des modes de faire-valoir, évolution des prix, tout suggère davantage la variété que la similitude des situations.

La source ressort de plusieurs catégories. Certains documents sont des données brutes, reproduites telles qu'elles sont présentées dans les sources contemporaines, puis citées par les historiens dans leurs ouvrages sur le monde rural français : ainsi l'enquête agricole de 1892 qui permet de connaître la répartition des exploitations par superficies et modes de faire-valoir (doc. C). D'autres sont au contraire le fruit d'une longue et difficile élaboration, telles les cartes de répartition régionale des modes de faire-valoir ou les courbes d'évolution des prix (doc. D et E). Enfin, les données concernant les superficies cultivées et les productions, extraites des annuaires de la Statistique générale de la France (doc. A et B), sont souvent fragmentaires, comme le montrent les lacunes affectant telle ou telle année. Elles n'en permettent pas moins, après élaboration, de proposer des chiffres tels ceux établis pour les productions par l'économiste et historien Jean-Claude Toutain.

Ces documents révèlent le caractère très disparate de l'évolution des productions et des superficies. Des traits communs existent cependant, tant dans les structures agraires que dans les rythmes de la croissance. Finalement, mêlant archaïsme et modernité, l'agriculture est, en France plus encore peut-être qu'ailleurs, le monde du contraste et de la diversité des situations.

I. UNE ÉVOLUTION TRÈS DISPARATE DES PRODUCTIONS ET DES SUPERFICIES

– *l'évolution des productions* (doc. B) : en quasi-totalité, elles augmentent de 1815-1824 à 1905-1914, mais à des rythmes très dissemblables d'un produit à l'autre. Betteraves à sucre et pommes de terre, avec respectivement une croissance globale de 328 % et 366 %, devancent largement les produits animaux (beurre et fromage : +204 %, viande : + 180 %, lait : + 153 %) et surtout les céréales (+ 80 %). Quelques cas de déclin apparaissent : les plantes industrielles, oléagineux et fibres textiles, enregistrent, entre le milieu du siècle et la veille de la Première Guerre mondiale, un recul compris entre 66 et 80 % de leur production. Enfin, le cas du vin est original : après une forte croissance jusqu'en 1865-1874, sa production s'effondre ensuite et, malgré un redressement indéniable à la fin du siècle, reste en 1905-1914 inférieure de 12 % à celle du Second Empire.

– *les causes de ces contrastes sont nombreuses* : certains produits font figure de nouveauté, tardivement introduites en France, d'où la croissance énorme de leur production, partie d'un niveau négligeable (pommes de terre, betteraves à sucre). D'autres sont favorisés par l'augmentation du niveau de vie, comme les produits de l'élevage. Au contraire, la concurrence étrangère freine la croissance des céréales, lorsqu'à partir de 1870 environ les progrès des transports maritimes permettent d'en acheminer des quantités massives en provenance des « pays neufs » (États-Unis, Canada, Argentine) et de Russie. Il en est de même des oléagineux et fibres textiles : huile d'olive, colza et tournesol sont menacés par l'arachide du Sénégal, chanvre et lin par ceux produits dans d'autres pays européens (lin des rives de la Baltique) ou par d'autres fibres textiles d'origine tropicale (jute du Bengale, sisal du Mexique). Le vin, malgré les progrès de sa consommation, subit à partir de 1863 les attaques du phylloxéra, un parasite qui, apparu d'abord dans le Gard, ravage progressivement tous les vignobles français, obligeant à une difficile reconstitution grâce à des plants d'origine américaine et à l'inondation hivernale des pieds de vigne.

– *les conséquences pour les superficies cultivées* (doc. A) : celles qui sont consacrées aux productions en expansion augmentent, comme les superficies ensemencées en pommes de terre, qui triplent presque entre 1821 et 1910. Au contraire, celles qui sont vouées à des productions déclinantes se réduisent, parfois même semblent menacées de disparition : en 1852, les chènevières occupaient encore des superficies supérieures à celles de la betterave à sucre ; en 1910, cette dernière en représente 18 fois plus. La décomposition des chiffres selon les diverses catégories de céréales est fort instructive : tandis que les superficies consacrées aux céréales secondaires (seigle, orge, maïs) déclinent, sauf pour l'avoine, nécessaire à l'alimentation des chevaux, celles ensemencées en blé progressent fortement, du moins jusqu'en 1892, date à partir de laquelle elles commencent à reculer légèrement.

II. DES TRAITS COMMUNS

– *la prédominance de la petite exploitation en faire-valoir direct* (doc. C) : d'après l'enquête agricole de 1892, si l'on rapporte la superficie cultivée globale au nombre total d'exploitations, la moyenne nationale se situe autour de 8 hectares seulement, de 14 si l'on élimine les micro-exploitations inférieures à 1 hectare. Parallèlement, le faire-valoir direct représente plus de la moitié des terres cultivées et les trois quarts des exploitations. La France est bien, comme y insistent les observateurs du temps, un pays de démocratie rurale où, depuis la vente des biens nationaux sous la Révolution, le paysan est devenu maître du sol. Cela ne doit pas faire oublier toutefois que les grandes exploitations supérieures à 40 hectares, même peu nombreuses, n'en rassemblent pas moins près de la moitié de la superficie cultivée (47 %). Il s'agit souvent, comme le montre le classement par mode de faire-valoir, d'exploitations en fermage ou en métayage.

– *la stabilité de la superficie cultivée* (doc. A) : si on totalise les différentes catégories de superficies, terres labourables, surfaces toujours en herbe et cultures arbustives, on obtient 32,7 millions d'hectares en 1821, 35,3 en 1910. Le progrès, en près d'un siècle, est fort limité (+8 %). Comme, parallèlement, les productions ont beaucoup augmenté, cela signifie que l'agriculture française a fait des progrès en intensivité. Les rendements, et non plus l'extension des superficies cultivées, ont permis les progrès de la production. Cette superficie cultivée globalement stable se décompose, il est vrai, d'une manière très différente au début et en fin de période : en 1821, les terres labourables sont encore quasi exclusives, comme sous l'Ancien Régime (78 % de la superficie cultivée) ; en 1910, la montée des surfaces toujours en herbe les a ramenées à 67 % du total seulement.

– *l'ampleur de la crise céréalière et viticole des années* 1875-1895 : les courbes des prix la suggèrent (doc. E). Même en moyennes mobiles qui « lissent » l'évolution, le prix du blé recule de 35 % environ durant cette période, celui du vin de 40 %. Un redressement s'amorce ensuite. Durable pour le blé, il est éphémère pour le vin qui connaît une profonde et dramatique rechute : en 1908, son prix représente à peine plus du tiers de celui de 1884. On retrouve ici un autre aspect du poids des concurrences étrangères et de la crise phylloxérique. Quant au redressement observé après 1895, il coïncide avec l'adoption, trois ans auparavant, des tarifs Méline. Ceux-ci n'ont pas d'effets durables sur le prix du vin, non seulement par suite des rendements trop élevés des nouveaux plants, mais aussi à cause de l'admission en franchise des vins d'Algérie. L'effondrement est inéluctable : il se produit effectivement en 1907, suscitant la révolte des viticulteurs du Midi. Par contre, durant toute la période, les prix de la viande de bœuf ne subissent qu'une érosion minime de l'ordre de 10 % : non seulement en effet la demande en produits animaux ne cesse de progresser, mais de plus, malgré les progrès des transports frigorifiques, la concurrence étrangère dans ce secteur reste moins sensible que pour les grands produits végétaux de base.

III. UN MÉLANGE D'ARCHAÏSME ET DE MODERNITÉ

– *les symptômes d'archaïsme* sont indéniables : dans de nombreuses régions, des structures agraires dépassées persistent encore à la fin du XIXe siècle, comme le montrent les places respectives des trois grands modes de faire-valoir en 1882 (doc. D). Le faire-valoir direct, loin d'être synonyme de richesse, est surtout répandu dans les régions pauvres : pays de montagne comme le Massif central, les Alpes, les Pyrénées, les Vosges, le Jura, plateaux naturellement déshérités comme la Champagne, alors « pouilleuse », avant les grands amendements qui en transformeront l'aspect après 1950. Rares sont les exceptions : maraîchage de la région parisienne, vignoble des Charentes. Le métayage, aujourd'hui disparu, est encore très important, dans toute la moitié du pays située à l'ouest de la ligne Cherbourg-Genève : dans l'Allier, les Landes, la Vendée, la Mayenne, plus d'un cinquième des exploitants sont dans cette situation, en général fort misérable. Quant au fermage, sauf dans quelques départements de grande culture comme la Seine-Inférieure, sa place est réduite.

– *la modernité* a pourtant progressé tout au long du siècle : si l'on rapporte productions et superficies (doc. A et B), on constate, lorsque le calcul est possible, un progrès sensible des rendements. Pour la pomme de terre par exemple, on passe de 45 quintaux à l'hectare en 1815-1824 à 76 en 1905-1914, soit une multiplication par 1,7. Pour la betterave sucrière, sur une plus courte période encore, de 1845-1854 à 1905-1914, c'est d'un doublement qu'il s'agit. Parallèlement, on remarque que les superficies laissées en jachère ne cessent de reculer, passant de 26 % des terres labourables en 1821 à 13 % en 1892. Le recours croissant aux engrais, au chaulage et au marnage des terres ont rendu l'agriculture plus performante au fil des ans.

– *le degré d'intégration à l'économie nationale* : variable selon les époques, les régions et les spécialisations, il peut s'apprécier à travers plusieurs symptômes. Ainsi la courbe du prix du blé (doc. E) permet d'opposer deux grandes périodes dans le siècle, de part et d'autre de 1860 environ : jusqu'à cette date, elle est très heurtée. Les pics et les creux, malgré l'emploi des moyennes mobiles, sont très marqués : les pics de 1817, 1830-1834, 1847 correspondent aux dernières crises frumentaires, liées aux mauvaises récoltes et provoquent immédiatement, comme sous l'Ancien Régime, la hausse du prix du pain, la misère populaire et des troubles politiques. À partir de 1860, au contraire, l'évolution se fait plus régulière, faisant alterner de longues périodes de baisse, comme de 1875 à 1895, et des phases de redressement, comme en 1867-1875 ou en 1895-1913. Désormais, grâce notamment aux progrès du chemin de fer, un véritable marché national s'est constitué, résorbant les écarts de prix entre les régions, permettant d'acheminer vers les régions déficitaires les productions des régions excédentaires. De plus, subissant la concurrence étrangère, la production française dépend des fluctuations de la production céréalière mondiale. L'intégration de l'agriculture au reste de l'économie est en voie de réalisation.

CONCLUSION

Les documents commentés ici sont incomplets. On peut regretter qu'ils ne permettent d'apprécier ni le degré de mécanisation, ni l'équilibre des échanges extérieurs, ni l'évolution de la population active agricole, sinon par la brève mention faite par le doc. D du nombre encore très important à la fin du siècle de domestiques et de journaliers agricoles (plus de 3 millions, dont une forte proportion de femmes). Tels qu'ils se présentent, ils n'en ont pas moins pour principal mérite de prouver que l'agriculture française au XIXe siècle, loin d'être un univers uniforme et figé, a connu au contraire une évolution remarquable à beaucoup d'égards. Même si l'on ne saurait parler à son propos de révolution, ce siècle n'en représente pas moins une étape décisive dans ses progrès vers le monde moderne.

Indications bibliographiques

A. BELTRAN et P. GRISET, *La croissance économique de la France 1815-1914*, Paris, A. Colin (coll. « Cursus »), 1988. (Pour le cadre général)

P. VERLEY, *L'industrialisation 1830-1914*, Paris, Éditions La Découverte (coll. « Nouvelle histoire économique de la France contemporaine »), 1989. (Autre bonne évocation du cadre d'ensemble)

F. BRAUDEL et E. LABROUSSE (coord.), *Histoire économique et sociale de la France*, Paris, P.U.F., 1976, t. III : *1789-1880*.

G. DUBY et A. WALLON (coord.), *Histoire de la France rurale*, Paris, Le Seuil, 1976, t. 3 : *De 1789 à 1914*. (Fondamental. À consulter pour préciser les différents points)

TABLE CHRONOLOGIQUE DES DOCUMENTS

Période contemporaine

TABLE DES MATIÈRES

B. AUTRES TYPES DE DIAGRAMMES

C. RÉSEAUX ET CARTES

Aubin Imprimeur
LIGUGÉ, POITIERS

Achevé d'imprimer en juin 1998
N° d'impression L 56210
Dépôt légal juin 1998
Imprimé en France